中国劳动关系学院
青年学者文库

劳动关系中的

BOUNDARIES OF MANAGEMENT
IN LABOR RELATIONS

管理权边界

以／司法判例／为视角

FROM THE PERSPECTIVE
OF CHINA'S LEGAL PRECEDENTS

刘晓倩 著

社会科学文献出版社
SOCIAL SCIENCES ACADEMIC PRESS (CHINA)

序　言

　　劳动关系是围绕着有偿劳动的交换关系，但是这种交换与普通民事关系中平等主体之间的交换有本质上的不同。首先，劳动力具有人身依附性，即劳动力附着于劳动者身上，因此必然伴随交换关系而来的是劳动力提供者与劳动报酬支付者之间"人与人"的关系。这种关系不仅意味着劳动者需要服从于劳动过程本身，还进一步意味着劳动者需要服从用人单位的管理。其次，劳动力不同于货币、资本，具有不可储藏性。这使劳动者在交换中处于天然劣势，也就是说劳动者与用人单位间的关系实质上并不平等。因此，与对于其他生产要素中"物"的管理权不同，对于劳动者的管理权因其"人"的特殊性必然产生具有限制性的一面，这就是本书所要讨论的主题。

　　在实践中，用人单位可以在招聘、雇佣、解雇等各个环节对劳动者进行管理和安排。在每个环节中，法律都对这种管理权进行适度的限制。本书以劳动关系的建立过程为线索，以人力资源管理的主要模块为分类，以劳动法律的基本原理和具体规定为依据，分析用人单位在劳动关系管理方面的权力边界。本书在内容上包括招聘管理、劳动合同签订与试用期管理、劳动合同变更管理、劳动规章制度管理、休假管理、工资绩效管理、解雇管理、特殊用工管理以及社会保险管理九个方面。

全书九大章共收录 125 个判例，它们均从法院判决书中筛选、编辑而来，并附有理论层面的评述，以客观呈现现实状况。通过这些判例，读者不仅可以掌握各类疑难问题在司法实践中的判断标准，也可以了解劳资双方间真实的博弈过程，劳动者权利意识的发展程度，用人单位的管理文化、管理风格、对劳动法律的认识状况等法律适用之外的问题。判例时间主要集中在 2011 ~ 2016 年，个别判例可回溯至更久以前。

在体例的选择上，为了给读者提供更客观的参考，也为了准确呈现裁判者自由裁量的度，判例中的法院裁判要旨均尽量保留判决书原文。在其他相关文献中，通常的判例评析方法是把整个判例通篇评述，但本书没有采用这种方式，而是从每个判例中发掘其有借鉴意义的点，对这些点进行重点提炼整理，把其他枝蔓淡化处理。同时，本书通过同一主题下系列判例中细微的事实与判旨差别来反映管理权的边界。通过这一复杂而烦琐的过程，判例最终经过编辑和取舍，作为劳动关系管理边界的判断标准被呈现出来。另外，本书在体例上借鉴了日本劳动判例研究中的通用格式，一般将劳动者和用人单位分别用 X、Y 指代，简化行文。

应当知道，现有的司法判决文书数量众多，劳动关系的现实纷繁复杂，劳动法律的适用也因经济社会发展状况、理念的变迁而处于动态的发展中。因此，尽管本书并不追求梳理繁杂庞芜的现实，但管窥的方法未免挂一漏万，不足之处还望方家不吝赐教。

目 录
CONTENTS

第一章
招聘中的管理权边界

用人单位在招聘管理中有着全面的自主权，可以自主设置招聘条件、安排招聘流程、选择招聘信息的发布渠道、确定最终人选，等等。为了防止用人单位过度利用自身优势地位损害潜在劳动者利益，劳动法律对用人单位在招聘方面的管理权进行了限制，主要体现在以下四个方面：第一，招聘中不应存在歧视。虽然歧视在现实中广泛而隐蔽地存在，但并不能将任何差别性的区分都视为歧视。本章第一部分将通过介绍我国与就业歧视相关的法律规定解释歧视的界定问题，并通过典型判例揭示就业歧视可能导致的法律后果。第二，用人单位仅可以向劳动者了解与劳动合同直接相关的信息。第三，用人单位在入职体检管理中要尊重劳动者的健康隐私权和工作权。第四，用人单位通过职业介绍机构进行招聘时，要遵守法律关于职业介绍的有关规定。

一 招聘中的歧视问题

（一）就业歧视的界定

劳动者的人选决定权属于用人单位的用工自主权，也就是说用人单位有权根据自身生产经营状况决定到底录用什么样的人成为其员工。但是，这种用工自主权不能带有歧视性，用人单位要保障劳动者有平等的就业权并在工作中得到平等对待。

为了能够高效地招聘所需人才，用人单位在招聘中不可避免地会对应聘者提出各种各样的要求，而这些要求由于把人分成不同的群体而可能带有歧视的风险。招聘中最典型的要求有学历要求、工作经历要求、年龄要求、长相要求、身高要求、健康要求、性别要求、婚育状况要求、户籍要求、性格要求，此外还有被媒体报道出来的很多更具个性化的要求，比如血型要求、属相要求、星座要求、姓名要求等。每一个具体要求都可能将某一类特殊群体排除在候选人范围之外。在各种要求中，哪些要求会被认定为歧视，哪些又属于正常要求呢？歧视是主观感受，还是有客观标准？歧视的定义目前还是个具有争议性的问题。简单来说，工作中的歧视是与工作有关的、没有客观或正当理由的待遇或机会上的（往往是不利的）差异。我们这里不主要从外延性界定上进行判断。国际劳工组织（International Labor Organization，ILO）1958 年通过的《消除就业和职业歧视公约》（第 111 号）提出，歧视指"基于种族、肤色、性别、宗教、政治见解、民族血统或社会出身等原因，具有取消或损害就业或职业机会均等或待遇平等作用的任何区别、排斥或优惠"，而"一项特定职业基于其内在需要的任何区别、排斥或优惠"则不应当被视为歧视。[1] 全国人大常委会于 2006 年 1 月批准了该公约，虽然批准通过并不意味着可以直接在我国的司法实践中适用其中的内容，但这表明我国愿意不断对国内法进行完善和修改以达到公约要求的水平。

---

[1] 林燕玲：《国际劳工标准与中国劳动法比较研究》，中国工人出版社，2015，第 181 页。

目前我国并没有专门的反就业歧视法律，与就业歧视相关的法律条文散见于各类法律规范中。《中华人民共和国劳动法》第十二条规定："劳动者就业，不因民族、种族、性别、宗教信仰不同而受歧视。"具体来说就是法律明确规定了四种歧视类型：（1）民族歧视。各民族劳动者享有平等的劳动权利，用人单位招用人员不仅应避免因民族而拒绝雇用的情况，而且应当依法对少数民族劳动者给予适当照顾。（2）种族歧视。用人单位应避免发生由于种族不同而导致的就业差别待遇，这种歧视在我国的劳动力市场上并不常见。（3）性别歧视。这主要指劳动者因性别不同而遭受的差别待遇，女性应享有与男性平等的就业权利，这在《中华人民共和国妇女权益保障法》中也有规定。（4）宗教信仰歧视。每个公民都有宗教信仰自由，任何单位不能因为宗教信仰而对劳动者产生歧视。这四种法定歧视在《中华人民共和国就业促进法》[①] 中得到了重申，但略有不同的是，《中华人民共和国就业促进法》在四种法定歧视情形后加了"等"字，这有利于扩大保护范围。同时，《中华人民共和国就业促进法》也对传染病病原携带者[②]等特殊群体施加了保护，这实际上也扩大了法定歧视的范畴。该法尤其对艾滋病病毒感染者[③]和乙肝表面抗原携带者[④]设

[①] 《中华人民共和国就业促进法》第三条规定："劳动者依法享有平等就业和自主择业的权利。劳动者就业，不因民族、种族、性别、宗教信仰等不同而受歧视。"

[②] 《中华人民共和国就业促进法》第三十条规定："用人单位招用人员，不得以是传染病病原携带者为由拒绝录用。但是，经医学鉴定传染病病原携带者在治愈前或者排除传染嫌疑前，不得从事法律、行政法规和国务院卫生行政部门规定禁止从事的易使传染病扩散的工作。"

[③] 2006年《艾滋病防治条例》第三条规定："任何单位和个人不得歧视艾滋病病毒感染者、艾滋病病人及其家属。艾滋病病毒感染者、艾滋病病人及其家属享有的婚姻、就业、就医、入学等合法权益受法律保护。"

[④] 2007年劳动和社会保障部专门发布了《关于维护乙肝表面抗原携带者就业权利的意见》，以保障乙肝表面抗原携带者的平等就业权。

有专门的立法保护。除此之外，在《中华人民共和国就业促进法》《中华人民共和国残疾人保障法》《残疾人就业条例》中有关于禁止对残疾人进行就业歧视的规定。

（二）就业歧视的法律后果

在法律中明确规定出来的歧视类型属于法定歧视。针对违反法律规定对劳动者实施歧视的，劳动者可以向人民法院提起诉讼。这和普通的劳动争议不同，不需要经过仲裁程序，劳动者可以直接向法院提起侵权之诉。在诉讼中，法院会通过用人单位的行为是否构成歧视进行判断，对歧视造成的损失情况进行衡量，但是不会判令用人单位必须雇用某一劳动者。

目前，在法律规定的各种就业歧视中，最常见的应属性别歧视。虽然我国为了保护女性的就业权，在宪法、妇女权益保护法、劳动法、就业促进法等多部法律中规定了女性的平等就业权，要求除国家规定的不适合妇女的工种或者岗位外，用人单位在招用人员时不得以性别为由拒绝录用妇女或者提高录用标准。然而在现实中，对女性劳动者的歧视依然比比皆是。后文的判例1即用人单位在招聘广告中明确写明只招男性的情况。在这种情况下，如果不能证明其所招聘的岗位只有男士才能满足内在职业需求，用人单位就将承担就业歧视的法律后果。对于基于职业内在需求而产生的区分，比如在招聘男士服装模特时要求男性，则不应视为歧视。而在本章判例1中，用人单位招聘的是文案策划，用人单位虽反复强调此职业需要出差、加班，出于对女性的关爱而不考虑招用女性劳动者，但实际上出差和加班并不能成为禁止女性就业的合理理由。用人单位可以将出差和加班的工作状态明确写在招聘启事中，由劳动者自己判断是否适合，而不能直接将其转化为性别上的差别要求，否则这种招聘行为就会构成歧视。

就业歧视案属于典型的侵权之诉，一旦用人单位侵害了劳动者平等就业的权利，劳动者就可以要求用人单位赔偿因被侵权而遭受的损失。不过在具体的情形中，劳动者因不被雇用而遭受的损失有时却难以计算，即使从机会成本的角度也很难计算出具体的损失数额。在判例 1 中，劳动者作为原告，要求用人单位道歉并赔偿50000 元的精神损害抚慰金。关于赔礼道歉，劳动者认为平等就业权归属于人格权或一般人格利益范围，应适用《最高人民法院关于确定民事侵权精神损害赔偿责任若干问题的解释》的规定，由用人单位承担赔礼道歉的责任，但这一点并没有得到法院的支持。关于精神损害赔偿，当事人提出，因为遇到就业歧视，其精神受到重大损害，维权过程也非常劳心费神，且虽然请了专业律师，但其对诉讼充满担忧，这些均加重了其自身的精神负担。由于这些均由用人单位的侵权行为导致，因此劳动者要求 50000 元的精神损害赔偿。最终一审法院根据用人单位的过错程度及给劳动者造成的损害后果综合判定了 2000 元的精神损害赔偿标准，并且得到了二审法院的支持。虽说 2000 元的赔偿远低于劳动者所要求的数额，但在此类判决中，这也算是一个先例性的行情标准。后续的性别就业歧视案件的判决大多都参照了此数额，如北京市邮政速递物流有限公司与邓亚娟案[①]和广州名豪轩酒楼与梁海媚案[②]都以 2000 元作为精神损害赔偿的标准。

---

① 邓亚娟申请一般人格权纠纷申诉申请一案再审民事裁定书，北京市高级人民法院［（2016）京民申 3472 号］，裁判日期：2016 年 10 月 31 日。
② 梁海媚与广东惠食佳经济发展有限公司、广州市越秀区名豪轩鱼翅海鲜大酒楼人格权纠纷二审民事判决书，广东省广州市中级人民法院［（2016）粤 01 民终 10790 号］，裁判日期：2016 年 9 月 6 日。

判例1

性别歧视索赔判例之

杭州市西湖区东方烹饪职业技能培训学校就业歧视案①

劳动者：郭某，女性，以下简称 X。

用人单位：杭州市西湖区东方烹饪职业技能培训学校，以下简称 Y。

案情简介：

① 2014 年 6 月，Y 在 58 同城网上发布了关于文案职位的招聘要求，未写明招聘人数、性别。X 在网上向 Y 投递了个人简历，简历中载明性别"男"、年龄"20"，网上显示 Y 查看了 X 的简历。X 就招聘事宜打电话给 Y 的联系人，同时说明在所投简历中不小心将其性别写成男性，Y 联系人以文案职位需经常与校长出差，校长为男性，且出差时间较长等为由回复学校定位只招男性，建议 X 可考虑应聘 Y 的人事、文员等岗位。

② 随后，Y 在赶集网上发布招聘文案策划（全职）职位的信息，招聘人数 1 人，最低学历大专，工作经验不限（应届生亦可），性别要求为男性。X 又在该网站向 Y 投递了个人简历，Y 未反馈。X 就招聘事宜打电话给学校的联系人，Y 的联系人以文案职位需早晚加班等为由回复不考虑女生，想招男生。

③ 此后，X 还到 Y 的人力资源部招聘面试处应聘文案职位，学校工作人员仍以文案因职位需与校长出差，女性有很多不方便之处为由，回复文案职位只招男生而不考虑女生，同时建议 X 可考虑应聘 Y 的人事、文员等岗位。

---

① 郭晶与杭州市西湖区东方烹饪职业技能培训学校一般人格权纠纷二审民事判决书，浙江省杭州市中级人民法院［（2015）浙杭民终字第 101 号］，裁判日期：2015 年 1 月 26 日。

④ 2014 年 8 月，X 以就业歧视为由诉至法院，请求判令 Y 书面赔礼道歉，并赔偿自己精神损害抚慰金 50000 元。

法院裁判要旨（一审）：

① 根据我国相关法律规定，劳动者享有平等就业的权利，劳动者就业不因性别等情况不同而受歧视，国家保障妇女享有与男子平等的劳动权利，用人单位招用人员，除国家规定的不适合妇女的工种或者岗位外，不得以性别为由拒绝录用妇女或者提高对妇女的录用条件。

② 本案中 Y 需招聘的岗位为文案策划，Y 并未举证证明该岗位属于法律、法规所规定的女职工禁忌从事的工作，根据其发布的招聘要求，女性完全可以胜任该岗位工作，其所辩称的需招录男性的理由与法律不符。在此情况下 Y 不对 X 是否符合其招聘条件进行审查，而直接以 X 为女性、其需招录男性为由拒绝 X 应聘，其行为侵犯了 X 平等就业的权利，对 X 实施了就业歧视，给 X 造成了一定的精神损害，故 X 要求 Y 赔偿精神损害抚慰金的理由充分。至于具体金额，原审法院根据 Y 在此过程中的过错程度及给 X 造成的损害后果酌情确定为 2000 元。

法院裁判要旨（二审）：

我国宪法明确规定，妇女在政治、经济、文化、社会和家庭生活等各方面享有同男子平等的权利。用人单位在发布招聘启事和进行岗位说明时应尽可能充分详尽，方便应聘者对竞聘岗位进行了解和选择，但用人单位不能以性别差异等理由限制妇女平等就业和自主择业的权利……维持一审判决。

（三）就业歧视的扩展

就业歧视在现实中还时常以更间接的方式出现，比如对女性的就业歧视不仅仅表现在招聘条件中对性别的限制，还有大量因女性婚育问题而导致的不雇用，这种基于生育的歧视构成了基于性别的间接歧视。而此种情况在"二孩政策"放宽后恐将进一步加剧。为了保护女性的就业权，《中华人民共和国妇女权益保障法》第二十三条规定："各单位在录用女职工时，应当依法与其签订劳动（聘用）合同或者服务协议，劳动（聘用）合同或者服务协议中不得规定限制女职工结婚、生育的内容。"第二十七条又规定："任何单位不得因结婚、怀孕、产假、哺乳等情形，降低女职工的工资，辞退女职工，单方解除劳动（聘用）合同或者服务协议。"同时，《中华人民共和国劳动合同法》第四十二条也对孕产期及哺乳期的女性劳动者进行了解雇保护。但现实中，因为婚育而导致女性遭受就业歧视的情形还大量存在，本章的判例 2 和判例 3 就是其中的典型。

判例 2 与判例 3 中案情的具体表现都是女性因怀孕而被解雇，且都有一个共同的前提，即劳动者在婚育问题上对用人单位有过隐瞒：判例 2 是劳动者在未育的情况下在入职时谎称自己已婚已育，判例 3 则是劳动者在已婚的情况下将个人信息填为未婚。而劳动者之所以有此不诚信行为，主要是因为在劳动力市场上，很多用人单位对于雇用可能怀孕的适龄女性劳动者有所顾虑，担心女性因婚育而增加用人单位的用工成本。为了获得工作机会，女性劳动者对婚育情况进行了隐瞒，而这实际上是因用人单位对女性的就业歧视而起的，这种歧视相比于直接要求雇用男性的歧视显得更加隐蔽。

从结果来看，两个案件的法官都认定用人单位违法，主张维护女性的平等就业权，即婚育情况属于劳动者的个人隐私，并非雇用劳动者的实质性要件，因而用人单位不该过多调查劳动者的婚育状况，也不能因为劳动者婚育情况的不诚信而将其解雇。根据《中华人民共和国劳动合同法》第八条的规定，用人单位仅有权对"与劳动合同直接相关的基本情况"进行了解。判例 2 解释了与劳动合同直接相关的情况，它主要指与劳动合同履行有实质性关系的事项，通常包括劳动者个人身份信息资料、能一定程度反映劳动者工作能力与技术熟练程度的工作履历、原单位推荐函、特殊岗位必须具备的资格证书或健康资料等，不应包括劳动者的婚姻、生育情况。本章第二节还将进一步就此问题展开讨论。

判例 2

女性隐瞒婚育状况判例之上海朗阁培训中心解雇案①

劳动者：王某，女性，以下简称 X。

用人单位：上海朗阁培训中心，以下简称 Y。

案情简介：

① X 于 2012 年 9 月 17 日入职 Y 担任全职雅思英语老师，双方签订两年期的劳动合同，合同期限至 2014 年 9 月 16 日。

② X 入职时并未生育过。在填写求职申请表及员工基本情况登记表时，X 因担心失去工作机会而隐瞒未育事实，将婚育状态填写为"已婚已育""已育有一女"。

③ 2014 年 2 月，X 怀孕，并告知 Y。此次怀孕为 X 的首胎。2014 年 4 月 8 日，Y 以 X 入职时虚报个人资料为由与原告解除劳动合同。Y 所呈证据如下所示。

　　双方签订的劳动合同第七条约定："员工个人简历、求职登

---

① 王丹与上海朗阁培训中心劳动合同纠纷一审民事判决书，上海市黄浦区人民法院［（2014）黄浦民一（民）初字第 4034 号］，裁判日期：2015 年 1 月 9 日。

记表所列内容与自然情况不符，单位可以解除劳动合同。"

X填写的《求职申请表》中有相应声明："如应聘者在申请表中提供的个人信息以及工作经历存在伪造情况，公司有权停止雇佣，公司对其欺骗行为予以解除劳动合同。"

《员工手册》第三部分第一项第三条规定，"公司提倡正直诚信，并保留随时审查员工所提供个人资料的权利。员工个人资料如虚假……公司也可以欺诈为由解除劳动合同"；《奖惩与处罚制度》第四条约定，"虚报个人资料，伪造学历、体检结果，制造虚假业务记录及账单等欺骗公司的行为，公司予以解雇"。

基于此上，公司以填报虚假信息为由与其解除劳动合同。

④5月7日X申请劳动仲裁，要求Y自解除之日起与原告恢复劳动关系。仲裁裁决后，X诉至法院。

法院裁判要旨：

① 劳动合同法规定，用人单位有权了解劳动者与劳动合同直接相关的基本情况，劳动者应当如实说明。"与劳动合同直接相关的基本情况"指与劳动合同履行有实质性关系的事项，通常包括劳动者个人身份信息资料、能一定程度反映劳动者工作能力和技术熟练程度的工作履历、原单位推荐函、特殊岗位必须具备的资格证书或健康资料等。

② 劳动合同法在劳动合同签订过程中设定了劳动者如实告知的义务及对不诚信行为进行的规制，目的亦是确保劳动合同目的的实现。劳动合同签订中的虚假陈述构成欺诈是用人单位行使解雇权的依据。所谓欺诈，是一方当事人故意告诉对方虚假情况，或者故意隐瞒真实情况，诱使对方当事人做出错误意思表示的行为。本案中，Y明确表示，X是否生育与其竞聘的岗位无关，Y并非因相信了原告已生育的虚假陈述而与X签订劳动合同。

③ 婚姻、生育状况通常与劳动合同的履行没有必然的关系，属于个人隐私。X 因担心就业压力虚报个人生育状况不构成欺诈。

判例 3

女性隐瞒婚育状况判例之深圳市奇迹通讯有限公司解雇案①

劳动者：李某，女性，以下简称 X。

用人单位：深圳市奇迹通讯有限公司，以下简称 Y。

案情简介：

① X 于 2011 年 5 月 3 日与 Y 签订了为期 3 年的劳动合同，合同约定 X 担任公司 Symbian 开发工程师。

② X 入职时填写应聘登记表，其显示婚姻状况勾选为"未婚"。实际上，X 结婚证显示 X 于 2011 年 1 月 4 日登记结婚。其学历状况登记为"2010 年 2 月至今，北京理工大学，计算机科学与技术专业"，在"获得何学历"一栏登记为"本科"。实际上，X 提交的成人高等教育毕业证书显示其于 2012 年 7 月 10 日取得北京理工大学本科学历。

③ 2011 年 12 月 16 日 X 经超声检查诊断孕周 12 周 4 天，并告知 Y。

④ 2012 年 1 月 6 日 Y 发出《关于 X 女士因触犯高压线而被 Y 除名的通知》，该通知载明："经公司调查核实，你来奇迹公司面试和入职的过程中提供给公司关于是否结婚的人事资料为虚假信息，从而触犯了公司高压线的第三条和员工入职须知当中解除劳动关系的最后一条……所以公司郑重通知你，从 2012 年 1 月 9 日起将从

---

① 深圳市奇迹通讯有限公司与李晶劳动争议二审民事判决书，北京市第三中级人民法院 [（2014）三中民终字第 02380 号]，裁判日期：2014 年 2 月 17 日。

公司除名。"

⑤ X 正常工作至 2012 年 1 月 10 日，当日 Y 以 X 违纪为由向 X 送达了解除劳动合同通知书，该通知书载明："公司近期发现，你向公司提供了虚假的个人信息，不仅隐瞒了已婚的事实，而且更为严重的是，你虚构了取得计算机专业本科学历的事实，你的行为严重违反了公司的规章制度，有悖于诚实信用原则……自 2012 年 1 月 11 日起，解除与你于 2011 年 5 月 3 日签订的劳动合同。"

⑥ 后经审理查明，X 在学历方面并没有隐瞒的情况，主要争议点集中在对婚姻状况的隐瞒。

法院裁判要旨（一审）：

X 在应聘登记表中登记的"未婚"信息确属隐瞒了其真实的婚姻状况，但 Y 无证据表明其在招聘 X 时就婚姻状况有过明确要求，且婚否并非 X 所从事职位的实质性要件，与双方劳动关系的建立与履行并无关联，X 是否已婚并不会对 Y 的正常经营造成影响……婚否并非 X 在 Y 所从事职位的必然要求，X"未婚"的表述不应被视为严重违反用人单位规章制度的行为。

法院裁判要旨（二审）：

虽然 X 在应聘登记表中填写了"未婚"，隐瞒了其真实的婚姻状态，但是 X 在 Y 应聘及担任的是 Symbian 开发工程师一职，X 的婚姻状态并非其从事该职位的实质性要件或基本技能条件，其已婚与否并不影响 Y 的正常经营，也不影响其与 Y 之间劳动合同的效力和履行。故 Y 以 X 隐瞒其婚姻状态为由主张其有权解除双方劳动合同的上诉理由不能成立，本院不予支持。

（四）招聘启事中的无歧视原则

招聘启事的撰写是招聘中的重要工作。现实中的招聘启事形式多样，虽然根据投放渠道不同，其内容会有详略上的差异，但大体来说它们都包括三个部分：第一是用人单位以及薪酬福利等方面的介绍，比如所在行业、主要业务、员工福利等。这一部分的介绍往往是企业文化的体现，没有统一的格式，个性化较强。第二是岗位描述，也就是让潜在的应聘者知晓招聘职位需要具体做什么工作。这一部分主要通过分析工作内容来进行准确描述。第三是任职资格，也就是某岗位大概想招什么样的人，这是对劳动者的具体要求，也是容易产生歧视的部分。当然，也不能为了无歧视而没有要求，这样做将会使不适合此岗位的人大量被纳入招聘候选范围，从而降低招聘的效率。

　　上文讲到我国法律规定了特定的法定歧视类型，但是没有被纳入到法律范畴中的区别对待也可能构成歧视，比如身高歧视、年龄歧视、户籍歧视等。用人单位如果想竖立良好的雇主形象，在招聘时也应尽量避免各种可能涉嫌歧视的区别对待。这些带有主观色彩的人群划分不仅可能把真正适合工作岗位的候选人排除在外，还可能招致舆论的质疑甚至消费者的抵制。因此，招聘中需要贯彻无歧视原则，管理者要根据工作本身的特点提出对劳动者的要求。下文是国际劳工组织组织的反歧视培训中一个修改招聘启事的例子，它很好地体现了如何运用无歧视原则撰写招聘启事。

　　案例背景：

　　某文化发展公司需要招聘一名可协助做搬运工作的货车司机。该职位有时需要随时待命加班，有时需要接触贵重货物，因此需要保障人的可靠性。

　　招聘广告原文：

　　司机，北京某文化集团，要求如下：

1. 年龄 18～23 岁，身高 1.75 米以上；

2. 部队转业、党员；

3. 无家庭负担，可以住宿舍；

4. 健康、能加班（男性）；

5. 超过 3 年的安全驾驶经验，B 本，熟悉北京的道路，安全驾驶意识强；

6. 非北京户籍的需由北京户籍人士担保。

应用无歧视原则修改后：

司机，北京某文化集团，要求如下：

1. 有一定的体力，能搬动重物；

2. 诚实敬业，组织纪律性强；

3. 无家庭负担，可以住宿舍；

4. 能够适应长期在外工作、夜间工作等压力；

5. 超过 3 年的安全驾驶经验，B 本，熟悉北京的道路，安全驾驶意识强；

6. 所有应聘者需要提供一名北京户籍人士的推荐。

从修改中我们可以看到，要求一"年龄在 18～23 岁，身高 1.75 米以上"可能涉及年龄和身高歧视，建议修改为"有一定的体力，能搬动重物"。要求二为"部队转业、党员"，这点也涉及对人群的身份区分，目的是希望劳动者有较强的纪律性，应相应地修改为"诚实敬业，组织纪律性强"。要求四中明确提出男性，这明显涉及性别歧视，应将性别去掉，改为具体的工作情况描述，让劳动者自己判断是否能够胜任工作。要求六为"非北京户籍的需由北京户籍人士担保"，这点涉及户籍歧视，而且法律是不允许用人单位向劳动者要求担保的。但是该职位中又经常需要运送贵重货物，用人单位希望劳动者有品行方面的保障，考虑到这一要求，最后改为"所有应聘者需要提供一名北京户籍人士的推荐"，这就将歧视性的描述转化为了基于职业内在要求的描述。

总之，撰写招聘启事时要把握职业的内在要求，通过准确表达工作本身的要求来避免发生歧视性的区别对待情况。

二　招聘中的信息沟通

在招聘中，用人单位与劳动者需要在短时间内进行高效的信息交换，使双方从陌生到了解，从而做出选择和判断。由于双方的实际地位不平等，这时的信息交换是以用人单位为主导的，主要包含两个方面：一是用人单位需要将单位的具体情况如实告知劳动者，根据《中华人民共和国劳动合同法》第八条的规定，这具体包括工作内容、工作条件、工作地点、职业危害、安全生产状况、劳动报酬，以及劳动者要求了解的其他情况；二是用人单位可以了解劳动者的相关情况，但是仅限于与劳动合同直接相关的情况，否则劳动者有权拒绝说明。

（一）用人单位的告知义务

用人单位在现实中有多种多样告知劳动者有关信息的方式，可能在招聘启事中告知，可能在面试中告知，也可能通过劳动者的个别询问告知。不论以何种方式告知，用人单位都有义务将与工作相关的各种情况如实告知给劳动者，以便劳动者综合判断是否选择这份工作。例如，有的用人单位在招聘启事中详尽介绍各种劳动条件，不仅包括工资报酬、加班情况，还将其他福利也详加列举，包括"早餐为馒头、油条、稀饭；中晚餐以米饭为主，两荤两素一汤，每月加餐3次。每星期二和星期五发放水果，到职人员均免费发公益外套 1 件、长短袖衬衣 4 件。每人提供一个衣柜，设单独冲凉房"等。这是现实中在劳动条件的告知上非常明确的个案。可以说信息告知越充分，越有利于劳动者对未来工作做出正确预判。所以说，用人单位应综合各种因素，尽可能地向劳动者提供详尽的工作情况介绍。

（二）用人单位的信息了解权

用人单位在招用劳动者时需要通过各种方式了解劳动者的相关的个人信息，这些信息有些会涉及劳动者的个人隐私，所以这里的核心问题是在招聘中劳动者的哪些信息是用人单位可以获取的。法律很清楚地规定，用人单位的了解权仅限于与劳动合同相关的劳动者的基本情况，比如知识技能、工作经历、学习经历等都属于和工作密切相关的信息。如果劳动者没有向用人单位如实告知这些信息或者虚假告知，那么后果将是劳动合同无效。劳动者的学历和职业经历是管理者尤其应该重点核实的内容，是背景调查的重要部分。

背景调查是指通过各种合法妥当的渠道，对应聘者以往的教育经历、工作情况、职业道德等方面进行核实了解的行为。信息的来源一般是以前的单位管理者、同事或其他了解应聘者的人员，以及能够验证资料准确性的机构等。在背景调查方式中，电话调查最为常见，也有通过问卷进行调查的。

而随着各种信息库的完善，利用网络信息库调查也是一种便捷有效的方式，比如通过全国公民身份证号码查询服务中心核实身份信息，通过中国高等教育学生信息网（学信网）查询 2001 年至今的各种教育学历证书，包括硕士、博士、普通本专科、成人本专科等。还可以通过查询个人公开的自媒体如博客、微博等来进一步了解应聘者。任何形式的背景调查都要在应聘者本人知晓并同意的情况下进行。调查者应注意技巧，不问及个人隐私，不涉及被调查者尚未离职的单位，遵守保密义务，保证信息仅被用于招聘决策，避免调查中出现偏见和歧视。而对于目前非常流行的社交工具如微信、领英等，用人单位是否有了解权，这是一个新出现的争议性问题。随着提出这方面要求的单位越来越多，知乎网上已经出现以"面试时要求看朋友圈，你怎么办"等为话题的讨论。朋友圈的内容能在一定程度上反映应聘者的生活、工作状态及基本价值观等，了解朋友圈确实有助于帮助用人单位综合判断劳动者的各方面情况。但是由于涉及个人隐私，劳动者拒绝分享也在情理之中，用人单位不应强制查看应聘者的朋友圈并以此作为不雇用的理由，毕竟社交平台的功能不是工作，而是记录应聘者的个人生活印记。

如果在已经建立劳动关系后发现劳动者的个人信息造假，则用人单位可以据此主张劳动合同无效，解除和劳动者的劳动合同。但并不是只要存在劳动者学历或经历造假的情况劳动合同就必然无效，这里还需要用人单位证明劳动者的欺诈行为和自己的雇用决策之间有因果关系。具体可以参考《最高人民法院关于贯彻执行〈中华人民共和国民法通则〉若干问题的意见（试行）》第六十八条规定的关于欺诈的判断要件，即所谓欺诈，是指行为人故意告知对方虚假情况或者故意隐瞒真实情况，诱使对方做出错误意思表示的行为。法律意义上的欺诈应符合以下四个要件：（1）行为人主观须出于故意。此处的"故意"有两层含义，其一是使对方存在错误认识的故意，其二为使对方基于错误认识做出错误意思表示的故意，二者相互结合，共同构成欺诈的主观心理状态。（2）行为人客观上做出了欺诈的行为。这通常表现为行为人虚构事实或隐瞒真相，如伪造学历、律师执业证书、金融行业从业经历等。（3）相对人做出错误意思表示。相对人仅在主观上存在错误认识，未实际做出不符合真实意思的行为或表示，则不构成欺诈。（4）行为人的欺诈行为与相对人的错误意思表示之间具有直接的因果关系。即没有行为人的欺诈，相对人根本不会为之。如果相对人基于其他错误认识而做出错误意思表示，则行为人不构成对相对人的欺诈。在劳动者学历欺诈的认定中也需要遵从上述分析原则，并不是只要劳动者造假就一定构成欺诈，下面的两个判例可明确说明此点。

判例 4

劳动者学历问题判例之
深圳市福环达光电技术有限公司解雇案①

劳动者：雏某，以下简称 X。

用人单位：深圳市福环达光电技术有限公司，以下简称 Y。

案情简介：

① X 为 Y 的劳动者，于 2015 年 9 月 24 日提起劳动争议仲裁，主张 Y 拖欠其 2015 年 8 月 1 日至 9 月 24 日的工资，并主张因拖欠工资而解除劳动合同，以此要求经济补偿金。

② Y 在应诉中主张 X 学历造假，违背诚信原则，公司因此与其解除劳动关系。Y 提交证据，证明了 X 学历造假的情况。

法院裁判要旨（二审）：

① Y 在一审中提交的证据能够证明 X 确实存在学历造假的行为，但 Y 并未提交证据证明 X 的职位必须要求相应的学历，也未提交证据证明公司对此种行为一律解除劳动关系，亦未提交证据证明其已实际解除了与 X 的劳动关系。故对 Y 关于因 X 学历造假而

---

① 深圳市福环达光电技术有限公司与雏成真劳动争议二审民事判决书，广东省深圳市中级人民法院［（2016）粤 03 民终 13721 号］，裁判日期：2016 年 8 月 12 日。

解除劳动关系的主张不予认定。

② Y 确有未及时支付 X 2015 年 8 月工资的情形，故 X 解除劳动合同的理由成立，Y 应当支付拖欠的工资及解除劳动合同的经济补偿金。

判例 5

劳动者学历问题判例之上海冠龙阀门机械有限公司解雇案[①]

劳动者：唐某，以下简称 X。

用人单位：上海冠龙阀门机械有限公司，以下简称 Y。

案情简介：

① 2002 年 3 月 1 日，X 进入 Y 从事销售工作。入职时，X 向 Y 的人事部门提交了其本人于 2000 年 7 月毕业于西安工业学院（2006 年更名为西安工业大学）材料工程系的学历证明复印件，并且 X 于 2002 年入职时写了个人自传，称其毕业于西安工业学院材料工程系。

② 双方签订了期限为 2002 年 3 月 1 日至同年 12 月 31 日的劳动合同，合同约定 2002 年 3 月 1 日至同年 8 月 1 日为试用期，此后双方持续续签固定期限劳动合同。

③ 2007 年 12 月 25 日，X 签署《任职承诺书》一份，内容为："本人作为 Y 之员工，特作如下承诺：……本人以往提供给公司的个人材料均是真实有效的，如有作假，愿意无条件被解除合同……"

④ 2008 年 8 月，X 的上级主管领导马某（Y 华东业务部经理）通过他人举报得知并证实 X 存在学历造假一事。2008 年 12 月 1 日

[①]　上海冠龙阀门机械有限公司与唐某劳动合同纠纷二审民事判决书，上海市第二中级人民法院 [（2011）沪二中民三（民）终字第 535 号]，裁判日期：2011 年 7 月 25 日。

马某工作调动，不再管理 X 所在辖区。

⑤ 2008 年 12 月 23 日，X、Y 双方签订《劳动合同补充协议》，约定原劳动合同有效期限顺延至 2011 年 12 月 31 日。Y 在常州开设工作站（受无锡办事处管辖），由 X 任工作站站长，无其他工作人员。

⑥ 2010 年 6 月，Y 以 X 学历造假为由与其解除劳动合同。随后，X 就违法解除劳动合同赔偿金向嘉定区劳动人事争议仲裁委员会提起仲裁。

⑦ Y 的《员工手册》中有如下规定："新录用的员工报到时应提供以下证明文件的正本供人事部门复核，同时交复印件一份供人事部门存档：（1）身份证；（2）学历证明……""员工有下列任一严重违反公司规章制度情况的，公司将予以解雇，且不给予任何经济补偿：……以欺骗手段虚报专业资格或其他各项履历……"对以上内容，X 已签字确认知晓。庭审中，Y 提交了西安工业大学教务处出具的写有"2000 届毕业证中无此人"字样的毕业证书复印件。Y 认为，X 存在伪造学历的欺诈行为，X 采用欺诈方式骗取 Y 签订劳动合同，按照 Y 的公司规章制度及双方约定，Y 与其解除劳动合同是合法的。

⑧ X 承认其进入 Y 时提供了虚假的学历证明，但 2008 年 8 月后公司内从上到下对于 X 提供虚假学历证书的事情均知晓，因此未对 X 进行升职，这就是 Y 对 X 的处理。2008 年 12 月 Y 与 X 续签了劳动合同，说明 Y 考虑到 X 的业务能力较强而不再计较其学历造假事宜。同时 X 认为，自己在职期间的工作业绩一直很好，完全具有任职人员所应具备的能力，从公平合理的角度看，不能仅以学历造假为由解除双方的劳动合同，2010 年 Y 以学历造假为由与自己解除劳动合同是公司清退老员工的借口，Y 应支付违法解除劳动合

同赔偿金。

法院裁判要旨（一审）：

欺诈的认定标准之一为相对方是否知晓真实情况。马某系管理Y华东地区所有办事处的业务部经理，其对所辖办事处员工进行的招聘、解聘等工作系其代表公司做出的职务行为。2008年12月，在马某知晓被告X提供虚假学历的情况下，仍然做出与其续签劳动合同的决定，这表明Y已经知晓X学历造假仍继续予以聘用，即不予追究X提供虚假学历的行为。且Y对销售人员的学历设置准入资格应为保证销售人员的工作能力，X于2002年进入Y后双方一直续签劳动合同的事实亦从侧面证实Y对X的工作能力予以认可，故Y主张X欺诈的理由不能成立，Y与其解除劳动合同系违法解除。

法院裁判要旨（二审）：

① X在入职时提供虚假学历并做虚假陈述的行为显然已经构成欺诈。但X于2008年12月底与Y续签劳动合同时是否构成欺诈存有争议，此问题的关键在于续签劳动合同时Y是否知晓X学历造假一事并做出了错误的意思表示。首先，X提供有马某的录音资料，欲证明续签合同时Y已知道其提供虚假学历一事，但上述录音有许多语意模糊的地方，并不足以证明马某已经将X伪造学历之事告知Y。第二，Y提供的马某的书面证言称因工作调动未将X学历造假之事上报公司，亦未对此事做出处理。虽马某系公司管理人员，与Y有一定利害关系，但该证据不是唯一证据，其证明力可以结合其他证据综合判断。第三，Y提供的调令显示，Y与X续签劳动合同之前，马某确实已调任他处。第四，X 2009年填写的人事资料卡"教育程度"一栏仍填写为"西安工业学院材料工程系"。

② 综合双方当事人的举证情况分析，可认定X对其入职时提供虚假学历一事一直采取隐瞒的态度，X亦无证据证明其提供虚假

学历之行为已为 Y 知悉并已获得谅解，故 X 在 2008 年 12 月续签劳动合同时仍然构成欺诈。《中华人民共和国劳动合同法》第二十六条、第三十九条明确规定，以欺诈的手段使对方在违背真实意思的情况下订立的劳动合同是无效的，用人单位可以据此解除劳动合同，故 Y 与 X 解除劳动合同有法律依据，不应支付违法解除劳动合同赔偿金。

③ 此外，我国劳动法律在充分保护劳动者合法权利的同时，亦依法保护用人单位正当的用工管理权。用人单位通过企业规章制度对劳动者进行必要的约束是其依法进行管理的重要手段。Y 的《员工手册》第三十四条规定，员工以欺骗手段虚报专业资格或其他各项履历，公司将予以解雇，且不给予任何经济补偿。审理时，X 对该员工手册的真实性并无异议。X 提供虚假学历之行为亦系 Y 的规章制度严令禁止的，Y 依据企业的规章制度与 X 解除劳动合同，系其依法行使管理权的体现，亦无不可。

三　入职体检管理

在招聘确定了人选之后，用人单位通常会安排劳动者进行体检。体检会涉及用人单位的信息了解权和劳动者的健康隐私权之间的矛盾。更进一步讲，如果体检结果影响了雇用决策，还会涉及用人单位的用工自主权和劳动者工作权之间的矛盾。

（一）传染病病原携带情况的体检

《中华人民共和国就业促进法》第三十条规定："用人单位招用人员，不得以是传染病病原携带者为由拒绝录用。"对于违反此规定的行为，劳动者可以向法院提出诉讼。在传染病病原携带者中，最受关注的群体莫过于乙肝表面抗原携带者。劳动和社会保障部、卫生部 2007 年 6 月联合发布的《关于维护乙肝表面抗原携带者就业权利的意见》（劳社部发〔2007〕16 号）中明确提出应保护乙肝表面抗原携带者的就业权利。该规定明确指出："我国是乙肝高流行地区，每年报告乙肝新发病例近 100 万。按照 1992 年全国肝炎血清流行病学调查结果推算，全国约有 1.2 亿人是乙肝表面抗原携带者。"除国家法律、行政法规和卫生部规定禁止从事的易使乙肝扩散的工作外，用人单位不得以劳动者携带乙肝表面抗原为由拒绝招用或者辞退乙肝表面抗原携带者。也就是说，除法律规定的特殊情况外，对于携带乙肝表面抗原的劳动者，用人单位不得拒绝招用，而且在雇用中发现劳动者是乙肝表面抗原携带者后也不能与其解除劳动合同。

之后，2008 年 1 月 1 日开始施行的《就业服务与就业管理规定》第十九条明确规定："用人单位招用人员，除国家法律、行政法规和国务院卫生行政部门规定禁止乙肝病原携带者从事的工作外，不得强行将乙肝病毒血清学指标作为体检标准。"也就是说，用人单位不得"强行查乙肝"，否则将受到处罚。这限制了用人单位的信息了解权。

现实中，乙肝表面抗原携带者的就业权被侵犯的情况还是时有发生。如果劳动者在招录体检时遭到不公平对待，一方面可以向人民法院提起就业歧视的诉讼，另一方面可以向劳动监察部门进行举报。《就业服务与就业管理规定》第六十八条规定，用人单位在国家法律、行政法规和国务院行政部门规定禁止乙肝病原携带者从事的工作岗位以外招用人员时，将乙肝病毒血清学指标作为体检标准的，由劳动保障行政部门责令改正，并可处以 1000 元以下的罚款；对当事人造成损害的，应当承担赔偿责任。但是，对于招聘中的歧视法律，目前还没有强制缔约制度，也就是劳动者不能要求用人单位必须雇用，只可以向单位主张损害赔偿。而如果劳动者已经在用人单位工作，在工作后的体检中被发现是乙肝病原携带者，单位以此提出解雇的，劳动者可以主张违法解雇，要求劳动合同继续履行或者要求违法解雇的赔偿金。

判例6

携带乙肝表面抗原的劳动者被解雇判例之
谌某与某公司人格权纠纷案①

劳动者：谌某，以下简称 X。

用人单位：某公司，以下简称 Y。

案情简介：

① X 于 2010 年 6 月 10 日入职 Y 旗下某 4S 店，任汽车维修师傅一职。

② 2010 年 6 月 13 日，X 在 Y 的要求下参加了公司体检，体检项目包含法律禁止的乙肝五项。体检结果显示，X 为乙肝表面抗原携带者，肝功能正常。Y 获取并复制了 X 的体检结果。

③ 2010 年 6 月 23 日，Y 通过车间主管徐某通知 X 解除劳动关系并办理相关离职手续，X 就此提供了相关录音资料。

④ X 称多次与公司沟通希望继续上班，均遭拒绝，精神遭到严重打击和损害。X 认为，Y 不但要求 X 检测乙肝项目，而且获取并复制了 X 的乙肝项目检测报告，并以乙肝表面抗原携带者为由拒绝自己上班，Y 的一系列行为已经违反法律法规，严重侵犯了自己的隐私权、人格尊严权等，对自己不仅造成了经济损失，还造成了严

---

① 谌某与某公司一般人格权纠纷一审民事判决书，广东省深圳市宝安区人民法院［（2011）深宝法民一初字第 2828 号］，裁判日期：2011 年 5 月 9 日。

重的精神损害。

⑤ Y 称因为发现 X 提交的入职资料存在造假情况，在 2010 年 6 月 17 日通过人事部陈经理电话通知 X 解除劳动关系。后由于 Y 并未提交证据证明曾向 X 提出过其入职资料中存在造假的情形，也没有证据证明因此向 X 送达了辞退书，因而法院认定 Y 以乙肝病原携带者为由非法解除与 X 的劳动关系。

法院裁判要旨：

劳动和社会保障部发布的《关于维护乙肝表面抗原携带者就业权利的意见》中明确规定，用人单位在招用工的过程中，除国家法律、行政法规和卫生部规定禁止从事的工作外，不得强行将乙肝病毒血清学指标作为体检标准，不得以劳动者携带乙肝表面抗原为由拒绝招用或者辞退乙肝表面抗原携带者。

Y 为 X 提供的汽车维修师傅岗位并不属于上述意见规定的"除外"工作范围，故 Y 以 X 体检项目不合格为由解除与之建立的劳动关系违反了该意见的相关规定，X 据此主张 Y 赔偿其精神损害抚慰金合法合理，本院酌定该项损失数额为人民币 4000 元。同时判令 Y 应在本判决生效之日起三日内向 X 赔礼道歉。

（二）单位不能以健康缺陷为由拒绝雇佣

劳动者在体检中可能会发现自身有各种医学上的问题，有些问题是先天因素所致，有些是后天事故所致，最终体检结果显示劳动者身体有某些缺陷，或者有某些健康方面的暂时性问题。但这些健康问题并不一定会影响工作，用人单位如果仅以存在健康缺陷为由决定不雇用劳动者，则会引起健康歧视方面的争议，下面的判例 7 与判例 8 就是其中的典型，判例 8 中还有对各项赔偿的详细计算说明。

判例 7

劳动者身体健康情况判例之中国银行桐庐支行解雇案①

劳动者：李某，以下简称 X。

用人单位：中国银行桐庐支行，以下简称 Y。

案情简介：

① X 幼年曾不慎从楼梯上滚下来，因摔伤在医院做了右肾切除手术。术后，X 恢复健康。某年 8 月初，X 得知 Y 招工的信息，认为自己符合条件，就报名应聘。8 月 16 日，Y 对报名者面试后，初定 X 可以参加体检。8 月 20 日，Y 组织初定人员到桐庐县中医院进行常规体检。X 体检表中"既往史"栏被填写为"无残"，"腹腔脏器"栏为"正常"，"审查意见"栏为"健康"。8 月 23 日，Y 组织 X 等初定人员进行培训。8 月 28 日，Y 分配 X 到其所属的横村办事处报到。9 月 1 日，Y 与 X 签订了劳动合同。

② 当年 12 月中旬，中国银行杭州市分行电话通知 Y "有人反映 X 右肾摘除，不符合录用条件"，并要 Y 于年底前解除与 X 的劳动合同。12 月 26 日，Y 派员带 X 到桐庐县中医院做 B 超检查，结果证实 X "右肾摘除，左肾正常"。次年 2 月 24 日，Y 以 X "右肾摘除，存在严重身体缺陷，不符合省分行《招工、招干、调入人员及新职工转正的暂行规定》中的有关要求"为由，发出桐中银（1994）第 8 号关于解除 X 劳动合同的决定书。

③ X 认为，从医学临床实践看，只要肾功能正常，缺一只肾不会对身体构成严重危害。从银行工作性质看，X 从事的是银行会计

---

① 李林珍与中国银行桐庐支行解除劳动合同纠纷二审民事判决书，浙江省杭州市中级人民法院，裁判日期：1996 年 1 月 30 日，《中华人民共和国最高人民法院公报》1996 年第 3 期（总第 47 期）。

工作，缺一只肾不会对工作构成威胁，也不影响银行职员需要具备的外表形象。另外，从国家体检政策看，《普通高等学校招生体检标准》允许缺一只肾的人报考除地质类以外的任何专业。鉴于上述理由，X 请求法院撤销 Y 解除与自己的劳动合同的决定，并责成 Y 继续履行劳动合同。

④ Y 认为，X 右肾摘除，体检时未向医师说明，到 Y 后才在有人反映的情况下经医院复查证实。X 不符合省分行《招工、招干、调入人员及新职工转正的暂行规定》中关于新职工必须具备的"身体健康，无严重疾病和缺陷"的录用条件。根据劳动人事部有关文件的规定，劳动合同制工人在试用期间，经发现不符合录用条件的，用人单位有权单方面解除其劳动合同。

⑤ 在审理过程中，法院委托杭州市中级人民法院法医技术处对 X 的身体是否存在严重缺陷进行鉴定。法医鉴定结论为，被鉴定人 X 在生理上存在缺少右肾的缺陷，但具有正常的生活能力、工作能力及社会活动能力，其身体状况未达到严重缺陷的程度。

法院裁判要旨（一审）：

经法医鉴定，X 的身体状况未达到严重缺陷的程度，且 X 在试用期内身体是健康的，能够胜任 Y 支配的业务工种。以上事实证明，X 的身体状况符合"无严重疾病和缺陷"的录用条件，Y 认为 X 存在严重身体缺陷的理由不能成立。X 要求撤销 Y 对其所做的解除劳动合同的决定，并要求 Y 继续履行劳动合同的诉讼请求，对此应予以支持。

之后，Y 不服一审判决，上诉至二审法院。

法院裁判要旨（二审）：

Y 与 X 签订的劳动合同符合有关规定，应认定合法有效。X 因外伤右肾被摘除是事实，但其身体并未达到严重缺陷的程度，可以适应其所担负之工作，对其劳动权应依法予以保护，Y 的上诉理由不能成立。一审判决正确，应予维持。

判例 8

劳动者身体健康情况判例之
中兴通讯股份有限公司拒绝录用案①

劳动者：衣某，以下简称 X。

用人单位：中兴通讯股份有限公司，以下简称 Y。

案情简介：

① 2013 年 10 月，X 通过网络应聘的方式参与 Y 的网上招聘，之后 Y 的人事部工作人员数次电话面试 X。

② 2013 年 11 月 8 日，Y 通过电子邮件的方式发送《录用通知书》，承诺录用 X 到公司工程服务处从事工程设计工作，入职后试用期为 3 个月，试用期的月薪为税前 6640 元，并通知 X 参加体检，然后于 2013 年 11 月 22 日到 Y 办理入职手续。

③ 2013 年 11 月 15 日，X 从浙江到深圳后，按要求参加了体检和证件验证，之后又进行了二次体检。

④ 2013 年 11 月 22 日，X 到 Y 办理入职手续，被 Y 拒绝录用，原因是 X 两次体检结果均显示其肺部存在学名为"肺纤维化病灶"的病症。

⑤ X 认为该病非传染病、职业病，并不影响应聘职位。于是 X 向法院起诉，请求其确认 Y 存在就业歧视，侵犯了自己的平等就业权，要求 Y 支付自己在应聘过程中花费的交通费用、检查费用、学

---

① 衣守峰与中兴通讯股份有限公司一般人格权纠纷二审民事判决书，广东省深圳市中级人民法院 ［（2014）深中法民终字第 1017 号］，裁判日期：2014 年 4 月 8 日。

历学位认证费用、住宿费用等各项费用，并赔偿相当于 3 个月工资的误工损失。

法院裁判要旨（一审）：

① Y 没有在招聘时告知 X 患有"肺纤维化病灶"不符合入职条件，在报到入职时 Y 以 X 患有"肺纤维化病灶"为由拒绝录用 X 属于就业歧视，侵犯了 X 的平等就业权，Y 应当承担相应的民事责任。对 X 为应聘 Y 而支付的交通费、学历学位认证费、住宿费以及放弃其他工作的务工损失，Y 应当予以赔偿。

② 关于误工费的标准，X 主张按 Y 承诺的试用期工资标准计算 3 个月，法院认为该请求标准过高，故酌情调整为按试用期工资标准计算 1 个月。关于交通费，因 X 从异地到深圳确需支付交通费用，但 X 主张交通费 1000 元数额过高，结合本案实际情况，酌定交通费为 500 元。对于 X 支付的学历学位认证费、体检费、复查费、住宿费等其他杂费也酌情予以支持。

一审宣判后，X 不服原审判决，提起上诉，二审维持原判。

（三）用人单位应主动承担促进残疾人就业的责任

在残疾人招录方面，我国有专门的法律规定用人单位招用人员不得歧视残疾人，形成了以宪法为核心，《中华人民共和国劳动法》和《中华人民共和国就业促进法》等为基础，《中华人民共和国残疾人保障法》与《残疾人就业条例》为主体，国务院、人力资源和社会保障部及残疾人联合会相关条例和规章为补充的残疾人就业政策体系。[①] 此外，企事业单位都有安排残疾人就业的义务，接纳残疾人就业还可以享受免缴或少缴残疾人就业保障金的

---

① 杨伟国、代懋：《中国残疾人就业的政策支持》，《教学与研究》2008 年第 3 期。

政策优惠。

　　在下文与残疾人就业歧视相关的判例 9 中，劳动者虽有智力残疾，但其已经在单位工作了相当长的时间，没有证据表明其不能胜任岗位职责。尽管在入职签订劳动合同时，劳动者没有明确向用人单位说明其残疾情况，但单位也不能以此为由主张劳动合同无效。正如该判例判旨所分析的，由于用人单位没有在招聘条件中明确要求劳动者告知其是否为残疾人，劳动者的不告知行为不构成欺诈，因此用人单位不能据此认定劳动合同无效。而如果用人单位在招聘条件中明示不招用残疾人，则将构成残疾人就业歧视。也就是说，对于劳动者的身体健康状况，用人单位提出了解意愿后才产生劳动者的告知义务，如果用人单位没有提出相应要求，则劳动者并没有主动告知的义务。此外，还要看用人单位对劳动者身体健康状况的要求是否与履行劳动合同直接相关，如果劳动者的身体健康状况不影响其从事具体工作，则用人单位没有必然的知情权。判例 9 中劳动者已在物业公司从事保洁工作多年，虽有智力残疾，但能顺利完成工作，可以从事实中推断其身体状况不影响对此项工作的承担，这时劳动者的健康问题就不是用人单位必须了解的情况。也就是说，在不影响劳动合同履行的情况下，劳动者拥有决定是否将身体健康状况告知用人单位的权利。①

　　但是，如果用人单位明确要求劳动者提供其健康状况方面的有关信息，劳动者是否必须如实告知呢？这就涉及劳动者隐私权与合同告知义务之间的矛盾：一方面劳动者的身体健康状况应属于劳动者的个人隐私，但另一方面它又可能与劳动合同的履行密切相关。从我国的现行法律看，除了上述对传染病病原携带者的信息保护

---

① 刘晓倩：《隐瞒残疾情况　劳动合同是否有效》，《中国劳动保障报》2016 年 5 月 10 日。

外，对其他健康信息还没有明确的保护规定。但原则上说，健康信息属于公民的个人隐私，是基本人权，应优先于用人单位源自合同的信息获得权。

判例 9

残疾人就业判例之北京中水物业管理有限公司解雇案①

劳动者：孔某，以下简称 X。

用人单位：北京中水物业管理有限公司，以下简称 Y。

案情简介：

① X 系智力残疾人，在 Y 从事保洁工作。双方签订的劳动合同显示期限为两年，自 2011 年 12 月 1 日开始至 2013 年 11 月 30 日终止，工作地点为 Y 设立在北京市某区财政局的物业项目。X 主张其自 1997 年起就在 Y 从事保洁工作。

② 2013 年 7 月 15 日，X 本人填写《员工离职（辞退）及移交报告》并停止工作，该报告"离职性质"一栏内容为"辞职"，"个人填写离职原因"一栏被填写为"不想在××干了"。之后 Y 依据此表格将 X 辞退。

③ X 的母亲作为其法定代理人，主张由于 X 是智力残疾人，无法正确表达自己的意志，其所签署的离职申请不具备相关法律效力，应由法定代理人代为签署。据此，Y 系违法解除与 X 的劳动关系，应当向 X 支付经济补偿金。

④ Y 表示：2013 年 7 月 15 日 X 自行申请离职，并填写离职表，并非 Y 将其辞退。且 X 虽然属于智力残疾情形，但是残疾证

---

① 北京中水物业管理有限公司与孔某劳动争议二审民事判决书，北京市第二中级人民法院 [（2014）二中民终字第 06219 号]，裁判日期：2014 年 8 月 19 日。

在仲裁时才予以出示，存在故意隐瞒事实的行为，侵犯了 Y 的知情权，未如实履行告知义务，是一种欺诈行为，采取欺诈手段订立的劳动合同是无效的。而且我国民法通则并未将智力残疾纳入监护范围。综上，Y 不需向 X 支付经济补偿金。

法院裁判要旨（二审）：

① X 持有残疾人证，属于一级智力残疾，不能确认为完全民事行为能力人。根据其残疾状况，签订劳动合同、离职申请等比较重大的行为对于其应属于缺乏判断能力和预见能力的情形。就 X 本人签署的劳动合同而言，鉴于 X 法定代理人对 X 自行签署入职相关文件、履行工作的行为及工资收入情况予以默认，在合理期限内并未提出异议，应视为其对此予以追认。但对 X 签署的离职申请，其法定代理人明确提出不予追认，该行为应属无效。

②《中华人民共和国残疾人保障法》第二十七条规定，国家保障残疾人劳动的权利。第三十四条规定，在职工的招用、聘用、转正、晋级、职称评定、劳动报酬、生活福利、劳动保险等方面，不得歧视残疾人。X 为智力残疾人，其劳动的权利受国家法律保护。Y 主张 X 入职时隐瞒自己的残疾情况，但并未提交证据证明将是否为残疾人作为聘用条件，如 Y 有相关的入职要求，则属于歧视残疾人，违反法律规定。Y 主张 X 采取欺诈手段订立劳动合同，缺乏事实及法律依据，本院不予采信。

③ 因 X 签署离职申请的行为无效，故双方的劳动合同应继续履行。因 X 与 Y 签订的劳动合同期限在 2013 年 11 月 30 日已然终止，Y 亦无续订劳动合同的意思表示，故依照《中华人民共和国劳动合同法》第四十六条之规定，Y 应向 X 支付终止劳动合同经济补偿金。

四 职业介绍与招聘管理

通过职业介绍机构进行招聘也是现实中比较常见的招聘形式。在我国，职业介绍机构的发展经历了复杂的演变进程，政府公共职业中介机构和私营的营利性职业中介机构目前并存。同时，《中华人民共和国就业促进法》中对职业介绍的行政许可制有明确规定，也就是说，未经依法许可和登记的机构不得从事职业中介活动。

不过对于没有经过行政许可但实际上从事职业中介活动的行为，其后果该如何判定，现实中存在争议，后文中的判例 10 和判例 11 就是这种争议的集中体现。其中一种观点认为，根据《最高人民法院关于适用〈中华人民共和国合同法〉若干问题的解释（一）》第十条"当事人超越经营范围订立合同，人民法院不因此认定合同无效。但违反国家限制性经营、特许经营以及法律、行政法规禁止经营规定的除外"，职业中介机构的设立需要履行行政许可程序，但职业中介服务本身并不属于国家限制经营、特许经营或禁止经营的范畴。法律将其规定为管理性规定而非效力性规定，因此对于职业中介机构未经许可的行为，由于其违反了法律法规，应由相关部门做出认定并给予相应的处罚，但其与合同的效力无涉，双方的职业中介合同依然合法有效，这一点在判例 10 的判旨中有所体现。另一种观点则认为，《中华人民共和国就业促进法》中明确规定"未经依法许可和登记的机构，不得从事职业中介活动"，那么未经依法许可和登记就擅自从事职业中介活动的行为明显违反了法律的强制性规定，应依法认定在此情况下签订的中介服务合同无效，否则将导致更多不具备职业中介资质的公司非法从事职业中介服务，这将扰乱中介服务市场的经营秩序，严重损害社会公共利益，正如判例 11 的判旨所述。

同时，为了规范职业中介活动，防止出现前文所述的职业中介服务的弊端，《中华人民共和国就业促进法》对职业中介机构的行为也进行了规定，即职业中介机构不得有下列五种行为：（1）提供虚假就业信息；（2）为无合法证照的用人单位提供职业中介服务；（3）伪造、涂改、转让职业中介许可证；（4）扣押劳动者的居民身份证和其他证件，或者向劳动者收取押金；（5）其他违反法律法规的行为。如果职业中介机构存在上述行为，则由劳动行政部门或者其他主管部门责令改正；如有违法所得，则没收违法所得，并处10000 元以上 50000 元以下的罚款；情节严重的，则吊销职业中介许可证。此外，法律规定相关机构从事职业中介活动时应当遵循合法、诚实信用、公平、公开的原则，禁止任何组织或者个人利用职业中介活动侵害劳动者的合法权益。另外，在合同法意义上，职业介绍合同属于居间合同，其签订和履行同样受到《中华人民共和国合同法》中与居间合同有关的内容的限制，判例 12 中关于居间介绍费的判断就属于此种情况。

判例 10

职业介绍机构的经营许可判例之

上海猎虎投资管理咨询有限公司招聘服务合同纠纷案①

职业介绍机构：上海猎虎投资管理咨询有限公司，以下简称 Y1。

---

① 上海猎虎投资管理咨询有限公司与上海光程信息科技有限公司合同纠纷二审民事判决书，上海市第二中级人民法院 [（2012）沪二中民四（商）终字第 547 号]，裁判日期：2012 年 8 月 15 日。

用人单位：上海光程信息科技有限公司，以下简称 Y2。

案情简介：

① 2011 年 9 月 28 日，Y2 与 Y1 签署《委托招聘合同》一份，约定：Y2 委托 Y1 作为其招聘的服务提供商；由 Y2 向 Y1 提供职位、薪酬的详细描述；Y2 与 Y1 推荐的人员签订聘用合同或者 Y1 推荐的人员到 Y2 处正式上班，均可认为 Y1 的推荐服务成功；对于每个职位，Y2 需向 Y1 提供该职位年薪的 20% 作为猎头服务费，最低收费为人民币 30000 元，不足 30000 元时按 30000 元收取，年薪指 13 个月的薪金收入。

② 双方还在合同中约定，"如聘用人员自开始在 Y2 处工作之日起六个月内发生聘用终止，Y1 应为 Y2 提供一次相同职位的人才寻访服务，但应符合下列条件：Y2 须按合同全额付讫有关费用，并在受聘人员终止聘用后 7 个工作日内书面通知 Y1，要求提供合同规定之服务"。

③ 2011 年 10 月 17 日，Y2 聘用 Y1 推荐的人员甘某担任 PHP 开发工程师，月薪 12000 元。但 2011 年 11 月 30 日，Y2 向甘某开出退工证明。2011 年 12 月 5 日，Y2 向 Y1 共计支付了招聘甘某的服务费 31200 元。

④ 2011 年 11 月 11 日，Y2 聘用 Y1 推荐的人员陈某担任 Y2 的 PHP 开发工程师，月薪 7000 元。Y2 未支付聘用陈某的服务费。

⑤ Y1 要求 Y2 支付招聘第二名推荐人陈某的服务费 30000 元，以此为由诉至法院。

⑥ Y2 认为，基于双方合同的约定，由于甘某在 Y2 处工作未满六个月即发生聘用终止的情况，Y1 应免费为 Y2 提供一次相同职位的人才寻访服务，因此对于陈某的聘用，Y2 不应再重新支付 30000 元的猎头服务费。

⑦ 在诉讼过程中，Y2 发现 Y1 没有获得职业介绍许可证，其经营范围也不包含人才咨询、人才推荐等内容，Y1 从事上述业务的行为违反了法律法规的禁止性规定。Y2 提出反诉，请求确认双方之间的合同无效，并返还其已支付的人才推荐费 31200 元。

法院裁判要旨（一审）：

①根据法律法规的相关规定，Y1 从事人才推荐等中介服务应具备相应的资质，但法律法规就此方面的规定应为管理性而非效力性的规定，也就是说，如 Y1 违反了这些法律法规，应由相关部门对其行为做出认定并给予相应的处罚，与涉案合同的效力无涉。因此，对于 Y2 的该节理由，依法不予采纳。涉案的合同合法有效，双方均应恪守。

② 考虑到陈某与甘某工作时间上的衔接、工作岗位的相同及 Y2 付款的时间，Y2 的抗辩理由更具合理性及可信性，故应采纳 Y2 的抗辩理由。Y1 介绍陈某至 Y2 工作属合同约定的免费提供的人才寻访服务，再要求 Y2 就此支付猎头服务费缺乏依据，不予支持。

二审维持原判。

判例11

职业介绍机构的经营许可判例之
深圳市厚盟企业管理咨询有限公司招聘服务合同纠纷案①

职业介绍机构：深圳市厚盟企业管理咨询有限公司，以下简称 Y1，为本案的申请执行人。

---

① 深圳市金翰林投资发展有限公司与深圳市厚盟企业管理咨询有限公司不予执行国内仲裁裁决裁定书，深圳市福田区人民法院［（2012）深福法民二执仲字第 1 号］，裁判日期：2012 年 5 月 21 日。

用人单位：深圳市金翰林投资发展有限公司，以下简称 Y2，为本案的被执行人。

案情简介：

① 2011 年 3 月 7 日，Y2 与 Y1 签订《猎头服务合约》，其中 Y2 为甲方，Y1 为乙方，合同约定甲方向乙方提出人才需求，乙方则向甲方推荐满足条件的候选人，乙方推荐分公司总经理的服务费是 50000/人。双方详细约定了付款规则："服务费分三期支付，即甲方在受聘人员上岗后，于接到乙方付款通知书 5 个工作日内向乙方支付服务费的 40%，保证期后的 5 个工作日内支付服务费的 30%，6 个月后的 5 个工作日内付清余款；服务保证期为自受聘人至甲方上岗之日起 3 个月，延期付款则每天按该职位服务费总额的千分之五作为滞纳金。"

② 合同签订后，Y1 依约向 Y2 推荐了张某任 Y2 的杭州分公司总经理，并约定张某于 2011 年 4 月 1 日上岗。Y2 依约分别支付了第一期、第二期服务费款项 20000 元和 15000 元。第三期款项应在 2011 年 10 月 12 日前支付，但 Y2 一直未付。

③ Y1 将 Y2 诉至深圳仲裁委员会，要求其支付职业中介服务费尾款。

④ Y2 主张，Y1 提供的人选在 Y2 就职刚满 6 个月就离职了，该员工离职后，Y2 才发现 Y1 根本不具备职业中介资质。Y2 认为 Y1 无从事职业中介活动的资质，其介绍的职员无长期工作的准备，在 Y1 领到最后一笔款项时就申请离职，根本无法达到自己的招聘目的和满足自己的经营需要，Y1 与其介绍给 Y2 的职员有恶意串通损害 Y2 利益的嫌疑。《中华人民共和国就业促进法》第四十条规定，未经依法许可和登记的机构不得从事职业中介活动，Y1 未经依法许可和登记，擅自从事职业中介活动，明显违反了法律的强制

性规定，依法应认定《猎头服务合同》无效。深圳市市场监督注册信息查询单显示，Y1 的营业范围为企业管理咨询、信息咨询（不含证券咨询、人才中介服务、培训和其他限制项目）、广告设计等。

⑤ Y1 主张：本案所涉合同属于信息服务合同，不是人才中介服务合同，不违反法律法规的强制性规定，不违背公共利益，未侵害任何第三人的利益，因此合同依法有效。Y1 不需要为促成 Y2 与推荐人员签订劳动合同履行任何义务，不需要与所推荐人员接触，劳动合同是否签订取决于 Y2 与推荐人员的自主双向选择，Y2 仅利用了 Y1 提供的相关信息，且从这些信息中获得了与推荐人员见面并对其加以任用的机会。本案情况与劳务派遣、从事职业介绍的人才中介服务有本质区别，Y1 并没有与推荐人员有任何直接或间接联系，更谈不上"侵害劳动者合法权益"。合同目的是为 Y2 的利益提供信息，而不是促进劳动者就业、为劳动者介绍职业。因此本案的服务合同不属于就业促进法的调整范围，具有信息服务合同的一般特征，并没有违反法律法规的规定，为合法有效的合同。Y1 收取的服务费是应当取得的劳动成果，Y1 为收集信息付出了相应的人力、智力劳动，理应获得报酬。

⑥ 对于 Y1 与 Y2 之间的合同纠纷，深圳仲裁委员会作出 (2012) 深仲裁字第 120 号裁决书，支持了 Y1 的诉求。在 Y1 向法院申请强制执行时，Y2 向法院提出不予执行仲裁裁决申请，从而引发了本案的诉讼审理。

法院裁判要旨：

① 法院认为，本案焦点在于 Y1 从事的猎头服务是否属于职业介绍或人才中介服务。双方签订的《猎头服务合约》约定，Y1 根据 Y2 对分公司总经理人选的需求，通过各种途径寻找与该需求相匹配的候选人信息；经候选人同意后，Y1 向 Y2 推荐候选人，安排

其与 Y2 沟通面试事宜，并就面试情况与各方沟通，然后 Y1 向 Y2 收取相应报酬。这种由法人或其他组织、公民创办，为用人单位招用人员和为劳动者求职提供中介服务及其他相关服务的经营性组织，就是职业介绍机构或人才中介服务机构。其提供的为用人单位寻找岗位适合人选、订立劳动合同的媒介服务，就是职业介绍服务或人才中介服务。

②《中华人民共和国就业促进法》第四十条规定，"设立职业中介机构，应当依法办理行政许可。经许可的职业中介机构，应当向工商行政部门办理登记。未经依法许可和登记的机构，不得从事职业中介活动"。故从事职业中介服务，需依法办理行政许可，并经工商行政部门登记。Y1 未取得相应的行政许可并未经工商行政部门登记，却从事职业中介活动，违反了法律法规的强制性规定，故双方签订的《猎头服务合约》无效。Y2 申请不予执行仲裁裁决的理由成立，本院予以支持。仲裁裁决适用法律错误。

判例 12

职业介绍费判例之

李某诉新乡市职业介绍服务中心居间合同纠纷案①

劳动者：李某，1964 年 9 月 23 日出生，以下简称 X。

职业介绍机构：新乡市职业介绍服务中心，以下简称 Y。

案情简介：

① 2010 年 6 月，Y 在电视台发布广告，称其将举办赴安哥拉等国任建筑工的招聘会。X 在得知信息后前往 Y 报名，并分别于

---

① 李天顺诉新乡市职业介绍服务中心居间合同纠纷案一审民事判决书，河南省新乡市红旗区人民法院［（2011）红民二初字第 116 号］，裁判日期：2011 年 4 月 20 日。

2010 年 6 月 8 日与 2010 年 6 月 28 日向 Y 交纳服务费 1000 元和 7000 元，共计 8000 元。X 称此后 Y 退还其服务费 100 元，总共交纳 7900 元，X 与 Y 之间未签订书面合同。

② 之后，X 在 Y 的组织下到山东进行了学习，并到郑州进行了体检。后来 X 未能出国，多次找 Y 讨要说法无果，最终向法院提起诉讼，要求 Y 返还职业中介费，并承担违约金等费用。

③ Y 主张护照办好后，X 以家里有老人、病人为由不愿意出国。

法院裁判要旨：

Y 在电视台发布广告承诺将农民工介绍到安哥拉等国务工，Y 介绍民工出国务工的行为是一种居间行为，X 与 Y 之间虽然未签订书面合同，但 X 向 Y 缴纳了 7900 元中介服务费，双方之间形成了事实上的居间合同关系。我国合同法规定，居间人未促成合同成立的，不得要求支付报酬，由于 Y 未能证明其促成了 X 与用人单位签订出国务工合同，因此 Y 没有报酬支付请求权，Y 应当返还其收取 X 的服务费 7900 元。对于 X 请求返还服务费 7900 元的诉讼请求，本院予以支持。

第二章
劳动合同签订与试用期管理的边界

　　劳动者和用人单位订立劳动合同的时刻是两者在法律上最具形式平等的时刻。因此，签订劳动合同的原则也和其他民事合同并无二致，即合法、公平、平等自愿、协商一致、诚实信用。但是，形式上的平等并不能掩盖实质上的不平等。首先，合同标的的特殊性导致劳动者处于弱势地位。因为劳动者的劳动力具有不可储存性，一旦付出就不可逆，这与可储存、可延期支付、可返还的货币及资本不同。其次，劳动力让渡过程中的管理者与被管理者的身份差别也同样影响着合同签订，这也使劳动者在这场看似平等的合同谈判中自始至终处于弱势地位。于是，为了促进合同双方实现真正的平等，劳动法从民法中分离了出来，通过法律强制适度干预双方合意。

　　在劳动合同签订方面，为了促使用人单位明确劳动条件并有效履行承诺，我国法律要求建立劳动关系必须订立书面劳动合同。如果用人单位没有及时与劳动者订立书面劳动合同，其将面临双倍工资的惩罚。这条规则是对用人单位的约束，即使是劳动者主动提出不订立书面劳动合同，责任也由用人单位承担。这时用人单位可以行使的权利就是停止雇用不愿意订立书面劳动合同的劳动者而不用支付经济补偿金，但是只要继续雇用就将面临双倍工资的罚则。这个惩罚力度很大，对于用人单位来说，如果因为各种原因忽视了签合同，则会导致用工成本大幅增加，有鉴于此，司法实践在认定书面劳动合同时倾向于做扩大化解释，以平衡法律与管理实践，并防止劳动者过度利用法律谋取超额利益。后文的判例对扩大化给出了很好的现实解释。在判例 1 中，用人单位给劳动者发放的录用通知被认定为签订的书面劳动合同。实际上，录用通知属于用人单位单方的意思表示，劳动合同是双方的合意，两者在法律性质上并不相同。不过在这个判例中，由于录用通知具备了双方签字，且具备了包括工资在内的各种劳动条件约定，于是用人单位与劳动者被认定为签订了书面劳动合同，这属于对劳动合同的扩大化解释。判例 2 中的聘书被认定为书面劳动合同也是同理，属于司法实践与书面劳动合同的目的和功能相结合而突破"书面劳动合同"的字面意思的适用。但是扩大化的解释也是有限度的，明显不能发挥劳动合同功能的文件则不能得到认定，比如保密协议、规章制度、简易事项说明、销售协议等都不能被认定为书面劳动合同，从这些判例中也可以看出签订书面劳动合同在司法实践中的具体判断标准。

一 劳动合同签订管理

（一）劳动合同的必备条款

《中华人民共和国劳动合同法》对劳动合同的必备条款做出了规定，用人单位与劳动者签订的书面劳动合同应当具备以下条款："（一）用人单位的名称、住所和法定代表人或者主要负责人；（二）劳动者的姓名、住址和居民身份证或者其他有效身份证件号码；（三）劳动合同期限；（四）工作内容和工作地点；
（五）工作时间和休息休假；（六）劳动报酬；（七）社会保险；
（八）劳动保护、劳动条件和职业危害防护；（九）法律、法规规
定应当纳入劳动合同的其他事项。"对比《中华人民共和国劳动
法》，必备条款由 7 项变为 9 项。其中，劳动合同期限、工作内
容、劳动保护和劳动条件、劳动报酬没有变化，劳动纪律、劳动
合同终止条件、违反劳动合同的责任被取消，增加了用人单位和
劳动者的基本信息、工作地点、工作时间和休息休假、社会保
险、职业危害防护等。

　　取消劳动纪律条款，是因为劳动纪律属于用人单位的规章制
度，《中华人民共和国劳动合同法》第四条已经对用人单位制定、
修改劳动纪律等规章制度的程序做出了规定，没有必要在劳动合同
中由用人单位与劳动者个别约定。取消劳动合同终止条件，是为了
防止用人单位规避劳动合同期限的约束，随意终止劳动合同，也是
为了明确劳动合同终止是法定行为，只有符合法定情形的，劳动合
同才能终止。取消违反劳动合同的责任条款，是为了防止用人单位
滥用违约责任条款。《中华人民共和国劳动合同法》规定，只有在
依法约定的培训服务期以及竞业限制条款中，用人单位才能与劳动
者约定由劳动者承担违约金。

　　在增加的条款中，增加双方信息的原因是这些内容是劳动关系
双方主体的基本情况，应当在劳动合同中明确。增加工作地点的原
因是实践中劳动者的工作地点可能与用人单位住所地不一致，有必
要在订立劳动合同时予以明确。增加工作时间和休息休假条款，是
为了在法定标准的基础上进一步明确该劳动者的具体工作时间和休
息休假安排。增加社会保险条款，是为了增强劳资双方参与社会保
险的权利义务意识，而实际上依法参加社会保险和缴纳社会保险费

是用人单位和劳动者的法定义务，无论用人单位与劳动者是否约定、如何约定，劳动者均应依法参加和缴纳社会保险费。增加职业危害防护的条款，主要是为了做好与《中华人民共和国职业病防治法》中相关规定的衔接，促进该条款的落实。《中华人民共和国职业病防治法》规定，用人单位在与劳动者订立劳动合同时，应当将工作过程中可能产生的职业病危害及其后果、职业病防护措施和待遇等如实告知劳动者，并将其在劳动合同中写明，不得隐瞒或者欺骗。

这些条例虽然在法律上被称作必备条款，但是如果它们有所缺失，并不必然导致劳动合同无效。通常缺失的必备条款会参考事实推论其内容，并以实际履行为准。下面的判例 1 与判例 2 都是此方面的例子。而且如果合同明确约定了，但是劳动合同中约定的情况与实际履行不符，司法实践也倾向于以实际履行进行认定。例如实际工资比合同约定的工资高的情况在现实中很常见，一旦发生争议，在很多情况下都根据实际履行工资进行认定，这也是劳动合同与其他民事合同效力上的一处重要不同。

在劳动合同中，无论各项条款是否齐备，其中的劳动者签字一栏必须是劳动者本人签字，否则劳动合同的效力将被直接影响。本章的判例 3 就是用人单位虽主张和劳动者签订了劳动合同，但是笔迹鉴定结果显示签字的并不是劳动者本人，且事后虽然主张为劳动者妻子代签，但是由于没有证据而没能得到法院的认可，最终支付双倍工资的情况。现实中还有劳动者将劳动合同借走不还并主张未签合同的情况。这就要求人力资源管理者对包括劳动合同在内的各类文件进行严格管理，设置审批调取程序，做好劳动合同的签订、保存工作，以预防此类事件的发生。

判例 1

录用通知被认定为劳动合同判例之

中怡保险经纪有限责任公司劳动争议案[①]

劳动者：王某，以下简称 X。

用人单位：中怡保险经纪有限责任公司，以下简称 Y。

案情简介：

① X 于 2008 年 4 月 1 日入职 Y，担任 GCN（全球客户网）部门高级客户经理。此前，Y 曾向 X 发出录用通知，内容包括 Y 的名称、地址、电话，X 的工作岗位、工作地点、入职时间、试用期限、工资标准、年假、社会保险、聘用终止条件等内容。Y 的首席执行官及 X 本人在该录用通知上签字确认。

② 2012 年，双方就业务奖励金、调岗离职等各项内容存在争议，先后诉至仲裁、法院。其中 X 主张 Y 未与其签订书面劳动合同，应支付双倍工资差额。其余各项请求此处省略。

法院裁判要旨：

书面劳动合同的功能在于固定劳动关系双方的权利、义务，提高劳动者的举证能力。Y 发出的录用通知虽未标明劳动合同字样，但内容包括劳动合同的基本要件，且已经双方当事人签字确认，能够实现书面劳动合同的上述功能。从我国劳动合同法的立法目的来看，对于未订立书面劳动合同予以双倍工资惩罚的目的在于通过对用人单位予以惩戒来提高书面劳动合同的签订率，而非使劳动者获取超出劳动报酬的额外利益。现双方签署的录用通知能够起到书面

---

① 王尔吉与中怡保险经纪有限责任公司劳动合同纠纷一审民事判决书，北京市朝阳区人民法院［（2014）朝民初字第 23380 号］，裁判日期：2014 年 12 月 20 日。

劳动合同的作用，对于 X 再要求未签订无固定期劳动合同的双倍工资差额，本院不予支持。双方签署的录用通知未约定劳动合同期限，应视为无固定期限劳动合同，对于 X 再要求补书面无固定期劳动合同的诉讼请求，本院不予支持。

判例 2

聘书被认定为劳动合同判例之
模德模具（苏州工业园区）有限公司劳动争议案①

劳动者：黎某，以下简称 X。

用人单位：模德模具（苏州工业园区）有限公司，以下简称 Y。

案情简介：

① X 自 2003 年起与 Y 上级公司模德新加坡公司建立劳动关系，担任企业高管。

② 2007 年 5 月，Y 为 X 办理外国人就业证，同时给 X 发了聘书。

③ 2008 年 10 月，双方就未签订书面劳动合同、调岗、单方解除等事项发生争议。在书面劳动合同方面，X 主张双方没有签订书面劳动合同，Y 应当向其支付双倍工资差额。Y 主张聘书即为劳动合同。

法院裁判要旨（再审）：

虽然 X 与 Y 之间并未签订书面劳动合同，但鉴于 X 的高管身

---

① 黎志宏与模德模具（苏州工业园区）有限公司劳动合同纠纷再审复查与审判监督民事裁定书，江苏省高级人民法院［（2015）苏审二民申字第 00128 号］，裁判日期：2015 年 3 月 29 日。

份，其聘书足以表明 X 已与公司董事会就双方的权利义务关系达成一致，并已接受公司董事会的任命。对于持有聘书的公司高管以未签书面劳动合同为由主张双倍工资差额的，应当不予支持。在双方没有书面劳动合同的情况下，原审判决基于 X 的高管身份认为，通过劳动合同来明确的双方当事人的权利义务已经由双方的聘书、公司章程及《中华人民共和国公司法》的相关规定所体现，这一认定适用法律并无不当。

判例 3

非本人签名的书面劳动合同判例之
浙江正基建设有限公司劳动争议案①

劳动者：楼某，以下简称 X。

用人单位：浙江正基建设有限公司，以下简称 Y。

案情简介：

① X 于 2014 年 2 月 18 日进入 Y 担任施工员，月工资为 8000 元，Y 未为 X 缴纳除工伤保险外的其他社会保险。

② 2014 年 10 月 2 日，X 在从事施工工作的过程中，脸部不慎被挖机镐头机弹起的石块击伤，产生工伤争议，后 X 申请劳动仲裁，要求工伤待遇、未签书面劳动合同双倍工资等各项。

③ 在书面劳动合同方面，X 主张双方未签订书面劳动合同。Y 提交劳动合同，但劳动者不认可签字为其本人所签。Y 在仲裁中主张签字为 X 所签，在二审中主张劳动合同为 X 的妻子所签，因此可以约束 X。

---

① 浙江正基建设有限公司与楼志洪劳动争议二审民事判决书，浙江省丽水市中级人民法院［（2015）浙丽民终字第 442 号］，裁判日期：2015 年 12 月 3 日。

法院裁判要旨（一审）：

根据针对《XX市建筑业简易劳动合同》中楼某签字所做的司法鉴定结论，其签名非本人所签，故本院认定双方并未签订书面劳动合同。

法院裁判要旨（二审）：

关于Y提出涉案《XX市建筑业简易劳动合同》系X的妻子所签，故该合同可以拘束X的主张，本院认为：首先，Y在劳动仲裁时一直主张涉案合同系X所签；其次，Y未能举证证明其曾在一审认定涉案合同并非X所签的鉴定结论做出前主张过涉案合同系X的妻子所签；最后，其亦未提供任何证据证明该合同系X的妻子所签。故原审法院认定双方并未签订书面劳动合同，并据此判令Y支付未签订书面劳动合同的二倍工资符合法律规定。

（二）劳动合同形式的认定

我国法律要求劳动合同要以书面形式签订。但是在书面形式是否包括电子邮件等数据电文形式的问题上则存在争议。本节选取的判例4从体现劳动合同功能的角度出发，支持了将电子邮件确认为书面劳动合同形式的观点。但对于这一点，司法判例中的裁判意见并不统一，也有判例认为电子形式和劳动合同的目的和功能相差甚远，不支持这一看法。从这些判例中可以看出，在认定书面劳动合同方面，法官主要考察的不是是否具备齐全的必备条款，而是能否发挥劳动合同的主要功能。这种边界的具体表现形式可以在判例5、判例6、判例7和判例8中得到相应说明，具体来说就是保密协议、规章制度、简易事项说明、销售目标责任书等都不能被认定为书面劳动合同。

判例 4

电子邮件作为书面劳动合同判例之
利欧集团股份有限公司劳动争议案①

劳动者：徐某，以下简称 X。

用人单位：利欧集团股份有限公司，以下简称 Y。

案情简介：

① 2012 年 4 月 24 日至 25 日，Y 与 X 通过电子邮件沟通，双方确定了 X 税后的工资不低于 35000 元/月等相关事项。

② 2012 年 5 月 14 日，X 入职 Y，并填写了人员登记表的正面。

③ 2012 年 11 月 13 日，Y 向 X 发送了一份电子邮件，要求解除双方之间的劳动关系。

④ 2013 年 1 月 6 日，X 向劳动人事争议仲裁委员会提出仲裁申请，X 主张双方未签订劳动合同，要求 Y 支付双倍工资，解除与自己的劳动关系并支付经济补偿金等各项。仲裁裁决后，X 与 Y 均不服裁决结果，各自向人民法院提起诉讼。

法院裁判要旨（一审）：

根据《中华人民共和国合同法》第十一条的规定，书面形式是指合同书、信件和数据电文（包括电子邮件）等可以有形地表现所载内容的形式。X 在入职前与 Y 通过电子邮件沟通，确认了入职后的工资及其他待遇；X 入职工作后，Y 也基本按电子邮件确认的内容支付给了 X 工资，并为 X 办理了相关社会保险，应认为双方之间相互确认相关劳动关系内容的电子邮件即为书面劳动合同。故对

---

① 利欧集团股份有限公司与徐振良劳动合同纠纷二审民事判决书，浙江省台州市中级人民法院 [（2014）浙台民终字第 812 号]，裁判日期：2014 年 11 月 17 日。

X 主张因未签订书面劳动合同而应支付双倍工资的诉讼请求，不予支持。

二审维持原判。

判例5

保密协议不作为劳动合同判例之
软林志（北京）科技有限公司劳动争议案[①]

劳动者：吴某，以下简称 X。

用人单位：软林志（北京）科技有限公司，以下简称 Y。

案情简介：

① X 于 2009 年 10 月 9 日进入 Y 工作，担任营销策划一职。双方于 2010 年 4 月 6 日解除劳动关系。

② X 主张双方未签订劳动合同。Y 对此不予认可，并向法庭提交双方签订的保密协议，主张该保密协议系劳动合同。X 主张保密协议并未显示劳动合同的必备条款。

法院裁判要旨（二审）：

Y 应就所述已与 X 签订书面劳动合同向法庭提供证据证明。Y 提供了与 X 签订的保密协议，并主张该保密协议系劳动合同。《中华人民共和国劳动合同法》第十七条第一款对劳动合同应当具备的条款做了明确的规定，Y 与 X 签订的保密协议缺少劳动合同必备条款，法院对其主张不予采信。第十七条第二款规定："劳动合同除前款规定的必备条款外，用人单位与劳动者可以约定试用期、培训、保守秘密、补充保险和福利待遇等其他事项。" Y 与 X 签订的

---

① 软林志（北京）科技有限公司诉吴某劳动争议案二审民事判决书，北京市第一中级人民法院 [（2011）一中民终字第 697 号]，裁判日期：2011 年 2 月 22 日。

保密协议不能被视为劳动合同，其应承担与 X 建立劳动关系后未签订书面劳动合同的责任。

判例 6

工厂条例不构成简易劳动合同判例之

东莞市莉恒家具有限公司劳动争议案[①]

劳动者：覃某，以下简称 X。

用人单位：东莞市莉恒家具有限公司，以下简称 Y。

案情简介：

① X 于 2012 年 2 月 10 日入职 Y，任沙发部放样师一职。

② 双方未签订劳动合同。X 主张系 Y 不与其签订。Y 则主张其已于 2012 年 2 月 18 日通知 X 签订书面劳动合同，但被其拒绝，且 X 在入职时签订了一份工厂条例，已包含劳动合同必备条款，应视为双方已签订劳动合同。

③ X 于 2013 年 3 月 4 日提出仲裁，请求双倍工资差额等各项。

法院裁判要旨（二审）：

根据《中华人民共和国劳动合同法》第十条之规定，与 X 签订劳动合同是 Y 的法定义务。虽然 Y 主张工厂条例系简易劳动合同，但该工厂条例未包括劳动合同必备条款，且未有公司签名或盖章，故对 Y 的这一主张不予采信。因此，Y 未能举证证明其已与 X 签订劳动合同，依法应向 X 支付未签订劳动合同的二倍工资差额。

[①] 东莞市莉恒家具有限公司与覃其祝劳动合同纠纷二审民事判决书，广东省东莞市中级人民法院 ［（2013）东中法民五终字第 1853 号］，裁判日期：2013 年 10 月 31 日。

判例 7

简易劳动合同判例之
深圳市普惠医学软件有限公司劳动争议案①

劳动者：鲁某，以下简称 X1；凌某，以下简称 X2；魏某，以下简称 X3；李某，以下简称 X4。

用人单位：深圳市普惠医学软件有限公司，以下简称 Y。

案情简介：

① X1、X2、X3、X4 等四人均为 Y 的销售人员。

② Y 提交的四人的劳动合同均由一页 A4 纸正反两面打印而成，格式及内容相同。四份 A4 纸一面的抬头为"入职须知"，四人分别在该面的落款处签写了本人的姓名，Y 在该页加盖了公章。四份 A4 纸的另一面抬头为"简易劳动合同及入职须知"，其中的用人单位为 Y，员工的姓名则分别为 X1、X2、X3、X4，内容包括劳动合同的期限、试用期、岗位及工资、违约责任等条款，该页没有四人的签名，也没有加盖 Y 的公章。

③ 四人于 2013 年 2 月 28 日离职后，向劳动争议仲裁委员会申请未签订书面劳动合同的双倍工资差额等各项。

法院裁判要旨（二审）：

X1 等四人与 Y 之间的劳动关系合法有效，应受劳动法律法规的保护和约束。关于双方是否签订了劳动合同的问题，经核实，Y 提交的 A4 纸的"简易劳动合同及入职须知"一面中虽然有劳动合

---

① 鲁丰元与深圳市普惠医学软件有限公司劳动合同纠纷二审民事判决书，广东省深圳市中级人民法院［（2014）深中法劳终字第 1399－1402 号］，裁判日期：2014 年 6 月 30 日；深圳市普惠医学软件有限公司劳动争议申诉、申请民事裁定书，广东省高级人民法院［（2014）粤高法民申字第 2401－2404 号］，裁判日期：2014 年 12 月 15 日。

同的基本要素，但该页面没有 X1 等四人的签名，也没有加盖 Y 的公章，不符合《中华人民共和国劳动合同法》第十六条关于劳动合同应由用人单位和劳动者签字或盖章生效的规定，故本院认为，该"简易劳动合同及入职须知"不具备法律规定的劳动合同的必备要件。Y 主张 X1 等四人在该纸张的另一面签了名，Y 也加盖了公章，但该 A4 纸的另一面为"入职须知"，其内容与"简易劳动合同及入职须知"中的内容无关，故认定"入职须知"并非"简易劳动合同及入职须知"的后续内容。综上，因 Y 提交的"简易劳动合同及入职须知"不具备法律规定的劳动合同的必备要件，且不能证明其内容是双方协商一致形成的，故本院认为，Y 提交的"简易劳动合同及入职须知"不属于法律规定的劳动合同。因此，Y 依法应从 X1、X2、X3、X4 四人入职之日起的第二个月向其支付二倍工资，直至 2013 年 2 月 28 日离职。

后 Y 提起再审，被驳回。

（三）双倍工资的具体计算方法

计算未签订书面劳动合同的双倍工资还涉及具体的期间确定问题。《中华人民共和国劳动合同法》规定，已建立劳动关系但未同时订立书面劳动合同的，应当自用工之日起一个月内订立书面劳动合同。用人单位自用工之日起超过一个月不满一年未与劳动者订立书面劳动合同的，应当向劳动者每月支付双倍工资。而用人单位自用工之日起满一年不与劳动者订立书面劳动合同的，在司法实践中被视为用人单位与劳动者已经订立无固定期限劳动合同，这段时间用人单位不再承担双倍工资的罚则。同时，对双倍工资的支付时效也应适用劳动争议一年的普通时效而不是工资特殊时效。所以说，如果用人单位和劳动者长时间没有签订书面劳动合同，则可能发生

的情况是，在劳动者主张时，可以得到双倍工资的期间已经完全过
了仲裁时效，因此劳动者最终得不到支持。

简单来说，双倍工资可以得到司法实践支持的期间可以分为两
步加以确定：第一，先找出实体法上劳动者可以获得双倍工资的时
间，即从用工之日起一个月后到用工满一年之时。如果劳动者合同
到期未续签，则从到期次日起算。该期间是用人单位应向劳动者支
付双倍工资的计算区间。而超过一年的期间被视为双方已经签订无
固定期限劳动合同，司法实践中不再要求用人单位支付双倍工资。
第二，根据程序法的要求，计算劳动者诉求的时效期间，也就是劳
动者主张诉求之前的一年时间还在诉讼时效范围内的，将得到司法
实践的支持。综上所述，上述两个阶段的重合期间就是双倍工资可
以获得支持的期间。本章的判例 8 就是这种算法的具体体现。

判例 8

双倍工资计算判例之

北京华夏成长投资管理有限公司劳动争议案①

*劳动者：*韩某，以下简称 X。

*用人单位：*北京华夏成长投资管理有限公司，以下简称 Y；北
京华夏创新广告有限公司，以下简称 Z。

案情简介：

① X 于 2013 年 5 月 1 日入职，并于 2013 年 5 月 3 日与 Y 签订

---

① 韩飞与北京华夏成长投资管理有限公司等劳动争议一审民事判决书，北京市海淀区人民
法院［（2015）海民初字第 30608 号］，裁判日期：2016 年 3 月 14 日；韩飞与北京华夏
成长投资管理有限公司等劳动争议二审民事判决书，北京市第一中级人民法院［（2016）
京 01 民终 4749 号］，裁判日期：2016 年 10 月 10 日。

期限为 2013 年 5 月 1 日至 2013 年 7 月 31 日的三个月试用期合同。合同约定 X 担任销售总监，工资由 Y 通过银行转账的方式向 X 发放。到期后双方未再签订合同。

② 在工作期间，X 与 Z 签订了业绩目标责任书。Y 系 Z 股东之一，两个公司的法定代表人均为方某。

③ 2014 年 9 月 30 日 X 离职，称 Z 总经理梁某以其 2014 年度业绩完成不好为由口头要求其离职。Y 及 Z 则称系 X 自行提出离职。

④ X 于 2015 年 5 月 6 日以要求 Y 支付未签订书面劳动合同二倍工资差额、业务提成及公关费用等为由申请仲裁。仲裁裁决后，X 与 Y 均不服裁决结果，提起诉讼。

法院裁判要旨（一审）：

① 就未续签劳动合同二倍工资差额一节，Z 虽称业绩目标责任书的性质为劳动合同，但该业绩目标责任书的条款内容旨在约定 X 于 2014 年度的销售任务目标，并不完全具备劳动合同必备条款，故对 Z 的主张不予采信，Z 应承担未与 X 签订劳动合同的法律后果。

② 鉴于 X 于 2015 年 5 月 6 日提起仲裁，故其 2014 年 5 月 6 日前关于二倍工资差额的诉请业已超过诉讼时效，本院不予支持。

③ 又依据《中华人民共和国劳动合同法》第十四条第三款之规定，"用人单位自用工之日起满一年不与劳动者订立书面劳动合同的，视为用人单位与劳动者已订立无固定期限劳动合同"，因此，自 2014 年 8 月 1 日起视双方已经签订无固定期限劳动合同，故 X 要求 Z 支付 2014 年 8 月 1 日至 2014 年 9 月 30 日期间未续签劳动合同二倍工资差额的请求，本院亦不予支持。

④ 综上，Z 应向 X 支付 2014 年 5 月 7 日至 2014 年 7 月 31 日期

间未续签劳动合同的二倍工资差额 14137.93 元。

⑤ 鉴于 Y 与 Z 存在关联关系，且用工过程中存在混同用工情形，Y 应对 Z 的上述给付义务承担连带责任。

二审维持原判。

（四）管理人员的劳动合同签订问题

现实中，拥有劳动合同管理职责的相关管理人员也经常提出未签订书面劳动合同的双倍工资主张，这时，用人单位通常会以其本身对于未签订合同负有责任而提出抗辩。后文的判例 9 与判例 10 中，劳动者都是有相关合同签订和保管职责的工作人员，法院对此方面的证据认定和因果关系给出了分辨，可以为现实中此类问题的处理提供借鉴。

判例 9

管理人员书面劳动合同认定判例之

北京泛太物流有限公司劳动争议案①

劳动者： 单某，以下简称 X。

用人单位： 北京泛太物流有限公司，以下简称 Y。

案情简介：

① X 于 2011 年 6 月 30 日入职 Y，担任人力行政部员工。X 主张其最后工作至 2011 年 8 月 30 日，Y 口头与其解除劳动关系。Y 主张 X 最后工作至 2011 年 7 月 29 日，并于 2011 年 8 月 17 日向公

---

① 北京泛太物流有限公司与单晶晶劳动争议二审民事判决书，北京市第一中级人民法院，裁判日期：2012 年 6 月 1 日，《中华人民共和国最高人民法院公报》2013 年第 12 期（总第 206 期）。

司负责人发送邮件申请辞职，从而解除劳动关系。

② 对于劳动合同问题，X 主张 Y 未与其签订书面劳动合同；Y 提出 X 入职后公司与其签订了 3 年期的劳动合同，X 负责保管员工档案，其在离职时已擅自将劳动合同等材料带走。

③ X 提起仲裁，要求 Y 支付未签订劳动合同的二倍工资差额等各项，后又诉至法院。

法院裁判要旨（二审）：

Y 提出曾与 X 订立书面劳动合同，X 负责保管员工档案并借此将所签订的劳动合同取走。对此，法院认为，依据 Y 提供的《工作职责》的内容，X 负责公司员工的档案管理工作。虽然 X 否认负责上述工作，且否认《工作职责》中自己签字的真实性，但经法院释明，其未申请对上述签字的真伪进行鉴定，应当承担上述事实不能查明的不利法律后果，即法院对《工作职责》的证明力予以确认，采信 Y 关于 X 负责员工档案管理的主张。但仅凭借 X 负责保管档案以及其持有部分公司文件的事实并不足以证实 Y 曾与 X 签订有书面劳动合同。

关于双方是否签有书面劳动合同一节，争议核心即是否能对 Y 予以双倍工资惩罚。由于双方均认可填有《员工录用审批表》且该表为 X 持有和提举，所以该节争议的实质就演化为能否视《员工录用审批表》为双方的书面劳动合同。对此，法院认为应结合《中华人民共和国劳动合同法》关于对未签订书面劳动合同予以双倍工资惩罚的立法目的分析。首先，《中华人民共和国劳动合同法》第八十二条针对实践中劳动合同签订率低，以及《中华人民共和国劳动法》第十六条仅规定"建立劳动关系应当订立劳动合同"而没有规定违法后果的立法缺陷，增设了二倍工资的惩罚。二倍工资惩罚的性质并非劳动者的劳动所得，而是对用人单位违反法律规定的一种惩戒。二倍工资的立法目的在于提高书面劳动合同的签订率，明晰劳动关系中的权利义务，而非劳动者可以从中谋取超出劳动报酬的额外利益。其次，结合 X 持有的《员工录用审批表》分析，该表已基本实现了书面劳动合同的功能，且表中内容已经具备劳动合同的要件，既能够明确双方的劳动关系，又固定了双方的权利义务，实现了书面劳动合同的功能。一审法院认定该表具有劳动合同的性质、驳回 X 要求 Y 支付双倍工资差额的诉讼请求的做法正确，法院予以确认。

判例 10

管理人员劳动合同签订判例之
北京耀华康业科技发展有限公司劳动争议案①

劳动者：宋某，以下简称 X。

用人单位：北京耀华康业科技发展有限公司，以下简称 Y。

案情简介：

① X 于 2014 年 4 月 21 日入职 Y，担任公司综合办公室主任，工作职责包括行政人事工作。

② 双方未签订书面劳动合同。Y 主张 X 作为行政人事部的工作人员，其工作职责包含与公司员工订立劳动合同等事项，故导致双方未订立劳动合同的责任在于 X。

③ 2015 年 3 月，X 申诉至劳动人事争议仲裁委员会，要求 Y 支付未签劳动合同的双倍工资差额等各项。

---

① 北京耀华康业科技发展有限公司与宋媛劳动争议二审民事判决书，北京市第二中级人民法院［（2015）二中民终字第 12474 号］，裁判日期：2015 年 12 月 13 日。

法院裁判要旨（二审）：

本案中，Y 主张 X 作为行政人事部工作人员，其工作职责包含与公司员工订立劳动合同等事项，故导致双方未订立劳动合同的责任在于 X。对此，本院认为，虽然劳动合同的订立属于 X 工作职责的一部分，但 X 并不能自行决定其本人的劳动报酬、劳动合同期限、工作内容、工作地点、工作时间、休息休假、社会保险、劳动保护、劳动条件等劳动合同必备条款，上述条款应由 Y 与 X 平等协商确定。因此就 X 本人的劳动合同订立而言，X 应承担的工作职责仅系完成订立劳动合同的形式要件，而上述形式要件的完成需以双方就劳动合同必备条款协商一致为前提。

现 X 向 Y 提出订立劳动合同后，Y 并未提交充分证据证明此后就订立劳动合同事宜与 X 进行了平等协商且就订立劳动合同的必备条款与 X 达成了一致意见，在此情况下，X 并不具备完成订立劳动合同形式要件的前提。Y 以 X 工作职责包括与员工订立劳动合同事项为由，主张双方未订立劳动合同的责任在于 X，其主张不能成立。

二　劳动合同中的违约金问题

劳动合同中关于违约金的约定也是一个国家立法进行明确干预的领域。由于劳动关系的身份从属性和人格从属性，在缺乏国家干预的情况下，强迫劳动的情况时有发生。因此，为了实现劳动者的择业自由，反对强迫劳动成为劳动法的基本原理之一。根据国际劳工组织 1930 年《强迫劳动公约》（第 29 号）和 1957 年《废除强迫劳动公约》（第 105 号），在劳动合同中约定过长的服务期和带有惩罚性质的违约金均有被解释为强迫劳动的余地。所以在有些国家，违约金的约定被立法明确禁止，如日本劳动基准法第十六条。在我国，《中华人民共和国劳动合同法》对违约金的态度为普遍禁止、特别许可，即除了在培训和竞业限制中可以约定由劳动者承担违约金的事项，其他情况下此种约定均无效。在违约金方面，目前比较有争议的主要是户口等福利性项目。从严格适用《中华人民共和国劳动合同法》第二十五条以及反强迫劳动的角度看，这些事项并不能成为劳动关系中要求劳动者支付违约金的理由，判例 11 中关于户口的违约金争议就体现了这一法律原则。

判例 11

办理户口费用违约金判例之

泛太领时科技（北京）有限公司劳动争议案①

劳动者：汪某，以下简称 X。

用人单位：泛太领时科技（北京）有限公司，以下简称 Y。

案情简介：

①　X 于 2010 年 12 月 13 日入职 Y，Y 通过人才引进渠道为 X 办理了户口。双方签订了期限自当日起至 2015 年 12 月 12 日止的劳动合同。合同约定 X 担任项目经理一职，试用期为 6 个月，至 2011 年 6 月 12 日止；年薪为 150000 元，其中年绩效工资 30000 元（年绩效自试用期结束之日起计算），基础工资 2000 元，岗位津贴 8000 元。

②　2011 年 5 月 9 日，X 转正。2013 年 7 月 3 日，X 因个人原因提出辞职。X 称双方劳动关系存续期间，Y 未向其足额支付工资，

---

①　泛太领时科技（北京）有限公司与汪广学劳动争议一审民事判决书，北京市海淀区人民法院 ［（2014）海民初字第 3186 号］，裁判日期：2014 年 2 月 19 日；泛太领时科技（北京）有限公司与汪广学劳动争议二审民事判决书，北京市第一中级人民法院 ［（2014）一中民终字第 3343 号］，裁判日期：2014 年 5 月 13 日。

其中包括 2011 年 5 月至 2012 年 12 月期间绩效工资税前共计 50000 元等各项。

③ 就 X 所主张的 50000 元的绩效工资，Y 对于该部分工资的数额不持异议，但主张 X 在入职时通过人才引进渠道办理了入职手续，公司为此支付了巨额培训费及其一家人户口进京的手续费用。双方曾在劳动合同中明确约定服务期，但 X 办理完户口手续后即行离职，理应向公司支付 50000 元的违约金，且其离职时双方协商一致将该笔违约金从未发工资中冲抵。

法院裁判要旨（一审）：

就 X 所主张的 2011 年 5 月至 2012 年 12 月绩效工资 50000 元一节，Y 对该笔款项的数额及性质予以认可，本院亦不持异议。Y 抗辩称该部分款项应与违约金相互抵消……根据《中华人民共和国劳动合同法》第二十五条之规定，除本法第二十二条和第二十三条规定的情形外，用人单位不得与劳动者约定由劳动者承担违约金。现 Y 并未就其主张的违约金的性质进行举证，亦未就该公司对 X 进行培训所花费培训费的情况进行举证，故本院对其要求 X 支付违约金并以绩效工资冲抵违约金的主张不予采信，Y 应当向 X 支付上述绩效工资 50000 元。

二审维持原判。

（一）培训协议中的违约金问题

《中华人民共和国劳动法》第六十八条规定："用人单位应当建立职业培训制度，按照国家规定提取和使用职业培训经费，根据本单位实际，有计划地对劳动者进行职业培训。从事技术工种的劳动者，上岗前必须经过培训。"由此可见，依法建立职业培训制度是用人单位的义务，同时也是正常开展业务的需要。由于劳动者有充分的择业自主权，如果劳动者在接受了职业培训并提高了技能后立刻跳槽离职，用人单位的培训就将成为沉没成本，不利于形成良好有序的职场培训行情。于是，法律规定劳资双方可以就培训达成协议，约定由劳动者承担违约金。

培训事项有时出现在劳动合同文本中，有时是单独的培训协议。不管形式为何，劳资双方签订培训协议的前提都是用人单位为劳动者提供了专业技术培训，提升了劳动者的职业技能。这时双方可根据培训的具体情况约定服务期，劳动者如果违反了关于服务期的款项，需要向用人单位支付违约金。同时，为了防止因违约金过高而存在对劳动者的经济压迫之嫌，法律规定违约金数额不得超过单位提供的培训费用。

这里需要说明的是，培训协议中的服务期不等同于劳动合同期限。第一，两者性质不同，劳动合同期限是双方对劳动关系存续状况进行的约定，而培训协议中的服务期是根据培训的具体内容、技术更新率等方面协商确定的。第二，两种期限的长短不同，劳动合同可以是无固定期限的，服务期则必须有明确的期限。对于签订了固定期限劳动合同的劳资双方，如果签订的培训协议的服务期短于劳动合同期限，则不对劳动合同产生影响；如果服务期长于劳动合同期限，则劳动合同将自动延长至服务期满之时。第三，服务期协议与劳动合同的签订时间不同。服务期协议是针对某种特别的培训而签订的，它往往是在劳动合同存续期内、培训开展之前或之后订立的。第四，服务期可以叠加，如果用人单位对同一劳动者进行了多种培训，则可能不同的培训服务期叠加存在于同一个劳动者身上，比如航空公司对飞行员的培训就普遍存在这种情况；而劳动合同期限对于同一个劳动者来说是唯一的。

一旦出现争议，用人单位需要提供为劳动者进行培训的费用证明。《中华人民共和国劳动合同法实施条例》第十六条明确规定：
"劳动合同法第二十二条第二款规定的培训费用，包括用人单位为
了对劳动者进行专业技术培训而支付的有凭证的培训费用、培训期
间的差旅费用以及因培训产生的用于该劳动者的其他直接费用。"
而在培训期间的工资是否属于培训费用这个问题上还存在较大的争
议。从原理上说，劳动者接受用人单位的指挥命令进行培训，是其
工作内容的一部分，在此期间用人单位为其支付工资是法定义务，
不将其列入违约金的计算也有一定道理。

此外，如果劳动者因为用人单位存在拖欠工资等《中华人民共
和国劳动合同法》第三十八条中的情形而在服务期内提出辞职的，
也不需要支付违约金。而如果在服务期内劳动者有过错，包括《中
华人民共和国劳动合同法》第三十九条规定的"严重违反用人单位
的规章制度的；严重失职，营私舞弊，给用人单位造成重大损害
的；劳动者同时与其他用人单位建立劳动关系，对完成本单位的工
作任务造成严重影响，或者经用人单位提出，拒不改正的；劳动者
以欺诈、胁迫的手段或者乘人之危，使用人单位在违背真实意思的
情况下订立或者变更劳动合同的；劳动者被依法追究刑事责任的"，
则就算提出解除劳动合同的是用人单位，劳动者依然要支付违
约金。

（二）竞业限制中的违约金问题

从维持正常经营秩序的角度出发，法律保护用人单位的商业秘
密，因此用人单位可以对知悉商业秘密的劳动者提出相应要求，其
中有一种要求就是竞业限制，即负有保密义务的劳动者从原用人单
位离职后，在一定期间内不得自营或为他人经营与原用人单位有直
接竞争关系的业务。这种用人单位的权利和劳动者的择业自由权产
生了冲突，因此，法律同样对用人单位的这一权利进行了限制。

第一，竞业限制不能是用人单位单方的规定，需要以用人单位和劳动者双方签字同意的协议明确权利义务，也就是以劳动者的同意为前提。如果劳动者不签署竞业限制协议，其就无须在工作选择方面受限制，但是劳动者依然有保守商业秘密的义务。这一方面来自反不正当竞争法的约束，另一方面源自劳动法中劳动者附随的忠诚义务。

第二，竞业限制并非适用于所有劳动者。我国劳动合同法第二十三条明确指出，对于负有保密义务的劳动者可以约定竞业限制条款。第二十四条更进一步指出，"竞业限制的人员限于用人单位的高级管理人员、高级技术人员和其他负有保密义务的人员"。在商业秘密方面，也并非所有的经营信息都是商业秘密。根据反不正当竞争方面的规定，作为商业秘密受法律保护的经营信息，须是不为公众所知悉、能为权利人带来经济利益、具有实用性并经权利人采取了保密措施的经营信息。

第三，用人单位要在解除或者终止劳动合同后，在竞业限制期限内按月给予劳动者一定的经济补偿，因为在劳动者从原用人单位离职后，履行竞业限制义务势必会对其职业选择的自由度产生影响。尤其是对于从事一些应用面比较窄的工作的劳动者，遵守竞业限制甚至可能导致其在一定期间内难以找到新的工作，从而影响其个人及家庭的生活。所以法律要求用人单位按月支付合理的补偿以弥补劳动者的损失，具体的补偿数额由双方在协议中约定。对于没有约定经济补偿的情形，《最高人民法院关于审理劳动争议案件适用法律若干问题的解释（四）》（法释〔2013〕4号）第六条规定："当事人在劳动合同或者保密协议中约定了竞业限制，但未约定解除或者终止劳动合同后给予劳动者经济补偿，劳动者履行了竞业限制义务，要求用人单位按照劳动者在劳动合同解除或者终止前十二个月平均工资的30%按月支付经济补偿的，人民法院应予支持。前款规定的月平均工资的30%低于劳动合同履行地最低工资标准的，按照劳动合同履行地最低工资标准支付。"同时，该司法解释第八条规定："当事人在劳动合同或者保密协议中约定了竞业限制和经济补偿，劳动合同解除或者终止后，因用人单位的原因导致三个月未支付经济补偿，劳动者请求解除竞业限制约定的，人民法院应予支持。"

第四，竞业限制的期限不得超过两年。

总之，在符合各项法律规定的情况下，用人单位和劳动者在竞业限制协议中明确约定了双方的权利义务，这时如果劳动者违反约定，则需要承担相应的违约责任。当然，违约金的数额也不能有失公平。现实中，劳资双方围绕竞业限制展开了过程复杂的博弈，判例12就是这种复杂情况的一个缩影。该判例在判决中涉及保密协议违约金和竞业限制违约金的区别、劳动者是否违反竞业限制义务的认定、经济补偿的发放判断、违约金数额的合理调整等各种问题，是竞业限制判例中的典范。

判例12

竞业限制违约金判例之

上海地面通信息网络有限公司竞业限制案①

劳动者：王某，外籍，以下简称 X。

用人单位：上海地面通信息网络有限公司，以下简称 Y。

---

① 上海地面通信息网络有限公司与王华哲劳动合同纠纷二审民事判决书，上海市第二中级人民法院［（2014）沪二中民三（民）终字第125号］，裁判日期：2014年5月13日。

案情简介：

① 2011 年 9 月 1 日，X 进入 Y 工作，担任 IDC 销售总监。同月 19 日，双方签订了一份期限自 2011 年 9 月 1 日起至 2014 年 12 月 31 日止的劳动合同，月薪应发数为人民币 13000 余元。由于 X 为外籍人士，Y 为 X 办理了外国人就业证，有效期为 2011 年 11 月 8 日至 2014 年 3 月 7 日，就业证载明 X 的职业或身份为 IDC 销售总监。

② 2011 年 9 月 19 日，双方签订了《员工商业秘密保护限制协议书》。协议书第十条第 3 款约定，"乙方提出与甲方解除合同，其提前通知期为 3 个月。甲方在此期间可以采取调离原岗位，另行安排工作等相应的脱密措施。在得到甲方同意后，乙方应将所有的商业秘密资料交还甲方。乙方违反提前通知期约定，应向甲方支付赔偿金人民币 50000 元"；第十条第 5 款约定，"如果一方不履行本协议第九条第 3 款所列义务，应当承担违约责任，一次性向甲方支付违约金人民币 200000 元。因乙方违约行为给甲方造成损失的，乙方应当承担赔偿责任（包括直接损失和间接损失）"。

③ 2011 年 9 月 19 日，双方又签订了《竞业限制协议书》。协议书第二条第 2 款约定："甲方与乙方解除或终止劳动关系之后，甲方向乙方支付竞业限制经济补偿为每月 500 元，甲方向乙方履行竞业限制补偿金发放义务的同时，乙方有每月向甲方告知现行工作单位（包括劳务服务单位）住所和联系电话的义务，以方便甲方进行必要的查证和核实……"第三条第 2 款约定："乙方若不履行上述竞业限制义务，则须向甲方承担违约责任，违约金额度为乙方在与甲方解除或终止劳动关系时上一年度的在甲方领取的劳动报酬总额的 10 倍……"

④ 2012 年 3 月 31 日，Y 与 X 签订了《脱密期协议书》，其中 X 为乙方。协议书载明，乙方现因家庭方面的原因需要长时间请

假，故按照公司规章制度及双方签订的《员工商业秘密保护限制协议书》的规定，乙方有 3 个月的脱密期时间。

⑤ 2012 年 5 月 2 日，Y 向 X 邮寄《员工纪律处分通知书》。Y 在该通知书中载明：X 于 2012 年 3 月 27 日由于个人家庭发生重大事情，需要回温哥华处理，向 Y 提交辞职申请；公司考虑其员工为公司中高层人员，并掌握公司核心技术及商业秘密，与员工协定停薪留职三个月为脱密期，签订《脱密期协议书》。协议书中规定，员工有义务为公司提供此次离职的相关证明材料。另根据员工与公司签订的《竞业限制协议书》，乙方有义务通告甲方其最新住址、联系方式及最近个人情况，以确认乙方遵守限制的规定。目前为止，人力资源部已与 X 多次电话、短信、邮件联系以告知其应履行的义务，但 X 尚未正式办理工作交接，未提交此次个人家庭原因的相关证据材料，未与公司联系并提供个人最新动向。因 X 在脱密期间未能履行协议规定的内容，公司停止对其停职留薪的处理。又因员工拒绝办理离职手续及履行相关协议的义务，根据《竞业限制协议书》《员工商业秘密保护限制协议书》《员工手册》的相关规定，公司给予 X 辞退处分，并保留对其员工追究以上协议的法律违约责任。

⑦ 2012 年 9 月 12 日 Y 通过中国银行向建设银行收款人 X 的账号支付 2500 元，备注为"2012 年 4 月至 8 月竞业限制补偿金"。后 Y 以每月 500 元的标准支付 X 竞业限制补偿金至 2013 年 11 月。

⑧ 2012 年 9 月 13 日 Y 向上海市劳动人事争议仲裁委员会申请仲裁，要求 X 履行《竞业限制协议书》，支付违反《员工商业秘密保护限制协议书》的违约金 250000 元，支付违反《竞业限制协议书》的违约金 520000 元。

⑨ X 主张自己没有违反《竞业限制协议书》，其在离职后于

2012 年 6 月到与 Y 没有竞争关系的上海韵林公司工作。X 还提交了与韵林公司签订的期限自 2012 年 6 月 1 日至 2015 年 6 月 30 日的劳动合同，岗位为市场总监。韵林公司为 X 两次办理外国人就业证，其有效期分别为 2012 年 10 月 12 日至 2013 年 9 月 26 日、2013 年 8 月 9 日至 2014 年 8 月 4 日。韵林公司从 2012 年 11 月起为 X 缴纳社会保险费。

⑩ Y 主张 X 实际在与 Y 有竞争性业务的有孚公司工作，并提交了一系列证据，包括有孚公司的工商档案机读材料、2012 年 8 月 2 日拍摄的一组照片、Y 寄送的邮件、Y 拨打有孚公司客服电话的录音材料，以及多个证人证言。其中，有孚公司的工商档案机读材料说明该公司与 Y 的经营范围部分相同；照片说明 X 的汽车出现在有孚公司的停车场且 X 出现在其电梯间；有孚公司客服电话录音说明 X 不仅在该公司工作而且还有助手。上述材料皆证明 X 在有孚公司工作，并且多名证人的证言从不同角度阐述了 X 在有孚公司工作的情况。

法院裁判要旨（二审）：

① Y 要求 X 根据保密协议支付违约金是否有依据。

根据劳动合同法的规定，对劳动者设置违约金的只限于两种情况：一为用人单位为劳动者提供专项培训费用，对其进行专业技术培训的，劳动者违反服务期约定的，应当按照约定向用人单位支付违约金；二为对负有保密义务的劳动者，用人单位与其约定竞业限制条款，劳动者违反竞业限制约定的，应当按照约定向用人单位支付违约金。Y 与 X 约定的未提前 3 个月通知解除合同的赔偿金数额实为违约金。同时，Y 又约定 X 如违反协议应承担 200000 元的违约金。上述两项违约金的约定与法律规定不符，Y 据此主张的违约金无法律依据。

至于 X 违反该协议是否应承担其他赔偿责任，对此，本院认为：首先，Y 并未在本案中主张赔偿；其次，Y 主张赔偿金应以 X 存在违约事实及该违约行为已对 Y 造成损害为前提。从查明事实看，X 未提供相关依据证明其请假理由，在离开 Y 后的 3 个月内亦未向 Y 说明情况，确有错误。但 Y 亦已在 2012 年 5 月对 X 做了辞退处理。现 Y 要求 X 支付违反《员工商业秘密保护限制协议书》的违约金确无依据。

② 竞业限制协议对 X 是否有约束力，X 是否违反了竞业限制协议，是否应当支付 Y 相应的违约金。

首先，对于竞业限制协议对 X 是否有约束力，本院认为，X 与 Y 签订的竞业限制协议系双方的真实意思表示，与法无悖，双方当事人均应恪守上述协议，否则应承担相应的法律责任。X 在本案审理中辩称，因 Y 在其离职后没有按照约定支付竞业限制补偿金，故双方签订的《竞业限制协议书》已经失效。对此，本院认为，竞业限制协议生效后，劳动者有按约定不到与原公司有竞争关系的单位工作的义务，用人单位则有义务对劳动者就业权受到的限制进行补偿。对于一方不履行合同义务的情况，另一方均可以主张权利。对于劳动者而言，只有在用人单位原因不履行支付补偿金义务累计 3 个月时，劳动者才能提出解除竞业限制协议。但在劳动者一方未提出解除协议前，竞业限制协议并不会自然失效。从查明事实看，首先，双方在竞业限制协议中明确，Y 与 X 解除或终止劳动关系后，Y 向 X 支付竞业限制补偿金每月 500 元；其次，双方在《竞业限制协议书》中约定，在 Y 向 X 履行竞业限制补偿金发放义务的同时，X 须每月向 Y 告知现行工作单位的地址和联系电话，以方便 Y 进行必要的查证和核实。此系双方的约定，亦符合常理。现 X 未按上述约定向 Y 告知其新的工作单位及其他相关信息，导致竞业限制补偿金未能及时发放的责任并非完全在 Y。且在 2012 年 9 月 12 日 Y 向其原来向 X 发放工资的银行卡中汇入 2012 年 4 月至 8 月的竞业限制补偿金，此后亦一直支付 X 竞业限制补偿金至 2013 年 11 月，X 在此前亦未提出过解除竞业限制协议。故 X 主张竞业限制协议失效的意见无事实依据和法律依据，本院不予采纳。

其次，对于 X 是否违反了竞业限制协议一事，Y 提供了一系列证据。本院认为，Y 提供的证据能够互相印证，已形成证据链，可以证明 X 离开 Y 后又到有孚公司工作。而根据查明事实，有孚公司显然与 Y 存在竞争关系，X 离开 Y 后去有孚公司工作的行为显然违反了 X 与 Y 签订的《竞业限制协议书》的约定。故 Y 要求 X 支付违约金的上诉请求有事实依据和法律依据，本院予以支持。

最后，关于 X 应支付 Y 违约金的数额，本院认为，竞业限制违约金虽由双方当事人在合同中约定，但对于约定违约金金额极高的，从公平合理原则出发，可以予以调整。竞业限制违约金系对劳动者劳动权的限制，违约金金额的确定应综合劳动者在原单位的工作期限与工资水平、双方约定的竞业限制补偿金标准、违约的情节等因素判断。现本院根据本案的实际情况酌情确定为 50000 元。

三　关于试用期的约定及试用期管理

（一）试用期条款的签订

如果用人单位和劳动者在合同中约定了试用期条款，在签订劳动合同之后双方就将进入试用期管理的阶段。试用期是用人单位和劳动者为相互了解、相互选择而在劳动合同履行期内约定的一定时间的考察期，并不是合同的必备条款。但是为了防止用人单位因过度利用试用期而侵害劳动者的工作安定感，法律对试用期也进行了各种限制，包括试用期期限和劳动合同期限正相关、同一用人单位与同一劳动者只能约定一次试用期等。如果用人单位违反了这些原则，则会导致试用期的约定无效。而且法律规定试用期的工资不得低于本单位相同岗位最低档工资或者劳动合同约定工资的80%。《中华人民共和国劳动合同法》第八十三条明确规定了试用期的违法责任，即"用人单位违反本法规定与劳动者约定试用期的，由劳动行政部门责令改正；违法约定的试用期已经履行的，由用人单位以劳动者试用期满月工资为标准，按已经履行的超过法定试用期的期间向劳动者支付赔偿金"。

判例 13

约定试用期无效判例之
北京马瑞顿航空设备有限公司试用期解雇案[①]

劳动者：王某，女，以下简称 X。

用人单位：北京马瑞顿航空设备有限公司，以下简称 Y。

案情简介：

① X 入职 Y 后，与 Y 签订了为期 2 个月的试用期合同。

② 在试用期内，Y 以 X 不符合录用条件为由与其解除劳动合同。X 请求确认 Y 违法解雇，要求 Y 支付赔偿金。

法院裁判要旨（再审）：

①《中华人民共和国劳动合同法》规定，试用期包含在劳动合同期限内。劳动合同仅约定试用期的，试用期不成立，该期限为劳动合同期限。Y 仅与 X 签订了为期 2 个月的试用期劳动合同，依法

---

① 北京马瑞顿航空设备有限公司与王琨申请撤销仲裁裁决一审民事裁定书，北京市第三中级人民法院［（2015）三中民特字第 00639 号］，裁判日期：2015 年 1 月 20 日。

应当认定双方存在期限为 2 个月的劳动合同，双方针对试用期的约定不成立。Y 无权以试用期内 X 不符合录用条件为由解除劳动合同。

②在试用期间被证明不符合录用条件的，用人单位对劳动者在试用期内不符合录用条件的情况承担证明责任。Y 没有提交证据证明其主张的 X 不符合录用条件的事实，依法应当承担不利的法律后果。

（二）试用期解雇的程序要求

虽然试用期给人的感觉是，在此期间，劳资双方都有更大的选择自由度，但是为了防止用人单位滥用试用期、增强劳动者的安定感，劳动法律对试用期解雇也专门进行了限制，即试用期解雇需用人单位证明劳动者"试用期不符合录用条件"。这一条件看似简单，实则需要用人单位有充足的准备，而不是说用人单位在试用期间就能任意决定劳动者的去留。具体而言需要做到以下步骤：第一，用人单位首先要有明确的录用条件。这个录用条件要和招聘条件不同，要和工作内容、工作职责密切相关。第二，用人单位应将录用条件以某种形式告知劳动者，如纸质版文件或者电子邮件等，并同时留存证据，得到劳动者认可，得到社会一般认可。第三，用人单位能够提供劳动者不符合录用条件的具体情况的证明，理由不能过于主观。第四，用人单位应将试用期的考核结果以妥当的形式告知劳动者。第五，试用期解雇需要在试用期内做出，不能在试用期结束后再对其进行考核选择。而且在此前提下，用人单位应尽量做到公平公正考核，这样才能有效降低试用期内发生劳动争议的风险。判例 14~17 集中反映了试用期管理中的各种问题，其法院的裁判要旨部分也呈现了相应的判决标准和法律后果。

判例 14

试用期考核判例之

上海迪桑特商业有限公司北京分公司试用期解雇案①

劳动者：杜某，以下简称 X。

用人单位：上海迪桑特商业有限公司北京分公司，以下简称 Y。

案情简介：

① X 于 2014 年 10 月 27 日入职 Y，担任导购职务，月工资 3500 元。双方签订了期限为 2014 年 10 月 27 日至 2017 年 10 月 26 日的劳动合同，劳动合同中约定试用期为 2014 年 10 月 27 日至 2015 年 4 月 26 日。

② 2015 年 4 月 23 日，Y 称，因 X 自我管理能力差，其他方面的能力和表现不突出，试用期内未达到公司的测评标准，公司决定合法解除与 X 之间的劳动关系。为证明其主张，Y 提交《解除劳动合同书》一份，内容为 "X，你与本公司签订的劳动合同期限为 2014 年 10 月 27 日至 2017 年 10 月 26 日，其中试用期为 2014 年 10 月 27 日至 2015 年 4 月 26 日，现公司对你进行了试用期测评，结果不合格，故公司决定自 2015 年 4 月 23 日起解除与你签订的劳动合同书"；并提交试用期测评表一份、情况说明书两份。

③ X 不认可 Y 的主张。虽然收到了解除劳动合同书，但 X 不认可 Y 的解除理由，不认可试用期测评表及情况说明的真实性。于是 X 申请仲裁。之后 Y 不服仲裁裁决诉至法院。

法院裁判要旨：

Y 以 X 试用期不符合录用条件为由与其解除劳动关系，Y 就其

---

① 上海迪桑特商业有限公司北京分公司与杜玲劳动争议一审民事判决书，北京市朝阳区人民法院［（2015）朝民初字第48711号］，裁判日期：2015 年 10 月 10 日。

主张虽提交了试用期测评表，但 X 对此不予认可，且 Y 未就 X 各项测评项目的打分标准及其打分的事实依据举证。综合考察双方提交的证据及本案庭审情况，本院认为 Y 不足以证明 X 在试用期内不符合录用条件，其解除与 X 之间的劳动关系属违法解除，Y 应支付 X 违法解除劳动关系赔偿金。

判例 15

试用期录用条件判例之
富昌电子（上海）有限公司北京分公司试用期解雇案①

劳动者：赵某，以下简称 X。
用人单位：富昌电子（上海）有限公司北京分公司，以下简称 Y。
案情简介：

① X 于 2014 年 6 月 16 日入职 Y，岗位为客户经理，月工资 10000 元。双方签订三年期书面劳动合同，试用期为六个月，自 2014 年 6 月 16 日起至 2014 年 12 月 15 日止。合同第 1.2 条规定，乙方（X）在试用期不能达到其工作岗位的工作要求的，视为不符合录用条件，甲方（Y）可以解除合同。

② 2014 年 10 月 8 日，X 的上司通过电子邮件向 X 询问销售人员使用的客户关系管理系统（CRM）记录，记录显示实际回访客户记录为 1 次，目标次数为 158 次。2014 年 11 月 25 日，X 的上司再次询问 X 为何 10 月仍然没有填报情况汇报表。截至 2014 年 12 月 7 日，X 统计填报访客记录报告 20 条。Y 提供了从 X 电脑导出的证据。

---

① 富昌电子（上海）有限公司北京分公司与赵书山劳动争议二审民事判决书，北京市第二中级人民法院［（2015）二中民终字第 08623 号］，裁判日期：2015 年 9 月 16 日。

③ 2014 年 12 月 12 日上午，Y 以 X 在试用期内销售业绩差为由，要求与 X 协商解除劳动关系，但 X 拒绝在离职协议上签字。同日，Y 分别按照 X 入职登记表及劳动合同书上的地址邮寄通知书，以 X 在试用期内不符合录用条件为由，通知 X 解除劳动合同。

④ 此后三日，通知书皆因 X 不在场未能妥投。12 月 15 日，X 到 Y 处办理交接手续。12 月 16 日，X 签收通知书。

⑤ 之后，X 向劳动争议仲裁委员会申请仲裁。X 认为 Y 在履行合同中并未明确规定 X 的岗位的工作任务，在 Y 发给 X 的录用通知及双方签订的劳动合同中均未明确具体销售数额，且 X 签收时已经过了试用期。Y 提交了要求 X 完成客户访谈工作和销售工作的电子邮件。仲裁委员会作出京东劳人仲字（2015）第 501 号裁决书，认为：一、双方自 2014 年 12 月 12 日起继续履行 2014 年 6 月 16 日签订的劳动合同；二、Y 于裁决生效之日起十日内支付 X 从 2014 年 12 月 13 日到 2015 年 2 月 11 日（本案开庭时）的工资 20000 元；三、驳回 X 的其他申请请求。Y、X 均不服裁决，分别起诉至东城区法院。东城区法院的判决认为用人单位解除劳动合同并无不当，X 上诉至二审法院。

法院裁判要旨（二审）：

① 劳动者在试用期间被证明不符合录用条件的，用人单位可以解除劳动合同。双方所签劳动合同约定 X 如在试用期内不能达到工作岗位的工作要求，视为不符合录用条件，Y 可以解除劳动合同。Y 在 X 入职时虽未明确约定具体的录用条件，但 Y 提交的电子邮件可以证实，在 X 入职后，其已经向 X 明确了其工作岗位的工作要求，且 X 作为 Y 的销售人员（客户经理），完成一定数额的销售业绩以及为完成相应的销售业绩进行一定数额的客户访谈亦是其本职工作。Y 提交的电子邮件显示，X 在试用期内完成的客户访谈

数量明显低于 Y 的要求，且 X 并未完成 Y 要求的销售目标。X 虽对 Y 所称的客户访谈目标次数和销售目标不予认可，但认可上述内容的电子邮件是从其办公系统中导出的，X 仅以 Y 在导出电子邮件时其不在场为由不予认可，理由不充分，本院不予支持。

② 虽然双方所签劳动合同约定 X 的试用期至 2014 年 12 月 15 日结束，但 Y 于 2014 年 12 月 12 日就已经以 X 在试用期内不符合录用条件为由作出与 X 解除劳动合同的通知书并于当日交付邮寄，且此后三日皆因 X 未在指定地点未妥投。故 X 仅以其 2014 年 12 月 16 日签收通知书为由主张 Y 超过试用期与其解除劳动合同，依据不充分，本院难以采信。

判例 16

未告知试用期考核结果判例之
北京圣邦凯德百货商场有限公司试用期解雇案①

劳动者：黄某，以下简称 X。

用人单位：北京圣邦凯德百货商场有限公司，以下简称 Y。

案情简介：

① X 于 2014 年 1 月 14 日入职 Y，在财务部门工作，任职收银员，同日双方签订期限为三年的劳动合同，约定试用期至 2014 年 3 月 13 日。

② 2014 年 2 月 24 日，Y 出具解除（终止）劳动合同书一份，

---

① 北京圣邦凯德百货商场有限公司与黄李晟劳动争议一审民事判决书，北京市顺义区人民法院［（2014）顺民初字第 8264 号］，裁判日期：2015 年 4 月 29 日；北京圣邦凯德百货商场有限公司与黄李晟劳动争议二审民事判决书，北京市第三中级人民法院［（2015）三中民终字第 09322 号］，裁判日期：2015 年 8 月 17 日。

其中载明："X 同志，你与 Y 于 2014 年 1 月 14 日签订劳动合同。依据你试用期的工作表现，于 2014 年 2 月 24 日起解除（终止）劳动合同关系。请你于接到本通知之日起十五日内到公司人力资源部办理劳动合同解除及档案转移手续，逾期不办理手续者责任自负。" X 提供实际劳动至 2014 年 2 月 24 日。

③ 为证明 X 在试用期内不符合录用条件，Y 提交了转正、晋升考核审批表。审批表的制作时间为 2014 年 2 月 23 日，考核内容包括专业知识、对岗位工作的理解、成本意识、执行能力、商户沟通能力、遵章守纪、完成情况、书面表达能力等，有自评分数和直接上级考评分数，审批意见为"未达到公司转正标准，不同意转正，部门考核未通过，终止试用期劳动合同"，部门负责人、人力资源部负责人、总经理均在审批表中签字确认。在上述人员签字的下方，即审批表尾部员工本人确认一栏，其内容为打印体，显示："本人接受公司的晋升、转正等日常考核。认可考核内容、方法，悉知考核结果。同意公司对本人相关的处理决定。"审批表最下方有员工本人 X 的签字，落款时间为 2014 年 2 月 21 日。

④ X 认可审批表最下方的本人签字及自评分数为本人填写，但称自己签字时审批表的其他内容均为空白、Y 从未告知其录用标准且 Y 给出审批意见的时间晚于自己签字的时间。

⑤ 为证明试用期的录用条件，Y 提交了员工手册，其第六章第二条"员工报到、试用"中的第五项规定为："试用期员工在试用期届满前 7 天填写《转正申请表》，并提交转正申请，由部门负责人签署意见并给予是否转正建议，并上报人力资源部审核并呈报总经理批示，以确定该员工是被正式聘用、继续试用还是被解聘。"为证明已告知 X 录用条件，Y 提交了 2014 年 1 月 14 日 X 签字的新员工入职培训确认书。X 认为上述证据并未显示明确具体的录用条件。

⑥ X 以 Y 试用期违法解雇为由将其诉至仲裁。

法院裁判要旨（一审）：

① 转正、晋升考核审批表中 Y 作出审批意见的时间明显晚于 X 确认签字的时间，由此可知 X 签字确认时并不知晓考核审批意见的内容。

② Y 所提交的新员工入职培训确认书、员工手册并未显示明确具体的试用期录用条件。因此，在 Y 未提交充分证据证明已告知 X 明确具体的试用期录用条件且 X 并不知晓考核审批意见内容的情况下，Y 于 2014 年 2 月 24 日解除劳动关系属于违法解除，其应支付 X 违法解除劳动关系赔偿金。

二审维持原判。

判例 17

试用期考核证据保存判例之

上海天朗文商旅商业发展（集团）有限公司试用期解雇案 ①

劳动者：胡某，以下简称 X。

用人单位：上海天朗文商旅商业发展（集团）有限公司，以下简称 Y。

案情简介：

① 2014 年 5 月 21 日，Y 向 X 发出录用通知书，决定录用 X。

② 2014 年 7 月 1 日，X 进入 Y 工作，岗位为投资总监。同日，

① 上海天朗文商旅商业发展（集团）有限公司与胡江浩劳动合同纠纷一审民事判决书，上海市长宁区人民法院 [（2015）长民四（民）初字第 747 号]，裁判日期：2015 年 7 月 15 日；上海天朗文商旅商业发展（集团）有限公司与胡江浩劳动合同纠纷二审民事判决书，上海市第一中级人民法院 [（2015）沪一中民三（民）终字第 1951 号]，裁判日期：2015 年 10 月 27 日。

双方签订劳动合同，约定工作期限为 2014 年 7 月 1 日至 2017 年 6 月 30 日、试用期为 2014 年 7 月 1 日至 2014 年 12 月 31 日、工作地点为上海等内容。合同还约定年薪标准为人民币 500000 元（税前），其中试用期每月固定工资为 40000 元（税前），转正后每月固定工资为 4 万元（税前），年底一次性发放剩余年薪（未满一年根据入职时间按比例折算），试用期为 6 个月。

③ 2014 年 12 月 16 日，Y 向 X 发出《终止试用期通知书》，其中载明："您在公司财务管理部担任投资总监职位的近 5.5 个月工作期间，您的试用期工作评估未能通过。很遗憾地通知您，公司将结束与您的劳动关系，您在公司的最后工作日为 2014 年 12 月 16 日。"Y 未支付 X 剩余年薪。

④ Y 提供的《员工综合评估表》载明了对 X 工作能力的评定，其内容包括："从其自身而言，近半年来没有明显成绩，与公司的期望相距甚远，与公司给予的待遇不匹配，亦不符合投资总监职位说明书既定的录用条件"；" 2014 年 12 月 15～16 日，X 同某同事在北京出差，走访北京两家单位。在与客户洽谈的过程中，X 表示 Y 资金链已经发生断裂，表明强烈的个人合作意愿，明确表示可以以任何方式合作，包括个体及团队合作模式。此举不仅损害了公司声誉，也有违基本的职业道德"。"评估结果"为"不符合此职位录用条件，建议解除合同"。X 否认自己做出了不符合录用条件的行为，亦否认经过 Y 考核且 Y 向自己告知了考核结果。评估表无 X 签字。

⑤ 2014 年 12 月 25 日，X 向上海市长宁区劳动人事争议仲裁委员会申请仲裁，要求裁决 Y 恢复劳动关系，支付恢复劳动关系期间工资以及应折算的 2014 年度年薪。后仲裁仅支持了支付所欠年度薪酬的要求。X 不服裁决，诉至法院，要求自 2014 年 12 月 17 日起恢复劳动关系并支付恢复劳动关系期间的工资。

⑥ 庭审中，Y 提供《投资总监职位说明书》，载明投资总监的管理权限、关键职责和任职资格等内容。该说明书无 X 签字。X 否认知悉该说明书内容，表示自己作为投资总监主要负责开发项目和洽谈客户。

法院裁判要旨（一审）：

① Y 主张 X 出差期间向客户散布不利于 Y 的言论，严重违纪。X 对此予以否认。Y 提供的《员工综合评估表》并无 X 签字，Y 亦未对其主张提供其他证据予以佐证，法院对 Y 该项主张不予采信。Y 对于 X 试用期不符合录用条件未能提供确凿证据予以佐证，故 Y 解除劳动合同缺乏事实根据和法律依据，Y 应承担违法解除劳动合同的法律责任。

② 鉴于在双方解除劳动合同后，Y 已任命其他人员担任投资总监工作，Y 亦拒绝与 X 协商调岗，双方已丧失恢复劳动合同的前提条件，且缺乏建立劳动关系的信任基础，对于 X 要求恢复劳动关系及支付恢复期间工资的诉讼请求，法院不予支持。为避免讼累，原审法院依法判决 Y 应支付 X 违法解除劳动合同赔偿金。X 离职前 12 个月的月平均工资高于上海市上年度职工月平均工资三倍，根据 X 的工作年限，Y 应支付 X 赔偿金 15108 元。双方均认可仲裁裁决第一项主文，法院予以确认。

法院裁判要旨（二审）：

Y 虽然于原审中提供了《投资总监职位说明书》和《员工综合评估表》证明其解除劳动关系的合法性，但两份证据均遭 X 否认。在此情况下，Y 须进一步举证，证明其已向 X 送达《投资总监职位说明书》以及 X 存在《员工综合评估表》中所列不符合录用条件的事由。然而 Y 于原审和二审均未进一步补强证据，故对其主张的合法解除本院难以采纳。维持原判。

（三）试用期和其他情形的交叉

在试用期内也可能出现其他情况，比如劳动者怀孕、生病等，这些情况都不能成为认定劳动者不符合录用条件的理由。这时如果产生了试用期解雇，情况将由于不同法律规则的交叉而显得更加复杂。判例 18 与判例 19 呈现了试用期与孕期出现交叉的情况，判例 20 则呈现了试用期与医疗期出现交叉的情况。

判例 18

试用期怀孕解雇判例之
北京华富盟销售中心试用期解雇案①

劳动者：姜某，以下简称 X。

用人单位：北京华富盟销售中心，以下简称 Y。

案情简介：

① X 于 2011 年 10 月 24 日入职 Y，担任会计。同日，双方签订了三个月的试用期劳动合同，期限为 2011 年 10 月 24 日至 2012 年 1 月 23 日。

② 试用期劳动合同到期后，X 提交员工转正申请表，该表"部门意见"一栏内容显示："工作踏实，但工作效率低下，财务处理能力不足，建议延长试用期两个月，再做观察。"X 认可转正申请表是自己提交的，同时主张其已经转正，部门意见是在其填写完转正申请表后单位补填的，其对此不知情，单位也没有通知其延长试用期。Y 未提交证据证明已告知 X 将试用期延长两个月一事。

③ 此后 X 继续在 Y 工作，Y 未与 X 签订劳动合同。

---

① 北京华富盟销售中心与姜颖劳动争议二审民事判决书，北京市第二中级人民法院 [（2014）二中民终字第 01546 号]，裁判日期：2014 年 3 月 6 日。

④ 2012 年 2 月 X 怀孕，并有日期为 2012 年 2 月 15 日的"先兆流产建休贰周"的医院内容为证明，X 于此时起未再到公司上班。Y 主张此时其对此并不知情。

⑤ Y 于 2012 年 3 月 9 日以 X 不符合录用条件及未正常上班为由口头辞退 X，同时通知 X 回公司办理离职手续。Y 表示此时才知晓 X 怀孕的事实。同时 X 提交医院 3 月 9 日出具的内容为"妊娠剧吐"的诊断证明书。

⑥ 2012 年 3 月 28 日，X 回 Y 办理离职手续，签署了离职交接单。该离职交接单中的离职原因一栏为"公司打电话辞退，让回公司办理手续"；离职人员姓名处有 X 签名，交接人签字处为空白；离职日期处原为"2012.3.28"，后改为"2012.3.9"，财务部接收人签字处落款时间为 2012 年 3 月 28 日。

⑦ 2012 年 8 月 6 日，Y 向 X 出具解除劳动合同通知书，主要内容为："因 X 在试用期被证明不符合我单位录用条件……从 2012 年 3 月 9 日起，与 X 解除劳动合同。根据您个人的特殊情况，鉴于您对我单位委婉解除劳动合同行为表示不理解，现正式通知您，请您于 2012 年 8 月 20 日前到人事部门办理档案调出手续。"

⑧ X 于 2012 年 9 月 28 日生产。2012 年 12 月 1 日，X 提出仲裁申请。仲裁裁决：撤销解除劳动合同通知书，恢复劳动关系；要求 Y 支付工资至 2012 年 12 月 1 日，并详细核算了其中的待岗工资和病假工资，支持从 2012 年 1 月 24 日至 2012 年 12 月 1 日未签劳动合同的双倍工资差额；要求 Y 支付 2012 年 9 月 13 日至 2013 年 1 月 12 日的产假工资，并支付产前检查及生产费用 5000 元等各项。后 Y 诉至法院。

法院裁判要旨（二审）：

① 劳动者合法权益受到法律保护。根据《中华人民共和国劳

动合同法》第十九条之规定，试用期包含在劳动合同期限内。劳动合同仅约定试用期的，试用期不成立，该期限为劳动合同期限。Y与X签订期限为2011年10月24日至2012年1月23日的试用期劳动合同不符合法律规定，应视为双方签订了期限为2011年10月24日至2012年1月23日的劳动合同。

②上述劳动合同到期后，X继续在Y工作，双方之间形成事实劳动关系。后Y口头将X辞退，并于2012年8月6日向X出具解除劳动合同通知书。对于辞退时间双方存在争议，从现有证据来看，认定Y于2012年3月28日将X辞退。对于辞退理由，Y主张系X试用期不符合录用条件及未正常上班。但是，在双方签订的劳动合同到期并已形成事实劳动关系的情况下，Y把X试用期不符合录用条件作为将其辞退的理由，对此本院不予采纳。Y对X未正常上班的情况未提交充分证据予以证明，且现无证据显示Y在做出辞退行为时已将该理由告知X，加之Y在辞退X时已知晓其怀孕的事实，综合上述情况，本院认定Y解除与X的劳动关系缺乏法律依据，系违法解除劳动关系……原审法院依据X所请判决撤销Y作出的解除劳动合同通知书，判令恢复双方之间的劳动关系是正确的。

③对于X产假工资问题，X于2012年9月28日生产。根据《女职工劳动保护特别规定》、《北京市人口与计划生育条例》以及《北京市企业职工生育保险规定》的相关规定，原审法院根据X的工资标准，判决Y支付X 2012年9月13日至2013年1月12日期间相应产假工资，亦无不当。

④对于未签劳动合同双倍工资差额问题，Y在与X之间签订的劳动合同于2012年1月23日到期后，未与X续订劳动合同，双方之间形成事实劳动关系，Y应当依法支付X未签劳动合同双倍工资差额。原审法院判决正确。

判例 19

试用期怀孕解雇判例之
中源环球（北京）管理顾问有限公司试用期解雇案①

劳动者：张某，女，以下简称 X。

用人单位：中源环球（北京）管理顾问有限公司，以下简称 Y。

案情简介：

① X 于 2013 年 8 月 12 日入职 Y。双方签订了期限自 2013 年 8 月 12 日起至 2015 年 8 月 11 日止的劳动合同，其中 2013 年 8 月 12 日至 2013 年 10 月 11 日为试用期。

② 2013 年 8 月 28 日，在知晓 X 已经怀孕的情况下，Y 通过电子邮件向 X 发送了《解除劳动合同通知书》（以下简称《解除通知》），其中载明："X 女士：您好，您于 2013 年 8 月 12 日与我公司签订劳动合同，担任培训二部项目经理岗位。现公司二部培训项目已终止，公司决定终止与您签订的劳动合同，公司于 2013 年 8 月 28 日正式向您送达解除劳动合同通知……"

③ Y 另主张 X 存在试用期不符合录用条件、提供虚假入职信息等情况。但 Y 未举证证明其在送达《解除通知》的同时告知了 X 存在上述解除情形。

④ X 主张 Y 违法与其解除劳动合同关系，要求 Y 继续履行劳动合同，提起仲裁。仲裁裁决 Y 与 X 继续履行劳动合同。Y 不服裁

① 中源环球（北京）管理顾问有限公司与张文英劳动争议一审民事判决书，北京市海淀区人民法院〔(2014) 海民初字第 3122 号〕，裁判日期：2014 年 2 月 20 日；中源环球（北京）管理顾问有限公司与张文英劳动争议二审民事判决书，北京市第一中级人民法院〔(2014) 一中民终字第 3549 号〕，裁判日期：2014 年 4 月 24 日。

决，提起诉讼。

法院裁判要旨（一审）：

①《最高人民法院关于审理劳动争议案件适用法律若干问题的解释》第十三条规定："因用人单位作出的开除、除名、辞退、解除劳动合同、减少劳动报酬、计算劳动者工作年限等决定而发生的劳动争议，用人单位负举证责任。"本案中，Y 就解除劳动合同的理由负有举证责任。现 Y 向 X 送达的《解除通知》中载明的理由为培训项目终止，但 Y 未就其中载明的培训项目终止的情况向本院举证证明，加之 X 已经怀孕，故 Y 以项目终止为由与 X 解除劳动关系不符合《中华人民共和国劳动合同法》第四十二条之规定。

② Y 虽另主张 X 还存在提供虚假入职信息的情况，但未提供解除劳动关系的证明及说明试用期不符合录用条件的原因，也未举证证明其在送达《解除通知》的同时告知了 X 存在上述解除情形。有鉴于此，Y 与 X 解除劳动关系缺乏事实依据，系违法解除劳动合同，法院判令继续履行劳动合同。

之后 Y 上诉至二审法院，二审维持原判。

判例 20

试用期与医疗期交叉判例之
上海良虹印务有限公司试用期解雇案①

劳动者：唐某，以下简称 X。

用人单位：上海良虹印务有限公司，以下简称 Y。

---

① 上海良虹印务有限公司与唐兴起劳动合同纠纷二审民事判决书，上海市第二中级人民法院 [（2014）沪二中民三（民）终字第 89 号]，裁判日期：2014 年 4 月 8 日。

案情简介：

① X 于 2013 年 3 月 12 日进入 Y 工作，担任人事行政经理一职。2013 年 4 月 9 日，Y 与 X 订立书面劳动合同，合同约定合同有效期为 2013 年 3 月 11 日至 2016 年 3 月 10 日，试用期自 2013 年 3 月 11 日起至 2013 年 5 月 10 日止（如遇请假及节假日则试用期顺延）。

② 公司人事行政办公室人员的资料都由 X 保管，资料都放在一个柜子里，钥匙在 X 处。Y 与 X 于 2013 年 4 月 9 日订立的两份书面劳动合同文本均由 X 保管。

③ X 在 Y 实际工作至 2013 年 4 月 29 日。当日，X 将 2013 年 4 月 9 日订立的两份书面劳动合同拿走。2013 年 5 月 2 日，X 至某医院住院治疗。当日中午，X 向总经理发短信请假 15 天。

④ 当日下午，Y 的总经理回复了 X 的短信，其内容为："您的试用期二个月即将届满；试用期间您的诸多表现不尽人意，不能符合公司需求，经公司研究决议，因您试用不合格而将您辞退。鉴于您的身体状况必须住院治疗请长假，故自 2013 年 5 月 2 日起辞退生效！待您康复出院后再回公司办理相关手续！"之后，Y 的员工将 X 用来保管公司材料的柜子撬开，发现少了 X 的劳动合同。

⑤ 2013 年 5 月 21 日，X 出院，出院小结记载医嘱"全休半月"，医生也为 X 开具了相应的病假单。

⑥ 2013 年 5 月 22 日，X 前往 Y。当日，Y 向 X 出具了一份书面的辞退通知书，其中载明："X 同仁，原为上海良虹印务有限公司人事行政部部门经理。2013 年 3 月 12 日起在我司工作。鉴于该员工在工作期间存在以下问题，根据公司有关规定，经研究决定，自 2013 年 5 月 12 日试用期满起予以辞退，工资结算至 5 月 31 日，于 5 月底统一发放。特此通知。说明事项：1. 身为人事行政部门主管，在处理员工问题上存在沟通不良之现象。2. 未按照公司规定

保管好人事档案，对公司绝密资料保管不当，将原为公司备档的劳动合同私自带离公司。3. 处理专业性问题，未按照专业缜密地规划，错误百出。"该辞退通知书落款处有 Y 的授权人签名，并加盖了 Y 的公章。X 在该辞退通知书上"员工本人签名（指印）"一栏签名，并写下如下文字："非法解除劳动关系，本人将依法申诉维权。"

⑦5 月 22 日，Y 还出具了一份书面通告，内容如下："公司所属各部门：本公司员工 X 先生于 2013 年 3 月 12 日到我公司上班，现试用期已满。经试用 X 先生在试用期内不能胜任岗位工作，事由详见辞退通知书。现公司决定，自 2013 年 5 月 12 日起将其予以辞退。自该日起，X 先生不再经手公司各项业务。以上通告周知。"该通告落款处加盖了公司行政部印章。

⑧X 认为 Y 对他的解雇通知已经超出试用期，并且 X 认为 2013 年 5 月自己处于医疗期，Y 依法不能解除劳动合同。2013 年 5 月 30 日，X 申请仲裁，要求恢复双方自 2013 年 5 月 22 日起的劳动关系。劳动人事争议仲裁委员会经审理后裁决双方自 2013 年 5 月 22 日起恢复劳动关系。后 Y 不服仲裁裁决，到法院起诉。

⑨Y 认为，X 于 2013 年 5 月 2 日入院治疗的是肺结核及 2 型糖尿病等慢性病。X 患肺结核、糖尿病已多年，X 是在 Y 发现其不符合录用条件并暗示可能将其辞退后才去住院治疗的，目的是获得补偿，事后 X 与 Y 的律师的短信联系可以反映出此点。Y 同时提供了各项 X 不符合录用条件的事实证明。并且 Y 认为，劳动者处于医疗期时用人单位不得解除劳动合同的限制性规定仅限于《中华人民共和国劳动合同法》第四十条、第四十一条规定的情形，试用期因不符合录用条件的解雇属于《中华人民共和国劳动合同法》第三十九条规定的即时解除劳动合同的情形，不受上述规定限制。

法院裁判要旨（一审）：

① Y 与 X 签订的劳动合同约定的试用期至 2013 年 5 月 10 日，故从 5 月 11 日起已经不是试用期，因此在 5 月 10 日后解除劳动合同的，不能适用试用期的相关法律规定。

② 从公司总经理于 5 月 2 日发送的短信内容来看，Y 只辞退了 X 的职务；根据辞退通知书和通告的内容，Y 是于 5 月 22 日才与 X 解除劳动合同的。退一步讲，现在即使按照上述通知书中所写的解除劳动合同时间 5 月 12 日处理，也是在试用期之后才解除劳动合同的。故 Y 再以 X 试用期不合格为由解除劳动合同，明显违反法律规定。所以，X 要求恢复劳动关系符合法律规定，予以支持。

法院裁判要旨（二审）：

①《中华人民共和国劳动合同法》规定劳动者在被用人单位录用后双方可以在劳动合同中约定试用期。Y 与 X 约定两个月的试用期并未违反法律规定。试用期是用人单位和劳动者为相互了解、选择而在劳动合同履行期内约定的一定时间的考察期。同时，试想一个员工如果入职后即请病假，在约定的试用期满后再上班，如此时认为双方试用期已满，不得对其再行考察，显然不符合立法本意。因此，试用期应当是劳动权利义务实际履行过程中的考察期，也应当存在可以中止的情形。而本案当事人在劳动合同中也约定，试用期两个月如遇请假或节假日可以顺延，该约定亦符合上述立法精神。对于 Y 行使劳动合同解除权是否在试用期内，本院意见如下：2013 年 5 月 2 日，Y 已通过短信方式告知 X 其不符合录用条件，决定将其辞退，辞退当日生效。该解除决定做出的时间确实在试用期内。虽然 2013 年 5 月 10 日系双方劳动合同约定的试用期的截止日期，但因此前 X 请病假，根据双方劳动合同的约定，X 试用期应当顺延，故无论是辞退通知确定的解除日期 2013 年 5 月 12 日，还是

Y 出具书面决定的日期 2013 年 5 月 23 日，均仍在试用期内。原审法院认为 Y 做出解除决定超过试用期欠妥。

②对于试用期内的员工，如突患疾病的，应当给予享受医疗期的待遇，用人单位不得随意解除劳动合同，但是并非试用期内患病的一律不得解除劳动合同。《中华人民共和国劳动合同法》第四十二条在劳动者患病或者非因工负伤的医疗期内用人单位不得行使劳动合同解除权的限制性规定是有针对性的，即仅限于用人单位依据《中华人民共和国劳动合同法》第四十条、第四十一条规定解除劳动合同的情形。而《中华人民共和国劳动合同法》第三十九条规定的用人单位可以行使合同解除权的条款并无限制性规定，即试用期内只要用人单位证明劳动者确实不符合录用条件，可以即时解除劳动合同。但是，为避免用人单位借此侵害劳动者权益，用人单位以此为由解除劳动合同应提供相应依据。现 Y 已提供试用期 X 不符合录用条件的相应依据，故并不受《中华人民共和国劳动合同法》第四十二条规定的医疗期内不得解除劳动合同的限制。综上，Y 在试用期内以 X 不符合录用条件为由解除双方的劳动合同并无不可，X 要求恢复劳动关系依据不足。

（四）劳动者试用期维权中的特殊现象

现实中还存在劳动者利用法律法规过度维权的现象，本章最后一个判例就属于这种情况。该劳动者在多个用人单位建立过短期的劳动关系，均是试用期离职，从判决书中可以看出，该劳动者在进入诉讼前已经和单位进行过各种形式的交涉，而且针对此劳动者的同类型案件当时该法院审结的已经有 19 起。虽然最终劳动者的维权诉求没有得到法律的支持，但是用人单位还是应该在了解法律规制边界的同时完善管理、预防争议。

判例 21

<h2 style="text-align:center">劳动者试用期过度维权判例之
成都腾亿兴商贸有限公司解雇案①</h2>

劳动者：邓某，以下简称 X。

用人单位：成都腾亿兴商贸有限公司，以下简称 Y。

案情简介：

① 2013 年 2 月 17 日，X 到 Y 从事财务会计工作，口头约定工资标准为 3500 元/月，双方未签订书面劳动合同。

② 2013 年 3 月 7 日，X 被 Y 口头辞退，从此未再到岗上班。

③ 2013 年 8 月 21 日，X 向仲裁机构提起申诉，要求 Y 支付工资、拖欠报酬的赔偿金、加班工资、解除劳动合同的赔偿金和经济补偿金、应补交的工作期间的社保费、延交社保费的赔偿金等共计 14427.5 元。

④ 2014 年 1 月 7 日，仲裁机构做出裁决，支持"上班期间工资"1690 元及工作期间的"社保费"。

⑤ 2014 年 2 月 25 日，X 因不服仲裁裁决而启动本案诉讼。庭审中 Y 提交的证据显示，双方曾就履行仲裁裁决书进行协商，X 在收到 Y 支付的现金 2000 元后，向 Y 出具收条一份，该收条上载明："X 收到钱后与 Y 互不相欠，不能再去公司闹，不能再去法院起诉，不能骚扰公司员工，收到钱后无任何瓜葛。"

法院裁判要旨（一审）：

由于该收条明确记载了 X 收到钱的事实，也明确记载了 X 收

---

① 成都腾亿兴商贸有限公司与邓良彬劳动争议一审民事判决书，四川省成都市成华区人民法院［（2014）成华民初字第 981 号］，裁判日期：2014 年 8 月 22 日；成都腾亿兴商贸有限公司与邓良彬劳动争议二审民事判决书，四川省成都市中级人民法院［（2014）成民终字第 5603 号］，裁判日期：2014 年 11 月 7 日。

到钱后的承诺和所表达的"互不相欠""无任何瓜葛"的真实意思，且依据对本案的分析，X依法所获与2000元并无"实质""根本""重大"的出入，应当视双方已了结劳动争议纠纷。

法院裁判要旨（二审）：

X在Y的岗位为财务会计，但双方陈述中X实际完成的工作内容和X提交的证据不能证实其能够胜任财务会计工作。

本院民一庭历年收结案信息统计显示，自2008年12月15日起至本院受理本案前，本院民一庭共审结涉及X的劳动争议案件19起，X分别与不同的用人单位发生劳动争议，提出了与本案类似的诉讼请求。在以上案件中，X应聘的几乎都为财务会计工作，工作的时间均不足两个月，且在部分单位仅工作几天，用人单位以X在试用期不符合录用条件或X不能胜任工作为由解除了与X的劳动关系。本院认为，在本案中，根据双方当事人的陈述并结合以上事实，可以认定X关于其在公司工作得很好、符合公司要求的主张缺乏事实依据，Y关于X不适合其财务会计工作岗位的辩称成立。X关于Y应支付其违法解除劳动合同的经济赔偿金和经济补偿金的上诉请求因无事实及法律依据，本院不予支持。

第三章
劳动合同变更中的管理权边界

在劳动关系持续期间，出于经营环境、劳动者个人成长等方面的需要，劳动合同的变更经常发生，劳动者在劳动关系中处于从属的被动状态。为了保护劳动者的安定感，也为了体现合同双方的平等主体地位，我国劳动合同法明确规定："用人单位与劳动者协商一致，可以变更劳动合同约定的内容。变更劳动合同，应当采用书面形式。"尤其是现实中当劳动合同中具体条款的变更对于劳动者来说不是明显正向提升时，用人单位需要与劳动者进行沟通协商，在双方达成一致的基础上以书面形式确定变更事项。

一 用人单位单方变更的情况

劳动合同的核心条款，如劳动报酬、工作地点、工作岗位、工作时间等事项的变化会影响劳动者的具体工作和生活状态，所以法律进行了程序性限制，要求双方充分沟通。用人单位的名称、法定代表人、主要负责人或者投资人等事项不会对劳动者产生实质性影响，不影响劳动合同的履行，因此用人单位可以对其进行单方变更。本章的判例1就是此方面的实例。在该案中用人单位变更了公司类型和名称，没有和劳动者重新签订书面劳动合同，劳动者主张双倍工资等各项没有得到法院的支持。

另外，如果出现劳动者不能胜任工作的情况，用人单位也可以对劳动者进行岗位变更，也就是调岗。这里单位的调岗权来源于法律的专门规定，其核心目的是通过这种制度设计尽量保留不胜任劳动者的工作岗位，增强其稳定感。例如在本章的判例2中，劳动者在工作中犯有一定过错，用人单位对其进行的岗位调整并没有超出合理范围，法院认为应尊重用人单位的用工自主权。

判例1

用人单位名称变更判例之

珠海公交巴士有限公司劳动合同变更案①

劳动者：何某，以下简称X。

用人单位：珠海市公共汽车公司，以下简称Y。2010年Y的企业类型由原来的全民所有制变更为有限责任公司（法人独资），改名为珠海公交巴士有限公司（重组前后全资国有身份没有发生变化）。

案情简介：

①1993年8月，X入职Y并签订劳动合同。2008年8月23日，双方签订无固定期限劳动合同，合同期限至法定的终止条件或合同约定的解除条件出现时止。X的工作岗位为大客车驾驶员，每月工资1500元，实行综合工时制，Y应保证X每周休息一天。

②2010年9月29日，Y经工商行政管理部门变更名称。X认为Y于2010年9月29日起没有与其签订书面劳动合同，提出其应

---

① 何安与珠海公交巴士有限公司劳动合同纠纷二审民事判决书，广东省珠海市中级人民法院［（2015）珠中法民一终字第120号］，裁判日期：2015年5月25日。

支付未签订书面劳动合同二倍工资，引发本案纠纷。

③ 2013 年 7 月 5 日，X 因二倍工资、加班费、社会养老保险费差额等申请劳动仲裁。珠海市劳动人事争议仲裁委员会作出珠劳人仲案字（2013）第 522 号仲裁裁决书，驳回 X 的仲裁请求。X 不服一审判决，提起上诉，后又上诉至二审法院。

法院裁判要旨（二审）：

企业改制在我国是一个特殊的历史概念，指依法改变企业原有的资本结构、组织形式、经营管理模式或体制等，使其在客观上适应企业发展的新需要的过程，一般是将原单一所有制的国有、集体企业改为多元投资主体的公司制企业和股份合作制企业，或者是内外资企业互转。企业改制的本质是企业所有制的改变。本案中，Y 于 1979 年 9 月 30 日注册成立，于 2010 年 9 月 29 日经工商行政管理部门变更名称为珠海公交巴士有限公司，企业类型由原来的全民所有制变更为有限责任公司（法人独资），股东名称由原来的珠海市国有资产管理局变更为珠海公共交通运输集团有限公司，珠海公共交通运输集团有限公司的全资股东为珠海市国资委。可见，重组前后 Y 的全资国有身份没有发生变化，即企业所有制性质没有发生变化，Y 的重组行为并不属于国有企业的改制行为。况且从工商登记资料看，Y 的企业法人营业执照显示其成立时间为 1979 年 9 月 30 日，与 Y 原名公司的成立时间一致，这也恰恰说明了 Y 并非新设立的法人，其与 Y 原名公司具有主体的同一性，二者之间只是企业名称、出资人以及企业治理模式不同，法人的所有制性质并没有发生改变，Y 仍然继续履行与 X 之间的无固定期限劳动合同。原审法院认定原劳动合同继续履行、Y 无须承担二倍工资支付义务符合法律规定和本案的客观情况，应予维持。X 的上诉主张即本案应适用企业改制的相关法律法规及政策规定与事实不符，本院不予采纳。

判例2

工作中有过错的调岗判例之

深圳市顺电连锁股份有限公司劳动合同变更案①

劳动者：成某，以下简称 X。

用人单位：深圳市顺电连锁股份有限公司，以下简称 Y。

案情简介：

①X 为 Y 采购部门副经理。工作中，Y 发现 X 存在对产品的"空进空退"行为。2013 年 7 月 17 日，Y 以 X 存在操作"空进空退订单"等违纪行为为由将其从采购部门副经理变更为华强家电 D08 柜组营业员，并要求 X 于 2013 年 7 月 18 日到变更后的工作岗位工作。

②X 收到工作岗位变更通知后拒绝接受工作岗位变动，未按要求到新工作岗位报到。

③2013 年 7 月 22 日，Y 以 X 自 2013 年 7 月 18 日起未到华强家电 D08 柜组上址，已构成连续旷工三日以上的事实为由解除与 X 的劳动合同。

④X 认为 Y 长期以来就存在进行"空进空退"操作的事实，亦有其他员工参与进行操作，且其进行"空进空退"操作经过了上司主管的同意。因此 X 不认可调岗及解雇的合法性，引发仲裁、诉讼。

法院裁判要旨（二审）：

如 Y 调动 X 的工作岗位符合法律规定，X 未按要求到新工作岗位报到则属严重违反劳动纪律，Y 解除双方劳动合同亦不违法。因

---

① 成浪与深圳市顺电连锁股份有限公司劳动合同纠纷二审民事判决书，广东省深圳市中级人民法院［（2014）深中法劳终字第 3706 号］，裁判日期：2014 年 9 月 23 日。

此，本案的争议焦点在于 Y 调动 X 的工作岗位是否符合法律规定。Y 因 X 存在"空进空退"操作等违纪行为调整其工作岗位。X 亦主张 Y 长期以来就存在进行"空进空退"操作的事实，亦有其他员工参与进行操作，且其进行"空进空退"操作经过了上司主管的同意。X 提供的与其上司主管的电子邮件打印件并没有经过公证，本院对该证据不予采信。因此，X 提供的证据不足以说明其进行"空进空退"操作是经过了上司主管或 Y 同意的。

而 Y 是否长期存在此种违规现象以及是否有其他员工参与都不足以成为 X 进行违规操作的合法理由。X 确实进行了"空进空退"操作，其本人亦认可存在一定过错。在此情况下，Y 综合各方因素，并未解除与 X 的劳动合同，而仅是调整其工作岗位，该处理方式并未违反法律法规的规定，亦未超出合理范围，为 Y 对其用工自主权的行使，本院予以尊重。

X 应从该次违纪事件中吸取教训，改正错误，服从 Y 的管理和工作安排；但 X 无正当理由拒绝接受被上诉人 Y 的工作调动，未到新工作岗位报到的行为属于旷工。由此，Y 解除双方劳动合同符合法律规定，无须支付赔偿金，亦无须支付 X 旷工期间的工资。

二　劳动合同变更的合理性认定

出于市场与自身的需要，用人单位客观上有根据自身生产经营需要调整员工工作情况的各种可能。这种可能性是用人单位经营管理的一部分。但用人单位要将这种可能性变成事实，法律要求其与劳动者协商一致并进行书面记载。这一规定的重点是协商一致，而不是书面形式。也就是说，当变更劳动合同未采用书面形式，但口头变更的劳动合同实际已经被履行了一个月以上，且变更后的劳动合同内容不违反法律、行政法规、国家政策以及公序良俗的，根据司法解释的规定这样的变更具有法律效力。[①] 所以，如果劳动者不同意用人单位提出的工作中的变化，那么其需要明确地向用人单位提出来，这之后如果双方僵持不定产生争议，法院会综合判断单位方的调整是否具有"充分合理性"。对于合理性的认定，判例 3～7 分别从工作岗位变更、劳动报酬变更、工作地点变更、生产工具变更这四个方面提出了相应的参考。[②]

（一）工作岗位变更

工作岗位以及与岗位相匹配的劳动待遇是劳动者获得社会评价和社会尊重的最重要标识。岗位的变化通常对劳动者的工作和生活有重大影响，因此需要综合社会一般价值观来判断调岗的合理性，把用人单位的调岗限制在合理的范围之内。从我国的大量判例可知，目前很多企业在调岗方面过于任意，缺乏协商程序，某些调岗甚至有变相裁员之嫌。在判断调岗是否构成权利滥用这一问题上，日本学界及实务通说皆认为，应在比较衡量调职有无业务必要性、该调职命令对劳动者造成的生活上的不利益后再判定。[③] 这一观点也可以为我国提供借鉴。我国目前在地方性的审判行情讨论中也有对调岗合理性的具体说明，如《广东省高级人民法院广东省劳动人事争议仲裁委员会关于审理劳动人事争议案件若干问题的座谈会纪要》（粤高法〔2012〕284 号）第二十二条规定，"用人单位调整劳动者工作岗位，同时符合以下情形的，视为用人单位合法行使用

[①] 《最高人民法院关于审理劳动争议案件适用法律若干问题的解释（四）》第十一条规定："变更劳动合同未采用书面形式，但已经实际履行了口头变更的劳动合同超过一个月，且变更后的劳动合同内容不违反法律、行政法规、国家政策以及公序良俗，当事人以未采用书面形式为由主张劳动合同变更无效的，人民法院不予支持。"

[②] 本节中的判例为巩香选取整理，曾发表于刘晓倩 2013 年 7 月主编的劳动关系研究会第 100 次会议纪念判例集《劳动法判例研究：第一编　解雇判例研究》（内部学习自用书）。

[③] 刘志鹏：《劳动法理论与判决研究》，元照出版公司，2000，第 176 页。

工自主权，劳动者以用人单位擅自调整其工作岗位为由要求解除劳动合同并请求用人单位支付经济补偿的，不予支持：（1）调整劳动者工作岗位是用人单位生产经营的需要；（2）调整工作岗位后劳动者的工资水平与原岗位基本相当；（3）不具有侮辱性和惩罚性；（4）无其他违反法律法规的情形"。

在具体判例中，法院对于单位的调岗权进行了比较严格的审查。判例3将劳动者由经理调整为专员，同时将其工资大幅下调，把调岗调薪用作惩罚手段。判旨中提出惩罚权实施的前提是尊重劳动者的"申辩权"，提出了用人单位审慎行使经营管理权的要求。

判例3

工作岗位变更判例之

上海杉板实业有限公司劳动合同变更案①

劳动者：谭某，以下简称X。

用人单位：上海杉板实业有限公司，以下简称Y。

案情简介：

①2008年4月16日，X进入Y工作，在水疗SPA部门担任副经理兼主管一职。当日，双方订立劳动合同，合同约定："本合同有效期限为3年，自2008年4月16日起至2011年4月15日止……Y有权根据X的工作表现和能力及Y的管理需要，调整X的工作岗位及职务，并根据调整后的工作岗位重新签订岗位聘用合同，X应当服从……Y有权根据X的职务、工作岗位变化调整X的工资待遇……"

②2008年9月11日，Y对X做出纪律处分，主要内容为：

---

① 谭某与上海杉板实业有限公司劳动合同纠纷二审民事判决书，上海市第二中级人民法院
［（2009）沪二中民一（民）终字第3899号］，裁判日期：2010年1月20日。

"日期：2008年9月1日。原因：作为经理，没有管理好自己部门的员工，一名部门员工不顾公司制度替人签到。需加强对员工的管理，给予罚款壹佰元的处罚。"

③ 2008年12月31日，Y作出关于X的《岗位调整书》，将X由SPA部门经理调整为SPA专员，薪资调整为基本工资每月1000元与岗位及加班工资每月2500元。此调整从2009年1月1日起执行。调整原因为"违反公司制度，屡次让员工代打卡，严重失职，在公司内部造成极其恶劣的影响"。（关于X调岗前的工资，审理查明X于2008年4月至当年7月基本工资为每月2500元，岗位工资为每月2800元；2008年8月至当年12月基本工资为每月2500元，岗位工资为每月5200元。）

④ 2009年3月12日，Y向X发出解除劳动关系通知书。该通知书的主要内容为："X在职期间屡次要求员工代打卡，违反公司制度，严重失职，经警告后仍然不思悔改。并且，自2009年2月22日起，旷工至今，超过3天。根据公司制度，现人事部正式通知与X解除劳动关系，终止劳动合同，即时生效。"

⑤ 之后，X提起仲裁、诉讼。

法院裁判要旨（二审）：

① 用人单位可以对劳动者做出调岗调薪的决定，但工作岗位的变更将直接导致劳动报酬的变化，影响劳动者的切身利益，故用人单位应与劳动者充分协商，并应当证明调岗调薪行为具有充分的合理性和必要性。同时，用人单位应当对做出该决定时向劳动者明示的理由承担举证责任。

② 如果用人单位对解除劳动合同的理由予以书面确定，则双方发生争议后应审查该理由与具体的客观事实是否一致。用人单位不得事后补充理由或进行补充解释。

③ 根据本案现有证据及在案事实，Y 在 2008 年 12 月 31 日作出的《岗位调整书》中确定的理由为违反公司制度屡次让员工带（代）打卡，严重失职。然而在《岗位调整书》作出之前，X 仅认可其于圣诞前夕采购圣诞礼品请同事代考勤两次，并按 Y 的要求填写了外出办公记录，Y 均确认这两次系因公外出。X 此举（代打卡）虽有瑕疵，但确系因公外出，情有可原。

④ Y 未按员工手册进行警告或批评教育而直接对 X 予以调岗调薪处分的做法不妥，Y 显然也不能提供证据证明其调岗调薪行为具有充分的合理性和必要性。Y 亦未能举证已向 X 告知了前述《岗位调整书》并依该文件对 X 的职责职权进行的调整。同时，Y 于同年 4 月再招聘新的 SPA 部门经理之行为也印证了 X 仍在同一岗位行使同一职权之事实。

⑤ 综上，本院认为 Y 未审慎行使用人单位的经营管理权，未给予劳动者相应的申辩权，径行调岗调薪，且调整之劳动报酬下降幅度超出一般人能够接受之程度，X 对此提出异议，应予支持。

（二）劳动报酬变更

劳动报酬是劳动合同的核心条款，对于劳动报酬的发放及拖欠的具体情形，本书第六章将进行相应的讨论，这里补充因岗位变化而变动工资的判例 4，以及涉及计件工资变动的判例 5。判例 5 中，劳动者的工资为计件工资，对具体的报酬标准没有明确约定，后用人单位下调部分工价，劳动者采取拒绝加班等行为，被用人单位单方解除劳动合同，劳动者诉至仲裁法院。该判例的裁判要旨指出，劳动报酬系劳动合同的主要条款，该条款的变动涉及劳动者的切身利益，应当与职工进行充分的协商与沟通，慎用劳动合同解除权。在劳动者没有与用人单位就劳动报酬的变更达成一致时，用人单位将劳动者的不配合视为可惩罚的事项是不恰当的做法。如果是客观情势导致不得不变更，也只能在充分协商后，在提前通知且支付经济补偿金的情况下解除劳动合同，而不应进行惩罚性解雇。

判例 4

劳动报酬变更判例之

友池精密机械（上海）有限公司劳动合同变更案①

劳动者：黄某，以下简称 X。

用人单位：友池精密机械（上海）有限公司，以下简称 Y。

案情简介：

① 2007 年 4 月 23 日，X 至 Y 的品质部门工作。2008 年 5 月 5 日，双方签订了期限为 2008 年 4 月 23 日至 2009 年 4 月 22 日的劳动合同，约定 X 基本工资为人民币 3857 元/月。同日，双方又签订了薪酬告知书，约定 X 每月可获日语津贴 1000 元，工资总额为 4857 元/月。

② 2008 年 11 月 21 日，X 提出将自己的工作部门调动至生产管理部门的申请，理由是目前工作量有所缺失，以及其在生产管理方面的经验相对于品质管理方面要多一些，工作年限要长一些。

③ 2009 年 3 月 3 日，Y 以 X 于 2008 年 11 月 1 日后向 Y 递交调动部门报告，以及由于金融危机的影响 Y 正在对各部门进行统一调整为由，通知 X 于 2009 年 3 月 5 日上午 8：30 到人事处报到，人事处将根据实际情况对 X 的工作进行调配安排，若不按规定时间至人事处报到，Y 将根据规章制度对其进行处理。Y 表示调配后要扣

---

① 友池精密机械（上海）有限公司与黄某经济补偿金纠纷二审民事判决书，上海市第二中级人民法院［（2010）沪二中民三（民）终字第 197 号］，裁判日期：2010 年 4 月 13 日。

除每月 1000 元的日语津贴，理由是 X 在品质部负责了部分日语翻译的工作，如调出品质部门，在没有分配其实际工作的情况下，1000 元日语津贴应不再予以发放。

④ 2009 年 3 月 5 日，Y 以 X 未按时到人事部门报到，严重违反了公司《劳动纪律管理制度》第 5 条 47 项规定为由，于同日 17：30 对 X 做出了解雇处理。（《劳动纪律管理制度》第 5 条 47 项规定，对无正当理由不服从工作分配和调动、指挥者，予以解雇并不予支付经济补偿金。）

⑤ 2009 年 3 月 9 日，X 申请仲裁，请求 Y 支付解除劳动合同的经济补偿金，仲裁裁决支持 X 的请求。Y 不服裁决，遂起诉，一审法院支持仲裁裁决。Y 不服原判，提起上诉。

法院裁判要旨（二审）：

① 劳动关系是兼有人身关系和财产关系性质、兼有平等性和隶属性的社会关系。用人单位在市场经济运作中享有根据劳动者的文化、年龄、技能及公司岗位的具体情况安排劳动者的工作的用工自主权。然而，鉴于工作岗位的变更往往会带来劳动报酬的变化，直接影响劳动者的切身利益，为防止用人单位的权利滥用，调岗调薪应有合理性、确定性。同时，由于用人单位、劳动者在管理与被管理过程中的地位差异从根本上决定了双方在协商过程中信息传递和掌握的显著不对称，劳动者明显处于消息交换的不利地位，因此劳动者有权就欲调整的岗位以及可能的薪资变化得到明确的答复。

② 就本案现有查明事实而言，虽系 X 主动提出调动要求，然而 Y 时隔 4 个月后方调动其岗位，且至今未对岗位有明确、正面的答复，仅含糊其辞称统一安排岗位，并在未实际分配工作的情况下要扣除 X 每月 1000 元的日语津贴。X 对此持有异议，故未在指定时间至 Y 报到，显然事出有因。而 Y 未尽充分、诚意磋商之责，

径行以 X 严重违纪为由解除双方之劳动合同，显然缺乏审慎，理应承担相应法律责任。

判例 5

劳动报酬变更判例之

上海凯泉泵业（集团）有限公司劳动合同变更案①

劳动者：吴某，以下简称 X。

用人单位：上海凯泉泵业（集团）有限公司，以下简称 Y。

案情简介：

① 2006 年 3 月 1 日，X 以"雷某"的身份进入 Y 工作。2006 年 5 月 1 日，X 与 Y 签订劳动合同。双方最后一期劳动合同的期限为 2008 年 5 月 1 日至 2009 年 4 月 30 日。X 的工作岗位为动平衡。工资实行计件制，按照额定工价实行多劳多得制，没有约定底薪。

② 2008 年 12 月，经工会同意，Y 下调部分工种工价。X 表示异议，并与 Y 进行协商，但未达成协议。其后 X 放慢工作速度，未能完成 Y 安排的工作，并拒绝加班。

③ Y 实行电子考勤，并不计算额定工时内外分别完成多少工件，仅计算一共完成多少。其《工厂员工违反劳动纪律处罚规定》第七条规定，员工应服从主管的工作安排，违者罚款 150 元，情节严重的给予除名。2009 年 1 月 15 日，Y 以 X"不服从工作安排，连续十多天强占设备而不工作，也不准他人使用设备，并威胁、恐吓他人，严重影响和干扰了公司正常生产工作秩序"为由解除双方的劳动关系。但 Y 对于上述事项并未提供证据证明。

---

① 吴甲与上海凯泉泵业（集团）有限公司劳动合同纠纷二审民事判决书，上海市第二中级人民法院［（2010）沪二中民三（民）终字第 1182 号］，裁判日期：2010 年 12 月 2 日。

④ X 主张 Y 解除劳动合同违法，提起仲裁诉讼。

法院裁判要旨（二审）：

用人单位应慎用劳动合同解除权。X 与 Y 在劳动合同中虽约定实行计件工资，但双方在劳动合同中对于具体报酬支付标准及其调整问题约定不明确，对此，Y 负有主要责任。因劳动报酬系劳动合同的主要条款，该条款的变动涉及劳动者的切身利益，Y 在因生产需要对工价加以调整时，应当与职工进行充分的协商。X 对于工价调整有不同意见，Y 亦应与其进行充分沟通。对于客观情况致使原合同内容无法继续履行，职工对合同内容变更又不愿接受的，企业也可以与职工协商解除劳动合同。但加班显然应当征得劳动者同意。Y 陈述，X 在仲裁期间承认过其放慢工作速度，故其属于怠工。而 X 则辩称其虽放慢了速度，但仍完成了定额时间内的任务，只是没有超额加班。对此，本院认为，X 不愿加班并不违法，而 Y 亦未明确 X 所在岗位在法定工作时间内应完成的定额任务，故 Y 认为 X 放慢速度就是怠工且属于违纪，显有不当。

（三）工作地点变更

工作地点是劳动合同的必备条款，劳动者在选择工作时，会对自己所能承受的通勤时间以及路途成本有大体的估计。而用人单位变更工作地点会影响劳动者的工作和生活，可能给劳动者带来不利影响，一旦出现争议，法院会对其合理性进行审查。这里并没有绝对的判断标准，相关判断都具有相对性、个案性。若是基于企业经营之必要且不利益在劳动者可承受的范围内，或是企业已采取提薪、补贴、交通车等抵消不利益的措施，则地点变动的合理性增强。如果企业的工作地点调整是出于对劳动者个人的惩戒或嫌恶，则缺乏业务必要性。在判断是否给劳动者带来不利时，应考虑社会一般认可的忍受程度。① 在判例 6 中，劳动者在面对工作地点变更时提出增加工资的要求，但是用人单位并没有充分考虑其要求，而是解除劳动合同，被法院认为解除不当。

判例 6

工作地点变更判例之
上海某某工艺品制作有限公司劳动合同变更案②

劳动者：郝某，以下简称 X。

用人单位：上海某某工艺品制作有限公司，以下简称 Y。

案情简介：

① X 于 2005 年 6 月 20 日进入 Y 工作，先后签订多份劳动合同。2010 年 1 月 1 日，双方续签自 2010 年 1 月 1 日起至 2011 年 12 月 31 日止的劳动合同，约定每月基本工资为 2700 元。X 的工作内容包括制作订货单、指示公司在金山的生产工作、产品出货检查、业务管理、联系客户、采购等。Y 的注册地址为上海市闵行区某某公路 528 号，但 X、Y 均确认与其他单位在上海市徐汇区某某路 629 号某某大厦 14 楼 B 座一同经营同样的产品，并接受该单位的人员管理。Y 内没有分具体部门，公司员工仅有法定代表人郝某和冯某。

② 2011 年 2 月 1 日，Y 股东（董事）会决定公司商品品质管理部门与制作管理部门员工（包括与订货、制作、生产相关的员工）全部到金山的生产工厂上班，员工的工资福利待遇不变。同月

---

① 刘志鹏：《劳动法理论与判决研究》，元照出版公司，2000 年，第 192 ~ 194 页。

② 上海某某工艺品制作有限公司与郝某劳动争议一审民事判决书，上海市徐汇区人民法院 [（2011）徐民一（民）初字第 5710 号]，裁判日期：2011 年 10 月 26 日。

17 日，Y 发告知书给 X，通知 X 于 2011 年 3 月 21 日起到金山的生产工厂上班，并在告知书下方设员工同意签字栏和不同意签字栏。3 月 18 日，X 在不同意签字栏下签字，并要求继续履行劳动合同。

③ 2011 年 5 月 17 日，Y 与 X 谈话，希望 X 能同意去金山上班。X 提出提高工资待遇等要求，双方未达成一致意见。

④ 同月 20 日，Y 发通知给 X，主要内容为：公司决定于 2011 年 5 月 19 日解除与 X 的劳动关系，并支付其 2005 年至 2011 年 6 个月补偿金 16200 元，提前 30 天的一个月补偿金 2700 元，2011 年 4 月 16 日至 5 月 19 日的工资 2618.05 元，合计 21518.05 元。X 看了通知后表示不同意。当日，Y 将上海市单位退工证明及劳动手册交付给 X。

⑤ X 于 2011 年 6 月 9 日向当地劳动人事争议仲裁委员会申请仲裁，要求自 2011 年 5 月 20 日起恢复劳动关系等各项，后诉至法院。

法院裁判要旨：

根据本案查明的事实，首先，Y 除法定代表人外，仅有员工两名，且与另一单位在同一地点经营，Y 并未提供该经营地系 Y 合法经营地还是另一单位合法经营地的证明材料。因此，两个单位在同一经营地混同经营，违反了工商管理的有关规定。其次，Y 的员工并未分具体部门。作为用人单位的 Y 负有规范内部管理的职责，然而 Y 并未清晰地安排员工的岗位职责和部门归属，平时受其他单位人员的管理，尤其是郝某所做工作概念含混，自己也不清楚其归属于什么部门管理，因此难以得出郝某属商品品质管理部门的结论。最后，Y 于 2011 年 2 月 1 日召开股东（董事）会，决定商品品质管理部门、制作管理部门员工全部到金山工厂上班，而 Y 并没有区分具体部门，何来以上两个部门，哪来 X 随部门到金山上班之说。因此，Y 股东（董事）会的决定与事实不符，本院不予采信。

根据劳动合同法的有关规定，劳动合同订立时所依据的客观情况发生重大变化，致使劳动合同无法履行，且经用人单位与劳动者协商未能就变更劳动合同内容达成协议的，用人单位方可依法解除劳动合同。第一，Y与X订立的劳动合同，其实际履行地在某某路。劳动者在就业时对工作地点所能承受的路途时间成本乃至往返的路费成本均先有一个估量，然后再决定是否选择这份职业。从目前的情况看，X自2005年6月入职以来是愿意承担在某某路工作所需花费的成本的。第二，并非Y的部门因客观情况发生了变化或是有重大的经营方略变动而致使原劳动合同无法履行，仅是调动X等到金山上班，且Y变更工作地点，原工资福利不变，而劳动者为此花费的成本可能会相对增加，这种因主观因素导致的工作成本上升由劳动者承担不尽合理。第三，X在Y告知其到金山上班之初已提出一些要求，这些要求也有合理之处，但Y并无些许妥协之意，仅强调必须服从，否则即解除合同，反映不出协商的善意，从中体现了企业的强势态度。为此，本院认为，Y本次变动劳动合同履行地点不属于客观情况发生重大变化致使合同无法履行且不能达成协议的情形。

鉴于Y已与X解除劳动合同，诉讼中X同意不恢复劳动关系，但要求Y依法支付解除劳动合同赔偿金。此项诉请与法无悖，本院予以支持。

（四）生产工具变更

生产工具并不是劳动合同的必备条款，通常用人单位与劳动者也不在劳动合同中对此进行约定。但是在现实的劳动关系履行中会形成具体的默示性合意，这时用人单位若要单方变更，也需要和劳动者沟通协商，并且应具有一定的合理性。在判例7中，劳动者在物流岗位长期驾驶轿车或商务车，后来用人单位要求他用助动车送货，这时劳动者提出异议，法院认为劳动者的异议具有一定的合理性。在变更不合理且劳动者拒绝履行的情况下，单位进行的惩罚性解雇将被视为违法解雇。

判例7

生产工具变更判例之甲公司劳动合同变更案①

劳动者： 李某，以下简称 X。

用人单位： 甲公司，以下简称 Y。

案情简介：

① 2009 年 10 月 28 日，X 进入 Y 工作，双方当日签订劳动合同，合同约定 X 从事物流岗位。根据上海市金山区劳动行政部门向 Y 出具的《准予企业实行其他工作时间制度决定书》，X 的岗位为司机。在实际工作中，X 长期驾驶轿车或商务车。

② 2010 年 6 月 17 日，Y 要求 X 用助动车送货，X 提出异议。

③ 当月 21 日，Y 认为 X 不服从工作安排、不履行工作职责，解除与 X 的劳动合同，理由为"X 进入公司以来不仅多次严重违反公司规章制度，而且一再损害公司的利益"。

④ X 要求 Y 支付解除劳动合同代通金和补偿金等要求，提起仲裁，未获支持。X 提起诉讼要求违法解除劳动合同赔偿金等，一审予以支持。Y 不服，提起上诉，二审维持原判。

法院裁判要旨（一审）：

对于 Y 主张的 X 不服从工作安排、不履行工作职责的问题，

---

① 李某与甲公司劳动争议二审民事判决书，上海市第一中级人民法院［（2011）沪一中民三（民）终字第 1136 号］，裁判日期：2011 年 6 月 29 日。

2010 年 6 月 17 日 X 未能接受 Y 的工作安排，对此双方陈述基本一致，此节事实法院予以确认。X 长期驾驶轿车或商务车，Y 要求 X 用助动车送货，X 对此提出异议，具有一定的合理性，即使存在不服从工作安排的行为，如果 Y 认为 X 不能胜任该项工作，应对 X 予以换岗，而不能径行解除劳动合同。

二审维持原判。

三　三期女性劳动者的工作变更问题

在劳动合同变更中，还有对女性劳动者的特殊保护。《中华人民共和国妇女权益保障法》规定，不得对女性劳动者在孕期、产期、哺乳期的工资等各方面待遇进行不利变更。[①] 而女性在孕期、哺乳期易出现各种身体上的不适，这时用人单位要在充分尊重女性本人意愿的基础上，在协商一致的情况下调岗或适当减轻其工作量。用人单位不能单方调岗，更不能降薪。

判例 8

孕期调岗调薪判例之
金万车（北京）信息技术有限公司调岗案[②]

劳动者：郭某，女性，以下简称 X。

用人单位：金万车（北京）信息技术有限公司，以下简称 Y。

[①] 《中华人民共和国妇女权益保障法》第二十七条规定："任何单位不得因结婚、怀孕、产假、哺乳等情形，降低女职工的工资，辞退女职工，单方解除劳动（聘用）合同或者服务协议。"

[②] 金万车（北京）信息技术有限公司与郭素青劳动合同纠纷一审民事判决书，北京市西城区人民法院 [（2013）西民初字第 22977 号]，裁判日期：2014 年 1 月 21 日。

案情简介：

① X 于 2011 年 3 月 1 日入职 Y，双方签订了期限自 2011 年 3 月 1 日起至 2013 年 3 月 31 日止的劳动合同，同时约定了试用期，劳动合同约定工资标准为基本工资 2000 元/月。合同同时约定，X 的工资待遇按 Y 依法确定的工资分配制度、方式以及工资变动表的标准执行。签订合同当日，Y 向 X 送达了员工手册。

② 2011 年 6 月 1 日，X 通过试用期转为 Y 的正式员工，其实际工资由 6400 元/月变动为 8000 元/月，X 在工资变动表上签字予以确认。根据该工资变动表，X 的试用期工资为每月 6400 元，其中基本工资 2000 元，岗位技能津贴 4400 元；转正之后，X 每月工资为 8000 元，其中基本工资 2000 元，岗位技能津贴 2800 元，项目/职位津贴 2400 元，绩效考核奖 800 元。同时，Y 规定员工的工龄每增长一年，工资相应增加 100 元。

③ 合同签订后至 2012 年 2 月，双方正常履行合同，Y 按照工资变动表每月向 X 发放工资。由于工龄工资的增加，X 到 2012 年 2 月的工资水平为 8100 元/月。

④ 2012 年 2 月，X 怀孕。Y 欲调 X 到公司前台兼行政工作，同时降薪。X 认为怀孕并不妨碍其做项目，不同意调岗。于是 Y 将 X 的电脑收走，此后未安排 X 参与项目。

⑤ 自 2012 年 3 月起，Y 按照每月 4800 元（无项目/职位津贴，无绩效考核奖及工龄工资）的标准向 X 支付工资至 2012 年 8 月。2012 年 9 月 3 日至 2013 年 1 月 23 日 X 休产假，Y 未向 X 支付这一期间的工资，亦未将社保部门核定的生育津贴 13408.63 元支付给 X。

⑥ 2013 年 1 月 24 日，X 产假结束回到 Y 工作，Y 仍未安排 X 参与项目，并按照每月 4800 元的标准向 X 发放了 2013 年 1 月 24

日至 1 月 31 日的工资 793.11 元。

⑦ 2013 年 2 月 1 日，X 向劳动争议仲裁委员会提起仲裁，要求单位支付拖欠的工资等各项。

⑧ 提起仲裁后，X 仍到 Y 处上班。Y 自 2013 年 2 月 1 日起未向 X 发放工资，理由是 X 提起劳动争议仲裁，故停止发放工资。仲裁期间，X 因其子生病，自 2013 年 6 月 3 日起未到岗工作。2013 年 6 月 8 日，Y 通过 EMS 特快专递的形式向 X 身份证地址邮寄了《解除劳动合同通知书》，邮件投递结果为转乡邮代收。2013 年 6 月 13 日，X 到 Y 补交请假条时，Y 告知 X 双方劳动合同已经解除，X 此后未再到 Y 工作。

⑨ X 此时在哺乳期，表示 2013 年 6 月 3 日由于孩子生病，自己无暇到单位请假，且自己当天已给公司人事部的孟某打电话说明请假事由，之后又多次通过电话、短信和邮件的方式联系张某请假，但未能联系上，因此不能计为旷工。X 还表示自己的家人已不在户籍地居住，因此并未收到单位寄送的《解除劳动合同通知》。

⑩ 另外，关于带薪年休假工资问题，X 主张其 2012 年的带薪年休假为 5 天，已经休了 4.5 天，且这 4.5 天均被用来做产检；2013 年的带薪年休假为 6 天，尚未休假。Y 认可 X 所述应休和实休天数，但不认可抵扣情况，认为 X 提交的 2012 年年休假申请单中未写明做产检，公司不知道其利用休假具体做了什么，且 X 在 2013 年已经休了 23 天的产假，得到了充分的休息，不应再休 2013 年的年假。

法院裁判要旨：

① 关于孕期工资。本院认为，工资变动表中虽有关于项目/职位津贴、岗位技能津贴"若不做项目则不涉及"的备注说明，但 X

怀孕后，Y 强行收走了 X 的电脑，且未安排 X 参与项目，不属于因 X 的工作能力存在问题导致其不能胜任工作岗位而无项目可做。故 X 自怀孕至生产的工资应当按照工龄工资增长后的每月 8100 元的标准支付，Y 对支付不足的部分应当予以补齐。

② 关于产期工资。X 休产假期间（2012 年 9 月至 2013 年 1 月 23 日）确实不能参与相关项目，故不应享受项目/职位津贴、岗位技能津贴及绩效工资。由于社保部门核定的生育津贴不低于该期间 X 的应得工资，本院确认 Y 应向 X 支付的产假期间的工资为 13408.63 元。

③ 关于哺乳期工资。X 产假期满后（2013 年 1 月 24 日至 2013 年 5 月 31 日），Y 仍未安排 X 参与项目，Y 应按工资变动表的规定全额支付 X 工资。

④ 关于哺乳期解雇。对于 X 要求 Y 支付违法解除劳动合同赔偿金的问题，劳动者有自觉遵守用人单位规章制度和履行劳动合同约定条款的义务。X 主张由于其子在 2013 年 6 月 3 日至 6 月 8 日期间生病，其向 Y 请假，但 X 未提交证据证明其按照 Y 规定的制度履行了相关请假手续。Y 对 X 未经批准未到岗工作的行为按照旷工处理，并据此解除劳动合同的做法，不违反相关法律规定。Y 通过 EMS 向 X 户籍地送达了《解除劳动合同通知书》，已经履行了用人单位的相关义务，Y 不存在违法解除劳动合同的事实，故对 X 要求 Y 支付其违法解除劳动合同赔偿金的请求，本院不予支持。

⑤ 关于产检假、产假、带薪年休假抵扣。关于 X 的带薪年休假问题，双方在庭审中均认可 X 在 2012 年的年休假为 5 天，X 已休 4.5 天，本院对此不持异议。X 应享受 2013 年带薪年休假 2 天，Y 称其已休产假，不应再休年假的主张于法无据。

判例 9

女性孕期要求不安排出差判例之
上海强冠企业集团有限公司解雇案①

劳动者：王某，以下简称 X。

用人单位：上海强冠企业集团有限公司，以下简称 Y。

案情简介：

① X、Y 于 2013 年 4 月 7 日建立劳动关系，双方签订了期限为 2013 年 4 月 7 日至 2016 年 4 月 6 日的劳动合同，合同约定 X 的工作岗位为人力行政部经理，工作地点为上海市及公司业务所涉及的外省市区域，基本工资为 9300 元/月（税前），绩效奖金、补贴等按 Y 有关规定发放。

② X、Y 同时签订了补充协议，协议约定在 X 劳动合同约定工资之外，Y 给予 X 每月 3700 元人民币的补贴，与工资同时发放。此补贴系在 X 正常工作的情况下发放的关于车辆、通讯、住房等内容的福利性补贴，以现金方式发放，要求 X 尽量以票据报销的形式报账。合同履行后，Y 每月固定向 X 发放 9300 元、3700 元及 200 元补贴至 2013 年 9 月。

④ 2013 年 10 月 22 日 Y 向 X 发出通知书，称："集团公司领导决定派遣你前往安徽中财置业发展有限公司人事行政部协助工作 10 天，请务必于 2013 年 10 月 24 日前报到。"X 此时已怀孕，于 2013 年 10 月 23 日回复 Y："目前阶段身体不能适应这种出差和舟车劳顿（安徽蚌埠怀远县城确实比较偏远，且上次过去时有过水土不服的情况），烦请公司领导协调安排其他同事前往。"Y 于 2013 年 10

---

① 王颖与上海强冠企业集团有限公司劳动合同纠纷一审民事判决书，上海市虹口区人民法院［（2014）虹民四（民）初字第 801 号］，裁判日期：2015 年 10 月 15 日。

月 29 日对此回复：因身体原因不能胜任工作应有相关医院证明，公司会做相应的调整。

⑤ 2013 年 11 月 11 日 Y 出示《关于调整 X 工作岗位的通知》，该通知载明，根据 2013 年 9 月 18 日发布的人事任免通知，现经集团领导研究，X 的工作岗位调整为人事行政部专员，从 2013 年 11 月 1 日起薪资也将做相应调整。2013 年 11 月，Y 发放给 X 的工资标准被调整为 5100 元。Y 主张因 2013 年 9 月 Y 发现 X 向公司提供的是虚假信息（即将其本科学历虚报为研究生学历），公司于 9 月 18 日免除 X 人事行政经理职务，将其降为人事专员，工资相应调整，并不再发放各项补贴。

⑥ 之后，Y 分别于 2013 年 11 月 22 日、2013 年 12 月 11 日以及 2013 年 12 月 27 日向 X 出具通知书，安排 X 至非本市工作，报到时间为 2013 年 11 月 23 日（协助工作 8 天）、2013 年 12 月 12 日（协助工作 8 天）以及 2013 年 12 月 30 日（协助工作 7 天），X 均以因怀孕而目前阶段身体不能适应长期出差和舟车劳顿等为由，未至上述通知书中的地点报到。X 也未向 Y 提供相关医疗机构的证明。

⑦ 2014 年 1 月 15 日，Y 向 X 出具了《关于解除 X 劳动合同的通知》，该通知载明："公司决定于 2014 年 1 月 16 日起与 X 解除 2013 年 4 月 2 日签订的劳动合同，后附的《解除劳动合同通知书》载有：鉴于你提供虚假信息的不诚实行为，以及拒绝工作岗位调整和不服从工作安排的旷工行为，已严重违反公司员工手册……现根据公司员工手册及劳动合同书约定，公司决定于 2014 年 1 月 16 日起解除劳动合同。"公司的规章制度规定，拒不服从公司安排、不服从领导、严重影响公司正常经营管理秩序的情况，均为严重违反公司规章制度的行为。

法院裁判要旨：

① 公民、法人的合法民事权益依法应予保护。根据规定，女职工在孕期不能适应原劳动的，用人单位应当根据医疗机构的证明，予以减轻劳动量或者安排其他能够适应的劳动。本案中 X 于 2013 年 10 月至 12 月期间处于孕期，X 虽表示因怀孕不能从事非本市的工作，但未向 Y 提供过医疗机构证明，Y 在该期间安排原告从事的工作根据 X 当时的回复说明也没有超过双方劳动合同约定的工作地点和工作量，不属于违法行为。

另外，X 转正审批表显示 X 上报的毕业院校与事实不符，而 X 作为人事行政经理须对该表签字，即该表内容系与其本人有关的事实，X 称该表显示内容与事实不符且与其无关的主张显然不能采信。故 Y 根据 X 上述行为依照 X、Y 签订的劳动合同约定及 Y 员工手册的规定与 X 解除劳动合同并无不当。

② 用人单位不得因女职工怀孕降低其工资。Y 现单方于 2013 年 11 月起调整 X、Y 约定的工资 9300 元为 5100 元显属不当，应予补足。再者，X、Y 签订的补充协议明确约定每月给予原告 3700 元作为车辆、通讯、住房等内容的福利性补贴，从 2013 年 10 月至 Y 与 X 解除劳动合同，X 均至 Y 处上班，Y 应按约定发放上述补贴。每月的 200 元补贴同理。

第四章
劳动规章制度中的管理权边界

一 劳动规章制度的内容和程序

《中华人民共和国劳动法》第四条规定，"用人单位应当依法建立和完善规章制度，保障劳动者享有劳动权利和履行劳动义务"。规章制度是用人单位根据国家法律法规及自身特点制定的，用以明确劳动条件、维护日常管理及生产秩序的各种规则和制度的总称。从规章制度的功能看，规章制度的制定权来自企业的经营管理权，属于所有权的派生，是用人单位用以维持正常经营运转的行为准则。劳动法律从保护劳动者的角度出发，将用人单位建立完善规章制度作为义务性的规定进行要求，主要目的是明确劳动条件与行为规范，预防劳动争议，促进用人单位的管理行为规范化。

劳动规章制度的内容涉及劳动关系的各个方面，我国劳动合同法第四条做了列举式规定，内容全面而具体，包括劳动报酬、工作时间、休息休假、劳动安全卫生、保险福利、职工培训、劳动纪律以及劳动定额管理等各项直接涉及劳动者切身利益的重大事项。总体来说，为了发挥劳动规章制度在劳动关系调整中的作用，其内容应该尽量全面、具体、明确。从结构上看，劳动规章制度通常包含总则、主体和附则等部分。

　　规范的劳动规章制度通常具备以下特点：（1）其内容应合法而有针对性。劳动规章制度属于规范性文书，是国家法律、法规和政策在企业中的延伸、细化。因此，其内容必须首先遵守国家法律法规，同时要符合企业的特点，有利于企业生产秩序的维持。（2）应格式整齐、内容齐备。法律目前对劳动规章制度的格式没有提出明确的要求。从实践上看，一般来说，规章制度根据条文多少，可以按照内容与层次，分为若干编、章、节、条、项等。内容越烦琐的规章，涉及的条目层次越多。总体而言，条文的结构要根据条文内容和阅读便利的原则来定。（3）劳动规章制度的制定应当遵循法律规定的步骤和程序。虽然用人单位对劳动规章制度的制定权源于其经营管理权，但为了防止用人单位利用管理上的优势地位制定明显不合理的工作规则或者对规章朝令夕改，法律对劳动规章制度的制定程序进行了限制。同时，这也是现代民主理论在工作场所的延伸，也就是说劳动者在工作场所也应具有一定的民主权利。这里的民主权利主要通过参与建议的方式体现。

　　具体来说，我国劳动合同法第四条对制定劳动规章制度的程序性规定为：用人单位在制定、修改或者决定各项涉及劳动者切身利益的规章制度或者重大事项时，应当经职工代表大会或者全体职工讨论，提出方案和意见，与工会或者职工代表平等协商确定；在规章制度和重大事项决定实施的过程中，工会或者职工认为不适当的，有权向用人单位提出，通过协商予以修改完善；用人单位应当将直接涉及劳动者切身利益的规章制度和重大事项决定公示，或者告知劳动者。据此，可概括为员工参与建议程序与用人单位公示告知程序。从操作性角度出发，用人单位在制定劳动规章制度时，一般要经过拟定规章、民主讨论、公示告知三个步骤。

（一）拟定规章

用人单位在出台劳动规章制度时先要拟定草案。通常是用人单位指定管理人员起草，或者请外部咨询机构起草。拟定劳动规章制度草案是一项复杂而专业的工作，需要专业的团队。用人单位应当安排熟悉劳动法律政策、了解本单位实际经营状况、有管理知识以及较高文字写作能力的人员进行拟定工作，也可以委托专门的人力咨询或法律机构代为拟定。在具体规则的起草过程中，要在遵守劳动法律的前提下尽量贯彻人性化原则，在明确管理权的同时体现对劳动者的关照和激励。

（二）民主讨论

在拟定了草案之后，用人单位需要按照法律的规定召集劳动者进行告知和讨论。《中华人民共和国劳动合同法》第四条规定的具体法律措施为，"经职工代表大会或者全体职工讨论，提出方案和意见，与工会或者职工代表平等协商确定"。劳动者的讨论会议有两种形式，一种为职工代表大会，一种为全体职工大会。具有工会以及职工代表大会建制的用人单位通常召开职工代表大会。没有职工代表大会建制的，可以召开全体职工大会。在会议前或会议中，用人单位要先向职工代表或者全体职工告知制度方案，并对核心条款进行解释。之后再进行民主讨论，向员工征求意见和建议，讨论和建议的过程也是通过对文字的增删细化加强劳动者对规章制度的认识和理解的过程。不仅是制定，用人单位规章制度的修改也须遵守同样的民主程序。而对于讨论中出现的不同意见，选择和决定权属于规章制定者也就是用人单位的职权范围。

如果用人单位属于全民所有制企业，则程序要求更为严格。依据《全民所有制工业企业职工代表大会条例》（1986 年）第七条的规定，涉及企业的经济责任制方案、工资调整计划、资金分配方案、劳动保护措施方案、奖惩办法及其他重要的规章制度的制定和修改时，职工代表大会有审议通过的职权。《中华人民共和国全民所有制工业企业法》第五十一条在职工代表大会（以下简称"职代会"）的职权方面也明确规定，职代会有权"审查同意或者否决企业的工资调整方案、奖金分配方案、劳动保护措施、奖惩办法以及其他重要的规章制度"。这时召开职代会就不仅要组织讨论，还要审议通过。

对于职代会职工代表的构成，《全民所有制工业企业职工代表大会条例》第十二条规定："职工代表中应当有工人、技术人员、管理人员、领导干部和其他方面的职工。其中企业和车间、科室行政领导干部一般为职工代表总数的五分之一。青年职工和女职工应当占适当比例。为了吸收有经验的技术人员、经营管理人员参加职工代表大会，可以在企业或者车间范围内，经过民主协商，推选一部分代表。职工代表按分厂、车间、科室（或若干科室）组成代表团（组），推选团（组）长。"除此之外，职工民主管理方面也有地方性规定。例如，《北京市企业民主管理及职工代表大会（暂行）办法》对于职工代表的产生规定："1. 按照法律规定享有政治权利，与企业建立劳动关系的职工，均可当选为职工代表。职代会代表以班组、科室、工段、车间为单位，（大型企业也可由分厂、分公司为单位）由职工直接选举。集团公司职代会的职工代表由包括下属分公司（厂）选举产生；资本运营型控股有限责任公司职代会的职工代表应在所代表的职工范围内选举产生。2. 企业职代会的职工代表中应包括职工、科技人员、经营管理人员和其他方面的职工；中层以上企业管理人员不得高于20%；青年和女职工应占一定比例。集团公司和资本运营型控股有限责任公司应由所辖范围，按各层面人员一定比例选举组成。3. 职工代表实行常任制，一般每三至五年改选一次，职工流动性较大的小型企业，可以根据企业实际情况，每年改选一次，可以连选连任。"《上海市职工代表大会条例》第二十条更详细地规定了职工代表的名额比例情况："企事业单位职工代表大会的职工代表名额，按照下列规定确定：（一）职工人数在一百人至三千人的，职工代表名额以三十名为基数，职工人数每增加一百人，职工代表名额增加不得少于五名；（二）职工人数在三千人以上的，职工代表名额不得少于一百七十五名；（三）职工人数不足一百人，实行职工代表大会制度的，职工代表名额不得少于三十名。职工代表大会可以根据需要设置列席代表。列席代表无表决权和选举权。"

召开会议还需要制作相应的会议记录，以作为劳动规章制度履行民主程序的证明文件存档。本章判例 1 与判例 2 就是劳动规章制度的民主程序存在瑕疵的情况，从中可以看到，在司法实践中，用人单位制定劳动规章制度的民主程序会被严格审查。同时，法官在程序妥当性方面有着一定的自由裁量权。

判例 1

劳动规章制度程序瑕疵导致违法解雇判例之
北京市长城饭店公司解雇案①

劳动者：李某，以下简称 X。

用人单位：北京市长城饭店公司，以下简称 Y。

---

① 北京市长城饭店公司与李昆礼劳动争议二审民事判决书，北京市第三中级人民法院 [（2014）三中民终字第 04698 号]，裁判日期：2014 年 3 月 26 日。

案情简介：

① 1988 年 3 月 1 日，X 入职 Y 工作，负责客房服务，1999 年 8 月 1 日双方签订无固定期限劳动合同，月平均工资为 2750 元。目前，X 母亲病重，其妻子系残疾人。

② 2013 年 6 月 24 日，X 正在休假，Y 临时通知 X 回单位上班。当日 22 时，X 在下班时从 Y 偷拿了两卷卫生纸和一包面巾纸，被门卫查到。这是 X 第一次私拿饭店物品。

③ 在 Y 的员工守则对"重大过失"的界定中，有如下两项内容："（4）私自将属于饭店的物品、饮品、食品、客人遗忘或赠送的物品携带出店或在店内毁损消耗"，"（18）私拿饭店物品"。而且员工守则规定："饭店员工在工作中出现违纪、过失均按以下程序执行处分权：第一次违反者（重大过失），辞退或解除合同。"X 曾签署了解员工守则的签收单，具体内容为 X 所写："我本人已收到饭店的员工守则，全部了解守则的内容，并遵守本守则的全部规定。"该守则于 2002 年实施。Y 未能就其员工守则经过民主程序提交证据，称 2008 年法律才要求此项程序。

④ 2013 年 6 月 25 日，X 写了对其行为的"认识"，称领导说写了"认识"就可回去工作。"认识"内容如下："2013 年 6 月 24 日由于老母亲生病，家里的手纸没有了，由于我上中班，22：00 多钟才下班我怕当天商场都关门了，我母亲没的用于是我就拿了三卷纸在职工出入口被门卫查到了，我的行为是不对的，我十分的后悔，希望领导再给我一次机会，以后我再也不犯这样的错了。"

⑤ Y 认为偷拿物品的行为在涉外饭店历来不会被容忍，一定须施以解除劳动合同的处理。2013 年 6 月 26 日，Y 依据员工守则中"重大过失"的第 18 条解除与 X 的劳动合同。Y 向 X 发出《员工犯规通知》《解除劳动合同通知书》，X 拒绝接受。

⑥ 2013 年 7 月 11 日，Y 向 X 邮寄送达。X 认可于 2013 年 7 月 13 日收到上述文件。

⑦ 之后，X 以 Y 为被申请人向北京市劳动争议仲裁委员会申请仲裁，要求继续履行劳动合同。2013 年 8 月 19 日，北京市劳动争议仲裁委员会作出 (2013) 京劳仲字第 352 号裁决书，驳回 X 的仲裁请求。X 不服仲裁裁决，诉至一审法院。一审法院支持了 X 的诉讼请求，判决劳动关系继续履行。Y 不服一审判决，上诉至中级人民法院。

法院裁判要旨（一审）：

① Y 以 X 违反员工守则中"重大过失"第 18 条的规定，解除了与 X 的劳动合同。其提交的员工守则中"重大过失"第 18 条显示，私拿饭店物品为重大过失，重大过失第一次将解除劳动合同，但未就私拿饭店物品的价值及数量进行明确规定。关于劳动关系解除，X 私拿的两卷卫生纸和一包面巾纸价值较小，X 的行为虽违反了长城饭店的规章制度，但尚不及法律规定的"严重"程度。对 X 私拿两卷卫生纸和一包面巾纸的行为，Y 直接解除劳动合同明显不当。

② Y 未就其制定的员工守则经过民主程序进行举证，存在瑕疵。

③ X 作为客房服务人员，工作期间从 Y 私拿两卷卫生纸和一包面巾纸的行为有悖工作职责，对 X 此行为予以批评，现 X 亦自行书写了"认识"，对自己的此行为做了检讨。故 Y 饭店解除与 X 的劳动合同有违法律规定，对 X 要求继续履行劳动合同的诉讼请求，本院予以支持。

法院裁判要旨（二审）：

① X 私拿的两卷卫生纸和一包面巾纸价值较小，且 X 属于初

犯，事发后能够及时检讨，故 X 的行为虽违反了 Y 的规章制度，但尚不及法律规定的"严重"程度。Y 对 X 私拿两卷卫生纸和一包面巾纸的行为直接予以解除劳动合同，明显不当。

② Y 未就其制定的员工守则经过民主程序进行举证，亦存在瑕疵。

③ X 作为客房服务，工作期间从 Y 私拿两卷卫生纸和一包面巾纸的行为有悖工作职责和职业操守，本院对 X 的上述行为予以批评。

判例 2

未履行完整民主程序但被认定有效判例之
北京燕京饭店有限责任公司解雇案①

劳动者：张某，以下简称 X。

用人单位：北京燕京饭店有限责任公司，以下简称 Y。

案情简介：

① 1995 年 12 月起 X 在 Y 担任公司游泳池救生员，并于 1996 年 12 月 6 日与 Y 签订无固定期限劳动合同。从 2010 年开始，X 在 Y 经营的北京唐拉雅秀酒店任游泳池救生员。2014 年 7 月，X 的工资被调整为 4790 元/月（含 300 元月度奖）。

② 2014 年 11 月 2 日，一名客人在 Y 丢失手机，并向 X 询问，但并未寻到。之后该客人报警，值班经理在 X 的建议下最终找到客人的手机并归还。经查证监控录像发现，X 有故意用衣物遮蔽、藏匿客人丢失的手机并取走的情况。

---

① 张建军与北京燕京饭店有限责任公司劳动争议二审民事判决书，北京市第二中级人民法院 [（2015）二中民终字第 13343 号]，裁判日期：2016 年 2 月 29 日。

③ 2014 年 11 月 15 日，Y 向 X 发出解除劳动合同通知书，解除的理由为 X 严重违反公司员工手册，私留客人物品。该通知书载明："X，因下列第 6 项原因（严重违反单位的规章制度），根据劳动合同法及单位规章制度的规定，本单位决定从 2014 年 11 月 15 日起解除与您的劳动合同关系。"同日，Y 还向 X 发送了员工申诉通知，该通知载明："X，按照本单位员工手册第 10.6 条规定，被处分人对单位的违纪处分表示疑问的，本人可以提出申诉。若你对解除合同处分有疑问，请于收到此通知 3 日内将申诉材料邮寄至单位人力资源部。逾期未按规定提交申诉材料的，单位视为被处分人对其处分无疑问。"X 在接到 Y 发送的解除劳动合同通知书及申诉通知后，向 Y 递交了书面申诉材料，表示不认可 Y 的处理意见。2014 年 11 月 21 日，Y 针对 X 的申诉意见表示维持原处理决定不变。

④ 根据 Y 提供的员工手册答卷，Y 针对员工手册的内容对员工进行了相应的教学、考核。X 亲自书写的试卷内容也显示，X 对员工手册的内容，尤其对"私留客人贵重物品一次即属严重违纪单位可解除劳动合同"明知。

⑤ X 不认可 Y 所述故意遮挡、取走手机的情况，不同意 Y 的解除通知，要求返岗继续工作。X 主张 Y 的规章制度未经民主程序认定，他也并非恶意私留客人财物，而是为了保护客人的财产安全，Y 系违法解除，应撤销其解除通知，恢复与自己的劳动关系。

法院裁判要旨（一审）：

① Y 所出示员工手册中"私留客人贵重物品一次即属严重违纪单位可解除劳动合同"的规定，既不违反法律、行政法规的强制性规定，也不违反合理性规定。根据双方陈述意见，Y 现并未成立正式的工会组织。在此种情况下，Y 通过组织考试、公示的方式将员工手册的内容告知 X，已尽相应公示、告知义务。

② 2014 年 11 月 2 日，X 在客人遗落手机事件中的行为已经构成员工手册所载"私留客人贵重物品"的严重违纪行为。根据 Y 提供的监控录像可知，X 发现遗落手机后不是采取及时向主管领导汇报、上交拾得物品等正常的处理方式，而是采取衣物遮盖、擅自取走、私自放回等不合常理的处理方式。X 此种行为方式与其自称良善愿望、想做好人好事的心理状态明显不符。X 对其当日行为的解释无法采信。应当认定，X 存在私留客人贵重物品的行为。在 X 出现严重违纪行为的情况下，Y 依据员工手册解除劳动合同，于法有据。

法院裁判要旨（二审）：

用人单位应当依法建立和完善规章制度，保障劳动者享有劳动权利和履行劳动义务。对于合法有效的规章制度，劳动者应当遵守。X 虽主张 Y 的员工手册未经民主程序制定，亦未向其送达，但 Y 尚未成立工会，且其公司关于私留客人贵重物品的处罚规定已经以考试的形式告知 X，该规定内容亦不违反法律规定。X 虽在试卷上书写"须经工会讨论通过"，但其当时明知 Y 并无工会，故 X 主张该规定无效理由不充分。

（三）公示告知

用人单位在经过民主讨论、意见征集确定了规章制度之后，应将其公示告知以确保所有劳动者知晓。实践中有多种公示告知的方式，常见的做法有：在公开区域张贴公布；在员工入职时，将学习规章制度作为入职文件，由劳动者本人签字确认；以发文形式送达给各部门，由各部门组织传达给劳动者；通过办公系统进行发布公示；通过电子邮箱进行告知，留取回执；对员工进行相应培训，组织开卷闭卷考试；等等。现实中关于公示告知的争议很多，经常有劳动者在争议中主张对规章制度并不知晓。用人单位应重视此环节中的沟通效果，根据自身情况选择最能使劳动者有效知晓规章制度的方式，而且留存相应的证明文件。

判例 3

未履行告知程序解雇判例之
中国人民解放军解放军报印刷厂解雇案①

劳动者： 吕某，以下简称 X。

用人单位： 中国人民解放军解放军报印刷厂，以下简称 Y。

案情简介：

① X 于 2004 年 5 月入职 Y，担任拼晒工。2011 年 7 月 1 日，双方签订了无固定期限劳动合同。2015 年初 X 计划外怀孕（二胎）。

② 2015 年 3 月 24 日，Y 以 X 严重违反国家计划生育管理条例、《中国人民解放军计划生育条例》及厂规厂纪计划外怀孕，经耐心工作拒不采取措施为由，向 X 作出解除劳动合同通知书。《解放军报印刷厂计划生育补充规定》具体规定，"凡不遵守计生法规、计生规定生育者，视情况予以行政、党纪处分和经济处罚，直至开除公职"。同时，解放军报印刷厂依据《解放军报印刷厂有关考核办法》，扣除了 X 在 2015 年 2 月及 3 月的奖金，因上述办法所附的规定涉及违反计划生育者。X 主张 Y 没有向其告知上述规定。

③ 2015 年 3 月，X 认为 Y 违反劳动法、劳动合同法及女职工劳动保护特别规定，违法解除三期内女职工劳动合同。X 向劳动人事争议仲裁委员会提出申诉，要求 Y 支付违法解除劳动合同的赔偿

---

① 中国人民解放军解放军报印刷厂与吕红杰劳动争议二审民事判决书，北京市第二中级人民法院［（2015）二中民终字第 10587 号］，裁判日期：2015 年 10 月 19 日。

金及所扣奖金等项。劳动人事争议仲裁委员会于 2015 年 6 月 16 日作出裁决书，裁决 Y 支付 X 违法解除劳动合同赔偿金，以及其 2015 年 2 月、3 月的奖金等。后双方诉至法院。

法院裁判要旨（一审）：

Y 提交的证据不足以证明其已向 X 公示或告知过《解放军报印刷厂计划生育补充规定》等规章制度，同时其解除劳动合同通知书所载解除事由亦不符合我国劳动合同法规定的用人单位可以解除劳动合同的法定情形。故认定 Y 系违法解除与 X 的劳动合同，应当支付 X 违法解除劳动合同的赔偿金。

关于 X 于 2015 年 2 月及 3 月的奖金，Y 虽主张系根据单位的有关规定扣除，但其提交的证据亦不足以证明该制度已向 X 告知或公示，且 X 亦不认可 Y 所述的扣除理由。故 Y 应当补足相应奖金，对 Y 要求不予支付上述奖金的诉讼请求，不予支持。

法院裁判要旨（二审）：

劳动者严重违反用人单位的规章制度的，用人单位可以解除劳动合同。用人单位单方解除劳动合同，应当事先将理由通知工会。结合本案情况，本院认定 Y 以 X 严重违反计划生育政策和规章制度为由与 X 解除劳动合同属于违法解除劳动合同。理由如下：

第一，Y 虽称 X 已经知晓《解放军报印刷厂计划生育补充规定》的内容，但其提交的相关证据不足以证实《解放军报印刷厂计划生育补充规定》已向 X 传达或者公示。

第二，根据《解放军报印刷厂计划生育补充规定》，"凡不遵守计生法规、计生规定生育者，视情况予以行政、党纪处分和经济处罚，直至开除公职"。但至 2015 年 3 月 24 日 Y 向 X 出具解除劳动合同通知书时，X 仍处于计划外怀孕期间，尚未生育，不属于上述规定中所称的"不遵守计生法规、计生规定生育"的情形。

第三，Y虽称其与X解除劳动合同已经工会讨论研究，但未就该主张提交相应的证据予以证实。用人单位应当按照劳动合同约定和国家规定，向劳动者及时足额支付劳动报酬。Y以X严重违反计划生育政策为由扣发X 2015年2月、3月的奖金并提交了《解放军报印刷厂有关考核办法》予以证实，但Y并未提交相关证据证实已将上述考核办法向X公示或者传达，X对上述考核办法亦不予认可。原审法院据此判令Y支付X 2015年2月、3月的奖金并无不当，本院予以维持。

二　劳动规章制度中的奖惩制度

劳动规章制度在用人单位中的核心作用是维持组织秩序。而为了实现这一作用，劳动规章制度中的劳动纪律和奖惩规则就格外重要。我国曾经有《企业职工奖惩条例》在此方面进行规定，自从此条例2008年被废止后，目前此方面并无明文立法规制，交由用人单位自行依据法定程序进行规定。相比于奖励制度而言，惩罚制度的制定更复杂，也更易引起争议。

在惩罚类型方面，以不利益方式来区分，具体可以分为精神性不利益措施（如警告、训诫）、经济性不利益措施（如减薪、违约金）、工作上的不利益措施（如调职、停职）等类型。[1] 不同的措施适用于不同的情形及目的。《企业职工奖惩条例》曾经规定，企业惩罚的方式有行政处分和经济性处罚两种。行政处分又包括警告、记过、记大过、降级、撤职、留用察看、开除。《企业职工奖

---

[1] 东京大学劳动法研究会编《注释劳动基准法》（上卷），有斐阁，第251页，转引自陈建文《（台湾）劳动基准法释义》，新学林出版股份公司，2005，第360页。

惩条例》虽然只适用于全民或集体所有制企业，但多年来其影响仍十分深远。然而，随着 2008 年该条例被废止，上述惩罚方式失去了法律依据，但仍然有很多企业按照原来《企业职工奖惩条例》中的条款制定规章制度，事实上这样做并不妥当。理由如下：第一，在市场经济下，企业与劳动者都是平等的合同主体，两者之间不再是行政关系，所以《企业职工奖惩条例》中提到的类似于"行政处分"的称呼有不妥之处。另外，有些针对计划经济、固定工制度而产生的惩处方式，比如撤职、留用察看等，也已经不再适用。第二，有些处罚方式与现行法律制度不符，比如降级、降薪。因为《中华人民共和国劳动合同法》明确规定工作内容和劳动报酬都是劳动合同必须写明的事项，所以这些事项的变更需要双方协商一致，用人单位不能为了惩处劳动者而单方变更。第三，经济性处罚失去了原有的法律依据。对于规章制度中可否设置罚款事项，法律没有明确提及。然而，如果通过规章制度对员工进行罚款，在争议中无论是事由还是程序都将面临司法审查，有很多判例将罚款认定为克扣工资，这点在本书第六章中也有相应的判例说明。如果地方性法规对此有明确规定，则遵从当地的规定，如 2008 年 11 月 1 日开始实施的《深圳经济特区和谐劳动关系促进条例》第十六条规定："用人单位依照规章制度对劳动者实施经济处分的，单项和当月累计处分金额不得超过该劳动者当月工资的百分之三十，且对同一违纪行为不得重复处分。实施处分后的月工资不得低于市政府公布的特区最低工资标准。"这一地方性法规在肯定企业对员工进行经济性处罚的同时，也对其施加了限制。

　　在现行的法律框架以及实践中，最为常用的处罚方式是警告和惩罚性解雇。警告往往适用于轻微的违纪情形，以提醒教育为主，目的在于督促员工改进而不在于惩罚本身。这种提醒教育本身应该具有一定的递进性设计，以使劳动者能够及时发现并有效改正工作中的失误。本章判例 5、判例 6 的案情中都出现了用人单位对劳动者行为惩罚的递进性设计，是管理实践的真实反映。用人单位在判断和处罚劳动者行为时，应该按照预设的梯度进行，不能随意变更标准。而在预设的梯度中，口头警告、书面警告、惩罚性解雇这三个程度比较常见。对于轻微的行为，用人单位可以通过口头警告的方式予以提醒。对于较重违纪行为，则可以采用书面警告的方式。最严重的惩罚方式是即时解雇，这种解雇没有经济补偿金，也没有提前通知期，是现今劳动法体系中用人单位对劳动者进行的最严厉惩罚。在这三种梯度中，较重违纪行为可以是轻微违纪行为的累计，但是这种累计需要要有个合理期限（如 12 个月），不宜将劳动者的轻微违纪无限期叠加。判例 5 中用人单位的规章制度就是递进性惩罚设计的典例。

判例 4

劳动规章制度规定旷工扣三倍工资判例之
北京世经涛略资讯有限公司劳动报酬案①

*劳动者：*朱某，以下简称 X。

*用人单位：*北京世经涛略资讯有限公司，以下简称 Y。

案情简介：

① 2010 年 6 月 1 日 X 入职 Y，担任金融事业一部经理，双方建立劳动关系。2013 年 5 月起，X 工作岗位发生调整。X 在 Y 正常工作至 2013 年 8 月 27 日。Y 以现金签领形式向 X 发放工资。

---

① 北京世经涛略资讯有限公司与朱妍劳动争议一审民事判决书，北京市海淀区人民法院 [（2014）海民初字第 3252 号]，裁判日期：2014 年 3 月 19 日。

② 之后，X 主张 Y 存在克扣工资的情况。Y 主张 X 在 Y 工作期间存在多次旷工情形。根据 Y 的规章制度，旷工一天扣罚三倍工资，故 Y 没有拖欠 X 工资。并且根据公司规章制度，事假最多三天，酌情可延长至七天，其余请假期间按照旷工计算。

法院裁判要旨：

本案中，Y 主张依据其公司规章制度，员工旷工一天扣罚三倍工资，X 对此不予认可。此种情形下，Y 未能就该项规章制度的客观存在以及规章制度的制定经过民主程序提举相应证据，应当承担举证不能的法律后果。并且，Y 主张的上述规章制度内容缺乏合法依据，亦超出了用人单位合理范畴内的用工自主管理权，故本院对 Y 所持旷工一天可扣罚 X 三倍工资的主张不予采纳。根据公司规章制度，事假最多三天，酌情可延长至七天，其余请假期间按照旷工计算。就上述规定的内容，本院认为缺乏合法与合理依据，故其相应的处罚决定不发生相应的法律效力。

判例 5

规章制度递进性惩罚判例之北京肯德基有限公司解雇案①

劳动者：陈某，以下简称 X。

用人单位：北京肯德基有限公司，以下简称 Y。

案情简介：

① X 于 2001 年 9 月 10 日入职 Y，岗位为资深副经理。双方签订无固定期限劳动合同。

② 2009 年 10 月 18 日，X 签署《旧版员工手册失效通知书》

---

① 陈颖与北京肯德基有限公司劳动争议一审民事判决书，北京市东城区人民法院［（2015）东民初字第 12961 号］，裁判日期：2015 年 11 月 18 日。

及适用于餐厅管理组人员的新版员工手册的确认书。

③ 劳动者在工作中的相关行为及所受处罚如下。

2014年5月21日，Y向X第一次出具书面警告，书面警告反映的情况是X在5月2日值班期间，未按标准每半小时巡视总配，造成18：40 DM、AM进入餐厅检查时，陈列柜中有18：30过期的烤翅、骨肉相连售卖……Y依据管理组员工手册较重违纪条款"未执行或疏忽本职工作，造成不良影响或损失的，给予书面警告处理"，对X发出书面警告。

2014年11月27日，DM巡店检查总配，当时陈列柜中三种汉堡和鸡蛋没有时间条，直柜中八分腿肉片、粥、烧饼、培根、鸡蛋也没有时间条……之后在2015年1月20日，Y根据员工手册轻度违纪条款"未执行或疏忽本职工作，但尚未给公司造成不良影响或损失的，给予口头警告处理，望该员工能够引以为戒"，向X出具《口头警告记录》。

2015年4月1日，X于4月1日打烊值班，11：57下班前对餐厅进行了巡视检查，确认无人滞留后离开餐厅并设防锁门。之后Y于0：30前后接到警方电话，称餐厅中有人报警。X接电话后于1：00前后赶回餐厅，于二楼北侧最里面角落发现一名滞留顾客正在睡觉。X将其唤醒，其称因与家人吵架不想回家，故滞留餐厅。基于此，Y作出《口头警告记录》，认为X作为值班经理在餐厅关闭前值班巡视不到位，于4月3日给予其口头警告处理。

同日，Y向X出具书面警告，警告原因为："在2015年1月20日因未执行或疏忽本职工作，但未给公司造成任何不良影响或损失的，受到口头警告一次；在2015年4月3日因未执行或疏忽本职工作，但未给公司造成任何不良影响或损失的，受到口头警告一次。根据员工手册较重违纪条款的规定，对12个月内受到口头警告累计两次者，给予书面警告处理。"

④ 2015 年 4 月 4 日，Y 向 X 送达《解除劳动合同通知书》，解除原因为："在 2014 年 5 月 21 日因未执行或疏忽本职工作，造成不良影响或损失的，受到书面警告一次；在 2015 年 4 月 3 日因 12 个月内受到口头警告累计两次，受到书面警告一次；根据员工手册严重违纪条款的规定，对 12 个月内受到书面警告累计两次者，给予解除劳动合同处理。"同时，Y 出具了 2015 年 4 月 3 日工会作出的《关于同意解除 X 劳动合同的函》。

员工手册 IX.5 "违纪" 一章中有如下规定："有下列行为之一的，属于轻度违纪行为，公司有权给予口头警告：……4. 不遵守公司标准或操作程序，或者违反工作程序或擅自变更工作方法，但尚未给公司造成任何不良影响或损失的；5. 未执行或疏忽本职工作，但尚未给公司造成任何不良影响或损失的。有下列行为之一的，属于较重违纪行为，公司有权给予书面警告：1. 12 个月内重复发生相同的轻度违纪行为；2. 12 个月内受到口头警告累计两次者；7. 未执行或疏忽本职工作，造成不良影响或损失的。有下列行为之一的，属于严重违反公司规章制度的行为，公司有权给予其解除劳动合同的处理：1. 12 个月内重复发生相同的较重违纪行为；2. 12 个月内受到书面警告累计两次者……26. 对于过期产品未予以废弃，或留下食用或售卖或赠予他人食用；27. 故意使用超出保质期的原材料或销售超出最佳赏味期的食品；28. 管理组对于原料或食品超过保质期、保存期或最佳赏味期的，经他人报告了解，未立即采取行动做废弃处理，或默认导致产品继续售卖或使用……自警告生效之日起 12 个月内，两次口头警告视作一次书面警告，两次书面警告给予解除劳动关系。"

⑤ X 认为 Y 单方解除劳动合同的行为违法，提起仲裁，后又

诉至法院。

法院裁判要旨：

庭审中，Y 已举证证明 X 分别于 2014 年 5 月 21 日、2014 年 11 月 27 日、2015 年 4 月 1 日存在三次违反员工手册的行为，X 亦分别书写了书面陈述意见，多次表明接受处理。Y 在解除劳动合同前，亦征求了工会的相关意见。故 Y 按照员工手册的相关规定解除与 X 的劳动合同并无不当。

判例 6

规章制度递进性惩罚判例之苏州市诚强橡胶有限公司解雇案①

劳动者：姜某，以下简称 X。

用人单位：苏州市诚强橡胶有限公司，以下简称 Y。

案情简介：

① X 于 2005 年 8 月 29 日进入 Y 工作，担任硫化二车间班长职务，双方签有劳动合同。

② 2013 年 12 月 26 日，Y 做出解除与 X 的劳动合同的决定，主要认为："X 于 2013 年 12 月带头并组织全体班组人员在公司的公共绿化带种菜（包括正常工作时间和加班时间）。经公司查核后，X 认识不到问题的严重性，反而变本加厉，于 2013 年 12 月 23 日中班带班生产产品时：1. 严重违反操作工艺流程和该产品严禁喷脱模剂的规定，严重影响产品质量；2. 消极怠工，无故停机 1 小时 45 分钟，严重影响公司的生产秩序；3. 在公司区域内私自通电，将电饭锅放车间里煮食物，严重影响公司安全。（X）严重违反公

---

① 苏州市诚强橡胶有限公司与姜翠海经济补偿金纠纷一审民事判决书，江苏省苏州市吴中区人民法院［（2014）吴民初字第 0703 号］，裁判日期：2014 年 8 月 18 日。

司规章制度，Y 于 2013 年 12 月 26 日经公司工会报告批准同意后，解除与 X 的劳动合同。"

③ 在 Y 的就业规则中，"员工奖惩规定"第五条第三点"惩罚的具体行为及惩罚方式"第 21 款规定，故意拖延办理业务手续或有虚假行为影响正常工作业务的，给予记过处分；第 23 款规定，由于不妥当的行为有损公司名誉或信誉的，给予记过处分；第 25 款规定，擅自更改生产工艺，违反操作规定的，给予记过处分；第 39 款规定，用带有煽动性的言论，妨碍公司正常经营活动或有妨碍的危险性的，给予解除合同处分；第 42 款规定，由于故意或重大过失，使公司的经济或信誉受到重大损失或损害的，给予解除合同处分。此外，第五点第六点规定，对两次记过者给予解除劳动合同处分。Y 认为 X 的行为已经严重违反公司规章制度，Y 有权与其解除劳动合同。

④ Y 提供了通过就业规则的会议记录、签到表、职工代表大会讨论记录，关于就业规则的公告与照片、被告员工的培训档案，以证明就业规则已经过民主程序制定，并对外进行了公示，于 2008 年 1 月 1 日正式施行，且组织了包括 X 在内的全体员工进行学习。

⑤ X 认为 Y 单方解除劳动合同的行为违法，提起仲裁，后又诉至法院。

法院裁判要旨：

劳动者严重违反用人单位规章制度的，用人单位可以单方解除劳动合同，无须支付经济补偿金。对于该单方解除合法与否，主要考虑以下因素：一是规章制度是否通过合法程序制定并且向劳动者公示；二是劳动者所犯违纪行为在规章制度中是否有明确规定；三是规章制度对劳动者违纪行为的处罚是否合情合理；四是劳动者是否给用人单位或他人造成重大损害；五是用人单位是否给予劳动者申辩和改过之机会。

在本案中，首先，根据 Y 提交的证据，Y 的就业规则经过工会和职工代表大会讨论通过，在公司的公告栏里进行了张贴公示，于 2008 年 1 月 1 日正式施行。该制定过程得到了城南街道工会委员会的侧面印证，X 的员工培训档案也表明 Y 组织 X 及其他员工进行了学习，并且维修模具登记单上 X 作为带班班长的签字亦能说明 X 熟悉就业规则的处罚规定。可以认定，Y 的就业规则通过民主程序制定，合法有效，且 X 是知晓的。

其次，从 X 的违纪行为看，根据视频资料，X 于 2013 年 12 月 23 日上班时确实存在无故停机、空开机器、喷洒脱模剂等违反工艺和操作流程的行为，但"员工奖惩规定"第五条第三点第 25 款之规定给予上述行为的行政处罚为记过，并非解除劳动合同。此外，上述行为也不能与第 21 款对应，即使能够对应，Y 的处理系一次违规行为给予两次处罚，这明显不合理。对于 Y 主张的第 39 款、第 42 款的违纪行为，其并无证据证实，本院不予采信。至于 Y 主张的 X 在公司种菜、烧饭的行为即使存在，仅系一般的违纪行为，未在就业规则的奖惩规定中予以明确，不能作为解除劳动合同之依据。因此，被告的违纪行为并未达到"严重违反公司规章制度"的程度，处罚应属过重。

再次，从处罚程序上讲，经本院询问，X 表示 Y 没有给予其申辩的机会，Y 表示解除劳动合同之前公司总经理曾找 X 谈话，但没有提供书面证据。因此，无法确认 Y 是否给予 X 对违纪行为进行申辩及改过之机会，对于一位入职工作超过八年的老员工而言，Y 的解除程序缺乏正当性。

最后，从规章制度的程序要求看，即使 X 存在多种不同的违纪行为，可以给予两次以上的记过处罚，但按程序必须是先分别记过，再给予解除劳动合同。显然，Y 跳过记过而直接解除劳动合同的做法也不符合规定。综上，Y 单方解除劳动合同的行为不具有合法性，应当向 X 支付经济补偿金。

三　违反劳动规章制度的严重程度判断

《中华人民共和国劳动法》及《中华人民共和国劳动合同法》都明确规定，劳动者严重违反规章制度的，用人单位可以单方解除劳动合同并且不支付经济补偿金。现实中，用人单位往往会尽可能多地罗列作为惩罚事由的情形，基本上涉及所有日常行为。[①] 但是，并不是只要用人单位列出即有效，惩罚事项不仅要合法，还要合乎情理，出现争议时会受到司法审查。

（一）合理性

用人单位对员工进行惩罚，目的在于维持企业的经营秩序，而不是减轻雇主的责任，否则惩罚将不仅不利于劳动法律的贯彻执行，也不利于单位与员工之间建立信任。规章制度的合理性在现实中可以通过落实民主程序获得一定保障。也就是说，在举行职代会或进行全体职工讨论的时候，用人单位应对劳动者提出的意见进行诚意讨论，以便改正规章中不合理的部分。各级工会组织也应积极发挥作用，通过各种方式促进用人单位改进不妥当的规章制度。在出现争议后，不合理的规章制度也将受到仲裁员和法官的严格审查。目前用人单位肆意进行惩罚的现象还很常见。期待通过司法实践形成更普遍的社会认可，以对用人单位的单方惩罚权形成有效制约。

---

① 彭光华：《中国的劳动纪律研究》，《季刊劳动法》2009 年春季号，第 23 页。

判例 7

旷工的合理性判断判例之北京矿冶研究总院病假解雇案①

劳动者：杜某，以下简称 X。

用人单位：北京矿冶研究总院，以下简称 Y。

案情简介：

① 2008 年 8 月 11 日，X 入职 Y，工作部门为 Y 旗下工程公司，工作岗位为建筑设计师，双方签订了劳动合同，约定工资标准为 3000 元/月。Y 向 X 讲解了劳动合同规章制度，X 进行了签收确认。相关规章制度在 Y 的办公网站上长期公示。

② 自 2012 年 4 月起，X 及另外两名同事违反单位关于员工考勤的规定，由一人代替另外两人进行考勤打卡。Y 认为这三名员工互相遮掩旷工、迟到、早退的事实构成违纪。人力资源部向三人当面作出《关于 X 等违反劳动纪律的处罚建议书》，责令三人做出检讨并改正。张某代表其工作室签收了处罚建议书，并对代打卡行为进行了确认，但一直未做检讨。X 不认可处罚事项，主张他在这段时间内为工作室管理人员，Y 对其上下班时间没有做严格规定。

③ 2012 年 10 月 12 日，X 在施工工地右脚受伤，经 Y 要求提供了 5 张西城区某医院的证明书，诊断证明书建议 X 休息至 2012 年 12 月 2 日。

④ Y 主张自 2012 年 12 月 3 日起，X 在未提供任何病休诊断证明的情况下一直旷工，并拒绝接听同事和领导的电话。鉴于 X 长期旷工并拒绝同单位同事沟通的事实以及其他违纪行为，经 X 所在部门领导同意并在征求单位工会的意见后，Y 做出因违纪解除与 X 的

劳动合同的决定，于 2012 年 12 月 24 日通过中国邮政 EMS 向 X 寄出解除劳动合同审批表与解除劳动合同通知书。X 进行了签收。X 主张 12 月 3 日之后自己依然遵医嘱休息，Y 说派人来取假条但一直没有人来。X 在庭审中出示了有效的医疗机构诊断证明。

⑤ Y 的员工考勤管理办法第八条规定，"员工因工负伤停工留薪期满后，经指定医院复查可以恢复工作的，应及时到单位工作，未经批准不上班者，按旷工处理"。第二十六条规定，"以下情况均按旷工处理：……（二）未请假或请假未被批准，不到岗位上班……"

法院裁判要旨（一审）：

在 2011 年 4 月 26 日至 2012 年 9 月 10 日期间，X 为工作室管理人员，在上下班时间方面无严格规定。Y 虽在 2012 年 9 月 14 日做出了关于 X 等人违反劳动纪律的处罚建议书，但因 X 在上下班时间上无严格规定，且 Y 未就处罚所依据的 X 自 2012 年 4 月起违反考勤规定让他人代打卡以遮掩旷工、早退的行为充分举证证明，故对 Y 主张的 X 在考勤方面违反规章制度的事实无法采信。

在本案中，X 于 2012 年 10 月 12 日在工作中受伤。X 向 Y 提交了工作场地单位出具的工伤证明和休息至 2012 年 12 月 2 日的诊断证明，Y 未就 X 发生的事故伤害向社会保险行政部门提出工伤认定申请，未确定 X 的停工留薪期并书面通知 X。Y 在此情形下认定 X 长期旷工并不妥当，现 X 向本院提交了医疗机构出具的诊断证明，建议其休息至 2012 年 12 月 29 日。

综合上述情况，法院认为 Y 于 2012 年 12 月 20 日做出的解除劳动合同决定缺乏事实和法律依据，应属违法解除。但应当指出的是，劳动者也应依法合理行使权利。在本案中，X 虽称 Y 答应来取 2012 年 12 月 2 日之后的诊断证明但未取，但根据查明事实，X 曾通过电子邮件方式就受伤一事进行沟通，但在 2012 年 11 月 22 日之后，X 未再继续向 Y 提交诊断证明，且在其部门负责人于 2012 年 12 月 19 日向其发送电子邮件询问后，X 仍未予以回应。此种行为亦属不妥，X 应当引以为戒。

法院裁判要旨（二审）：

根据查明的事实，X 于 2012 年 10 月 12 日在工作过程中受伤，且已经向 Y 提交了工作场地单位出具的工伤证明和休息至 2012 年 12 月 2 日的诊断证明；且根据双方的邮件往来，Y 业已知晓 X 在工作中受伤的事实。在此情况下，Y 未就 X 发生的事故伤害向社会保险行政部门提出工伤认定申请，也未确定 X 的停工留薪期并书面通知 X。X 提交的医疗机构出具的诊断证明显示医嘱建议其休息至 2012 年 12 月 29 日，即使 X 在履行请假手续方面存在瑕疵，Y 在未经核实的情况下即以旷工为由与 X 解除劳动合同亦属不当。

判例 8

<h3 style="text-align:center">病假的合理性判断判例之 YX 公司解雇案①</h3>

劳动者：PZY，以下简称 X。

用人单位：YX 公司，以下简称 Y。

案情简介：

① 2008 年 8 月 25 日，X 与 Y 签订劳动合同，约定合同期限为 2008 年 8 月 14 日至 2009 年 9 月 13 日，后续签合同至 2010 年 9 月 13 日。X 担任药剂师一职。

② 2010 年 4 月初，X 持入院手续向 Y 申请住院治疗，得到了 Y 的同意。2010 年 4 月 9 日至 2010 年 4 月 19 日，X 因多发性子宫

---

① YX 公司与 PZY 劳动合同纠纷二审民事判决书，上海市第一中级人民法院［（2011）沪一中民三（民）终字第 952 号］，裁判日期：2011 年 5 月 5 日。

肌瘤在上海某大学附属上海市某人民医院（以下简称"某院"）住院并接受手术治疗。X出院后经某院建议一直连续休息，未至Y处上班。

③2010年4月27日，Y向X发出通知，要求其在2010年4月30日18时前到公司办理请假手续，并携带全部住院治疗及相关休息证明。2010年4月30日，X收到上述通知。X分别于2010年5月初、5月20日、6月18日通过家人或以邮寄方式向Y提交疾病证明单等文件，Y均予以同意。

④2010年6月18日，Y再次收到X送出的某院出具的建议X自2010年6月17日起休息两周的疾病证明单及病历记录。同日，Y向X送达通知，确认其已收到X邮寄的5月20日、6月18日的病假单。同时还通知X，鉴于公司规定，不批准X本次请假，要求X本人前来办理相关手续，并要求其在6月23日前提供公司认可的除某院外的上海市大型公立医院提供的病情复查资料，在公司核实后才能批准其休假；如X本人不来办理手续，就将按照规定视为旷工。之后，X至Y处进行交涉，双方未能达成一致意见。

⑤2010年7月1日，Y向X发出解除劳动合同通知书，其中提出：X一再违反公司的请假制度，对公司的要求不予理睬，其行为造成严重的损失和很坏的影响；根据员工手册及相关规定，对X自2010年6月19日起以旷工论处，累计旷工满6天，属于严重过失；自通知之日起解除劳动合同。X于7月2日收到该通知。

⑥2010年8月3日，X向劳动人事争议仲裁委员会申请仲裁，要求Y支付违法解除劳动合同的赔偿金，仲裁对此予以支持。Y不服，提起诉讼，后又上诉至上海市第一中级人民法院。

⑦Y的员工手册第20条载明，"正式职工有下列情形之一的，公司可以解除劳动合同：1. 严重违反包含本规则在内的公司规章

制度的……"；第 52 条"休假取得的手续"载明，"职工根据休假制度取得任何类型休假的，一周以前就休假的取得向所属部门领导提出公司制度式样（附件 9）的申请，获得所属部门领导批准后方可休假。没有事前申请及没有得到批准应作为旷工处理"；第 88 条"严重过失处罚"载明，"正式职工有下列情形之一的，公司可将其视为具有第 20 条第 1 项、第 2 项规定的情形，解除劳动合同……连续旷工 3 天或一年内（自第一次旷工之日起计算）累计旷工 3 天以上者……"

法院裁判要旨（二审）：

①根据劳动法律规定，用人单位应当依法建立和完善规章制度，保障劳动者享有劳动权利和履行劳动义务。人民法院不仅应对用人单位所制定的规章制度的合法性进行审查，也应对其合理性进行审查。

②对于 Y 所依据的员工手册第 52 条规定的合理性，本院认为，用人单位要求劳动者休假提前一周按公司制定的式样提出申请，并经部门领导批准，如果适用一般常规休假程序，这无可厚非。但因病假具有突然性、不可预测性和持续性等特征，要求病假的休假必须遵循该模式，显然缺乏合理性。

③同时，X 在入院之后至 2010 年 7 月 2 日均及时通过家人或以邮寄方式向 Y 提交了病假单及病历记录。病假单和病历记录是连续不间断的，也能相互吻合，显然 X 并没有刻意不办理请假手续的行为。Y 虽曾于 2010 年 4 月 27 日发出通知，要求 X 本人亲自办理请假手续，但对 2010 年 5 月初、5 月 20 日 X 所提交的有关手续均表示了同意，可见 Y 实际上已认可了 X 请假的行为。因此，本院认为，在 X 已履行了一定请假手续的情况下，Y 片面适用员工手册第 52 条的规定，认定 X 未履行请假手续，并以持续旷工违反公司

规章制度为由对 X 解除劳动合同，缺乏依据。Y 应当承担支付违法解除劳动合同赔偿金的责任。

判例 9

计划外怀孕解雇判例之
江苏邳州农村商业银行股份有限公司解雇案①

劳动者：王某，以下简称 X。

用人单位：江苏邳州农村商业银行股份有限公司，以下简称 Y。

案情简介：

① X 于 1994 年 11 月开始在 Y 的前身工作。改制后，X 和 Y 于 2010 年 7 月 1 日签订了期限为 2010 年 7 月 1 日至 2016 年 6 月 30 日的 6 年期劳动合同。

② 2010 年 9 月 8 日，X 在未办理准生手续的情况下生育二胎。Y 于 2010 年 11 月 29 日作出《关于解除 X 劳动合同的决定》，其中载明："X 同志违反计划生育管理规定，事实清楚，依据《中国共产党纪律处分条例》、《江苏省人口与计划生育条例实施细则》第四十条、《徐州市实施〈江苏省人口与计划生育条例〉办法》第六章第三十九条、《关于对党员干部职工违规生育处理的意见》（邳委发〔2009〕49 号）、《关于 X 同志违反计划生育政策的处理意见》（邳人计发〔2010〕14 号）等的规定，根据《中华人民共和国劳动合同法》第三十九条第二款及《江苏省农村信用社员工违规行为处理暂行办法》第十四条的规定，经总行行务会、党委会研

---

① 王秀芳与江苏邳州农村商业银行股份有限公司劳动合同纠纷二审民事判决书，江苏省徐州市中级人民法院〔（2015）徐民终字第 5319 号〕，裁判日期：2016 年 3 月 9 日。

究，并提请总行工会委员会审议通过，决定自 2010 年 11 月 29 日起与 X 解除劳动合同。"

③ X 于 2011 年 8 月 16 日向邳州市劳动争议仲裁委员会申请仲裁，该仲裁委员会于 2011 年 9 月 15 日作出《不再受理案件确认书》。后 X 诉至邳州市人民法院，请求撤销 Y 解除劳动合同的决定。邳州市人民法院作出（2012）邳民初字第 0119 号民事裁定，认为双方间的纠纷系因 Y 执行计划生育政策性文件而引发的纠纷，不属于劳动争议案件受案范围，驳回 X 的起诉。X 上诉后，二审法院驳回上诉，维持原裁定。X 仍不服，向江苏省高级人民法院申请再审。江苏省高级人民法院于是指令徐州市中级人民法院再审本案。徐州市中级人民法院指令邳州市人民法院对本案进行审理。

④ X 主张单位违法解雇，理由有：一、计划生育属于国家基本政策，违反计划生育政策应当按照《中华人民共和国人口与计划生育法》及《江苏省人口与计划生育条例》落实行政处罚，《中华人民共和国人口与计划生育法》及《江苏省人口与计划生育条例》均未规定用人单位有权直接与违反计划生育规定的劳动者解除劳动合同。X 已经缴清社会抚养费，履行完了行政处罚。二、X 与 Y 之间的劳动关系应属于《中华人民共和国劳动合同法》的调整范围，2010 年 11 月 X 正处在哺乳期，只有 X 出现了《中华人民共和国劳动合同法》第三十九条规定的情形，Y 才有权解除劳动合同。X 违反计划生育政策远未达到《中华人民共和国劳动合同法》第三十九条规定的被追究刑事责任的程度。且 X 在 Y 工作期间从未见过违反计划生育的处罚制度，Y 亦未能提供任何规章制度，Y 提到的《江苏省农村信用社员工违规行为处理暂行办法》第十四条规定与计划生育无关。三、X 虽然违反了计划生育政策，但依然享有劳动

权。后 Y 举证《邳州市农村信用合作联社干部职工违规违纪处罚暂行规定》第三十七条的规定，"因违反计划生育政策和有关规定的，除按行为人所在地方政府的有关规定给予处罚外，并视情节给予记过直至开除处分"。

法院裁判要旨（二审）：

Y 举证的《邳州市农村信用合作联社 Y 干部职工违规违纪处罚暂行规定》第三十七条规定："因违反计划生育政策和有关规定的，除按行为人所在地方政府的有关规定给予处罚外，还视情节给予记过直至开除处分。"据此规定，X 身为企业职工计划外生育，违反了该规定，但是对其做出最为严重的开除处分并不是唯一的选择。从处分种类的排列先后来看，记过、记大过、开除留用在本案中并非不可适用。如 Y 坚持对 X 做出开除处分，应当举证证明开除处分较其他处分行为更具有合理性，否则是不能对 X 做出开除处分的。

从 Y 作出的《关于解除 X 劳动合同的决定》所适用的法律依据和政策文件分析，《中国共产党纪律处分条例》是处分违反党的纪律的中共党员的依据，而不能作为解除劳动合同的法律依据。《江苏省人口与计划生育条例实施细则》和《徐州市实施〈江苏省人口与计划生育条例〉办法》对于违反计划生育规定的职工规定了处分的情形和种类。Y 如以 X 违规超生而解除与 X 的劳动合同，需举证证明 X 违规超生的行为达到了情节严重的程度。

综上，鉴于 Y 不能举证证明 X 违规超生的行为严重违反了用人单位的规章制度，故其解除与 X 的劳动合同的决定依据不足，应予撤销。判决 Y 继续履行其于 2010 年 7 月 1 日与 X 签订的劳动合同。

（二）用人单位管理劳动者生活方式的边界

用人单位对劳动者的惩罚应被限制在履行劳动合同义务的劳动过程和劳动组织中，而不能扩张至劳动者的生活。劳动者因签订劳动合同而被纳入企业组织服务，负有遵守劳动合同中为维持企业秩序而规定的附随义务，但企业的经营管理权仅限于工作方面。下文的判例 10 中用人单位对劳动者上下班的交通方式做出了规定，最终被法院认为超出了用人单位管理权的边界，成为《中华人民共和国最高人民法院公报》刊登的典型案例。判例 11 与办公室恋情有关，用人单位能否因为办公室婚恋而单方解除劳动合同也是现实中常常发生的争议。从合理性的角度出发，如果婚恋可能构成工作中的利益冲突，对用人单位的生产经营产生实质的影响，则用人单位可以在规章制度中规定相应的披露制度，否则不应有过多干涉。

判例 10

打黑车解雇判例之京隆科技（苏州）公司解雇案①

劳动者：张某，以下简称 X。

用人单位：京隆科技（苏州）公司，以下简称 Y。

案情简介：

① X 于 2007 年 11 月 5 日进入 Y 工作，于 2007 年 12 月 26 日与 Y 签订劳动合同，合同期限为 2007 年 12 月 26 日至 2010 年 12 月 6 日，岗位为设备维护工程师。

② 2009 年 4 月 13 日为休息时间，X 于当日上午 10：30 前后乘

---

① 张建明诉京隆科技（苏州）公司支付赔偿金纠纷案二审民事判决书，江苏省苏州市中级人民法院，裁判日期：2010 年 3 月 25 日，《中华人民共和国最高人民法院公报》2014 年第 7 期（总第 213 期）。

坐非法营运车辆至公司宿舍区，被宿舍区警卫人员发现，警卫人员随即根据相关规定对其进行记录并通报主管人员。在对事件的经过进行反复核对查明后，Y 立即做出了解除与 X 的劳动合同的处理，并通知 X 办理相应的离职手续。因 X 不来办理离职手续，公司人事部门于 4 月 20 日发出离职通知单，以 X 乘坐非法营运车辆为由通知 X 解除劳动合同，并完成了后续的离职及退工备案手续。X 认为，Y 解除劳动合同的行为无事实与法律依据，属违法解除劳动合同，遂提起仲裁，后又诉至法院。

③ Y 曾于 2008 年 9 月 8 日召开职工代表大会，以乘坐非法营运车辆存在潜在工伤危险为由，通过"不允许乘坐黑车，违者以开除论处"的决议。Y 认为其制定的规章制度并未超出劳动过程及劳动管理范畴，对 X 的处理并无不当。

法院裁判要旨（一审）：

① 用人单位的规章制度是用人单位制定的组织劳动过程和进行劳动管理的规则和制度，也被称为企业内部劳动规则。规章制度既要符合法律、法规的规定，也要合理。

② Y 有权通过制定规章制度进行对正常生产经营活动的管理。但对于劳动者在劳动过程及劳动管理范畴以外的行为，用人单位应进行倡导性规定，对于遵守规定的员工可给予奖励，但不宜进行禁止性规定，更不能对违反此规定的员工进行惩罚。

③ Y 以乘坐非法营运车辆存在潜在工伤危险为由，规定员工不允许乘坐黑车，违者开除。该规定已超出企业内部劳动规则的范畴，且乘坐非法营运车辆行为应由行政机关依据法律或法规进行管理，用人单位无权对该行为进行处理。工伤认定系行政行为，工伤赔偿责任是用人单位应承担的法定责任，Y 通过规章制度的设置排除工伤责任没有法律依据。故 Y 不得依据该规定对 X 进行处理。

法院裁判要旨（二审）：

① 用人单位规章制度指用人单位依法制定的、仅在本企业内部实施的、与组织劳动过程和进行劳动管理相关的规则和制度，是用人单位和劳动者在劳动过程中的行为准则，也被称为企业内部劳动规则，其内容主要包括劳动合同管理、工资管理、社会保险、福利待遇、工时休假、职工奖惩以及其他劳动管理等。

② 规章制度作为用人单位加强内部劳动管理，稳定、协调劳动关系，保证正常劳动生产秩序的一种管理工具，在日常的劳动秩序中确实发挥着重要作用。但是，规章制度既要符合法律、法规的规定，也要合情合理，不能无限放大乃至超越劳动过程和劳动管理的范畴。

③ 本案中，X 乘坐黑车行为的发生之日正值其休息时间，劳动者有权利支配自己的行为，公司不能以生产经营期间的规章制度约束员工休息期间的行为。单位职工乘坐何种交通工具上班是职工的私人事务，用人单位无权做出强制规定，如果劳动者确有违法之处，也应由国家行政机关进行处罚。因此，Y 因 X 乘坐非法营运车辆而解除劳动合同的行为系违法解除，损害了劳动者的合法权益，应当按劳动合同法之规定，向 X 支付赔偿金。

判例11

办公室恋情解雇判例之
吉林华商传媒有限公司解雇案①

劳动者：夏某，以下简称 X。

----

① 夏某与吉林华商传媒有限公司劳动争议一审民事判决书，吉林省长春经济技术开发区人民法院［（2013）长经开民初字第02029号］，裁判日期：2013年12月23日。

用人单位：吉林华商传媒有限公司，以下简称 Y。

案情简介：

① 2012 年 4 月 25 日，X 与 Y 签订了 3 年的劳动合同，合同截止日期为 2015 年 4 月 24 日，担任该司发行中心大客户部（现更名为多经业务部）快递项目运营专员（后岗位名称调整为仓储调度、仓运主管）一职。

② 2013 年 4 月，Y 以 X 先后与两名女同志保持恋爱关系，致使女员工发生争执（争执与事实不符）为由，辞退 X。

③ X 主张自己在工作期间未违反公司规章制度，未违反劳动纪律，未违反劳动法明文规定的任何劳动法规，Y 单方面提出解约为无效、非法的解约。且 X 提出 Y 在下发的《解除劳动关系通知书》中通报的内容严重影响了其名誉，侵犯了其名誉权及隐私权，要求 Y 停止侵害，并进行书面道歉。

④ Y 主张：X 在工作期间同时与办公室两名职员保持恋爱关系，其中一人怀孕，该职员向公司领导反映了情况；X 在个人问题处理方式上的不理智导致两名女职工在办公室内谩骂和殴打，给公司造成了恶劣影响；X 做事风格与公司严重不符，Y 不可能允许这样的员工及事态存在于办公室内；公司依据员工劳动纪律管理办法的规定解除与 X 的劳动合同之决定并无违约之处。

法院裁判要旨：

① Y 以 "X 的行为严重影响了单位的正常工作秩序，给单位造成极其恶劣的影响" 为由与 X 解除劳动关系，并认为 X 在工作期间与本单位同部门的两位女同志先后保持恋爱关系，并且致使两位女同志在单位发生争执，但是未提供相关证据予以支持。因此 Y 解除劳动合同缺乏事实依据，违反法律规定，故 X 主张被告支付违法解除劳动合同的赔偿金的请求符合法律规定，应予支持。

② 关于 X 要求 Y 停止侵害名誉权、隐私权的诉讼请求，与本案不属于同一法律关系，本案不予审理，X 可另行主张。

（三）严重程度的判断

对于劳动者违章行为的严重程度的判断，法律并没有直接的规定，现主要依靠判例和行情逐渐形成的标准。判例 11 与判例 12 就分别呈现了两种不同类型的事件中的严重程度判断。

判例 12

有违职业道德解雇判例之无锡诚隆超市有限公司解雇案①

劳动者：戎某，以下简称 X。

用人单位：无锡诚隆超市有限公司，以下简称 Y。

案情简介：

① X 于 2001 年 12 月 10 日进入 Y 工作。2011 年 12 月 21 日，双方签订无固定期限劳动合同，合同期限自 2012 年 1 月 1 日起，X 担任 Y 工程部维修经理。

② 2013 年 7 月，X 受指派至常州处理门店闭店后的废旧资产。7 月初，X 曾向某物资回收有限公司的廖某和某废品回收站的王某发短信，告知其废旧资产处置的事宜。同月 12 日晚上，X 与廖某一起吃晚饭，席间曾饮酒，饭后双方又至 KTV 娱乐，其间曾有女性陪唱、服务，此次消费 X 未付款。此后，X 再与廖某一起吃过一顿午饭，席间曾饮酒、抽中华烟，费用由廖某支付。后廖某未中标，遂对 X 进行投诉。Y 对投诉情况进行了调查。

---

① 无锡诚隆超市有限公司与戎某经济补偿金纠纷一审民事判决书，江苏省无锡市北塘区人民法院 [（2014）北民初字第 1130 号]，裁判日期：2015 年 2 月 10 日。

③ 同年 12 月 9 日，X 在上班途中遭遇车祸，并于同月 13 日接受肩锁关节复位固定治疗。同月 31 日，无锡市人力资源和社会保障局认定 X 此次受伤为工伤。X 遵医嘱休养了 4 个月，于 2014 年 4 月 28 日复工。

④ 2014 年 5 月 19 日，Y 经工会同意，以 X 接受潜在供应商宴请从事喝酒和其他娱乐活动的行为已严重违反公司《员工手册》及《道德操守规范》的相关内容为由，与 X 解除劳动合同关系，并向 X 邮寄送达解除劳动关系的函件。并且 Y 主张与 X 解除劳动合同所依据的《员工手册》通过民主程序制定，且已告知、送达 X；《道德操守规范》作为《员工手册》的附件多次在《员工手册》中被提及，并已在公司内部网站中公告，员工可以通过内部网站查看。其中《道德操守规范》中规定，"盗窃、赌博、收受回扣或贿赂等涉嫌违法的行为"与"任何违反公司利益冲突原则的行为"都属于会导致立即解聘的行为。

⑤ X 于 2014 年 6 月 5 日向无锡市劳动人事争议仲裁委员会申请劳动仲裁，要求 Y 支付违法解除劳动合同的赔偿金。X 认为自己工作近 13 年来从未违反 Y 的规章制度。X 主张：Y 于 2014 年 5 月 19 日以 X 接受潜在供应商宴请从事喝酒和其他娱乐活动的行为已严重违反《员工手册》及《道德操守规范》的相关内容为由，单方面解除与自己的劳动合同关系之时，距 X 吃喝行为已过 9 个多月；且其是受朋友邀请，在不知情的情况下与所谓的潜在供应商发生第一次吃饭；第二次吃饭时，自己已向上述人员支付了 100 元餐费。因此，X 认为 Y 认定自己严重违反公司规章制度缺乏事实依据。

法院裁判要旨（一审）：

X 在 7 月初即向廖某发送过与工作相关的短消息，其应当意识到廖某潜在供应商的身份。在第一次与廖某吃饭时，即使如 X 所称是受朋友邀请且起先不认识廖某，但在意识到廖某的身份后，其应当考虑到双方在这段时期内的特殊身份，此时与廖某接触可能会与公司利益产生冲突，在此情况下，X 完全可以不接受廖某的款待。可是 X 不但在朋友并未到场的情况下与廖某一起吃饭、喝酒，并且在饭后，在朋友仍未到场的情况下，还与廖某一起赴 KTV 娱乐，其间还有女性陪唱、服务，此种行为已超出正常范畴。廖某再次邀请 X 时，X 已完全了解廖某的身份及目的，但其并未拒绝，仍与廖某一起吃饭、抽烟、喝酒。虽然 X 主张其向廖某付过 100 元餐费，但并未举证证明。

综上，可以认定 X 的行为严重违反了 Y 的《员工手册》及《道德操守规范》中关于不得接受来自潜在供应商的礼品及款待的规定，Y 据此解除与 X 的劳动关系并无不当。根据法律规定，在 X 严重违反用人单位的规章制度的情况下，Y 可以单方与 X 解除劳动合同关系，并不受 X 因工受伤在规定医疗期内的限制。

判例 13

严重工作事故解雇判例之
南京欣网视讯通信科技有限公司解雇案①

劳动者：于某，以下简称 X。

用人单位：南京欣网视讯通信科技有限公司，以下简称 Y。

案情简介：

① 2001 年 2 月 7 日，X 开始在 Y 工作。2011 年 12 月，双方签

---

① 南京欣网视讯通信科技有限公司与于长彬劳动合同纠纷再审复查与审判监督民事裁定书，江苏省高级人民法院［（2014）苏审三民申字第 00988 号］，裁判日期：2015 年 1 月 19 日。

订无固定期限劳动合同，合同约定Y安排X在运营支撑中心从事相关工作。2012年7月，X被派至Y在北京的客户处从事技术工作。

②2012年10月26日发生致使客户国际漫游呼叫出现故障的严重事故。2012年10月30日，Y的客户发出《关于Y工程师错改ISTP数据引发国际漫游呼叫故障的通报批评》，该通报批评指出：2012年10月26日下午，工程师X协助用户创建北京三元桥ISTP局链路数据，在创建不成功的情况下，X没有按照流程通过分公司开Caresticket升级二线寻求专家支持，而是违反操作规程擅自修改重要系统数据，导致该ISTP数据紊乱，信令转发几乎全阻，从而造成在10月26日下午到夜里的约6个小时内，联通大范围国际漫游呼叫业务受损。客户通报的处理措施为："1.对Y通报批评一次；2.工程师X停止借用，并退回Y，上海贝尔在后续的项目中也将不再使用该工程师；3.要求Y制定详细的网络安全保障措施，并制定详细的落实计划，确保不再出现网络安全故障。"

③2012年11月12日，X向Y提交有关此次事故的检讨书，X承认自己有一定的判断失误。同日，Y作出《关于对北京分公司10月26日安全事故的处理通告》："依据员工手册和公司有关规章制度，对相关责任人做如下处理：1.公司总经理马某负有领导责任，责成其向董事会做出检讨，并赔罚人民币10000元；2.北京分公司总经理张某负有领导和管理责任，责成其向公司做出检讨，免去其北京分公司总经理职务，并赔罚人民币5000元；3.北京分公司项目经理左某负有项目管理责任，责成其向公司做出检讨，免去其项目经理职务，扣除其10月全额绩效工资；4.执行工程师X负有直接责任，责成其向公司做出检讨，扣除其10月和11月全额绩效工资，回公司听候处理。"

④2013年1月11日，Y以X于2012年10月26日在北京区域

项目从事技术工作时因违规操作和失职造成重大安全事故，给客户和公司造成重大市场、声誉损失且严重违反公司规章制度为由，解除与 X 的劳动合同。Y 于当天下午将解除通知书送达 X 手中。

⑤ Y 提供的员工手册第 10.2.1.2 条规定："有以下行为之一列为严重违纪行为，对违纪人处以 200 元以上、1000 元以下的罚款，同时做解除劳动关系处理，必要时追究违纪人的经济或法律责任：……（12）在顾客现场施工，不遵守规范，引起顾客不满，遭到顾客投诉；（13）不执行工作规范，造成严重后果。"Y 在 OA 系统中向全体员工公布过员工手册，X 表示曾在 OA 系统中点击看过，但未认真阅读。

⑥ 根据《中华人民共和国安全生产法》的释义，所谓安全事故，是指在生产经营活动中发生的意外的突发事件的总称，其有具体的人员伤亡或财产损失评价标准。X 主张自己的行为没有达到"重大事故"的认定标准，不认可单位的解除行为，提起仲裁诉讼。

法院裁判要旨（再审）：

对于 X 主张的讼涉工作事故尚未达到造成严重后果的标准，其主张的依据是《中华人民共和国安全生产法》中关于"生产安全事故"的定义。从立法目的上看，《中华人民共和国安全生产法》所调整的法律关系与《中华人民共和国劳动合同法》所调整的法律关系并非同一法律关系，其对"生产安全事故"的定义显然不能照搬适用到《中华人民共和国劳动合同法》中有关概念的认定上。在本案中，该事故造成了联通大范围国际漫游呼叫业务受损约 6 个小时的客观后果，Y 受到其重要客户通报批评，公司总经理、北京分公司总经理分别受到了罚款、免职等处理，这些足以证明 X 行为所造成的后果的严重程度。

四　劳动规章制度的修改和解释

劳动规章制度在制定实施后，可能出现适用上的不足和歧义，这时如果能结合语义表达和实际情形，则用人单位可以进行解释，但要确保解释合理合法。如果有必要进行修改，则用人单位同样须遵守民主程序和公示告知方面的程序。不过在因语义歧义而发生理解争议时，用人单位应主动优先适用对劳动者有利的解释，以消除抱怨、化解矛盾；后续再启动修改程序加以完善，并进行有效的公示告知。

判例 14

修改劳动规章制度判例之

上海国光科技新材料有限公司解雇案①

劳动者：肖某，以下简称 X。

用人单位：上海国光科技新材料有限公司，以下简称 Y。

案情简介：

① X 于 2009 年 9 月 18 日进入 Y，从事门卫安保工作。

② 2014 年 10 月 29 日，Y 出具人事公告，内容为："警卫 X 于 10 月 26 日晚夜班时对公司女同事张某进行骚扰。经查他对其他女同事（也）有不雅举动，造成不好的影响，导致女同事不敢上夜班的恶果，现公司决定予以开除。"

③ Y 依据的员工手册第七章第八条第 8 节"犯有其他过失，如

---

① 肖某与上海国光科技新材料有限公司劳动合同纠纷二审民事判决书，上海市第二中级人民法院［（2015）沪二中民三（民）终字第 681 号］，裁判日期：2015 年 9 月 2 日。

厂内打架、偷窃、性骚扰等刑事犯罪情节特别严重者"中，"性骚扰"的内容是事后添加的，该规定与 X 保管的员工手册中的"犯有其他过失，如厂内打架、偷窃等情节特别严重者"不一致。Y 在庭审时认可"性骚扰"为后添加的条款，并提交了工会会议记录、意见书、人事公告张贴照片，旨在证明 Y 就解除与 X 的劳动合同的事宜已征求工会的意见，已于 2014 年 10 月 28 日张贴人事公告告知全体员工修改员工手册一事。

④ X 认为 Y 将自己与同事之间的玩笑、打闹定义为性骚扰，并将自己开除，系违法解除劳动合同，且 Y 规章制度中关于"性骚扰"的规定是事后伪造的，Y 随意更改规章制度，就是为了开除自己。因此，X 提起仲裁，后又诉至法院。

法院裁判要旨（二审）：

① 男女同事之间的交往应当遵循公序良俗，X 的行为已经超出男女同事间正常交往的尺度，且 X 在事发后不以为然，认为只是同事间的玩笑、嬉闹，并未有深刻的认识和反省，拒绝在其主管的陪同下向张某道歉。同时，Y 人事主管陈某的证词证明了之前 X 对公司其他女员工亦有过抱、摸、拍的不雅行为，女员工因此不愿意上夜班。故 Y 在人事公告中所述开除 X 的事实理由成立。

② 事发后，Y 为警示其他员工，在 10 月 28 日修改了员工手册，此修改系 Y 对"其他过失"的具体情节的补充描述，本质上仍然规定在员工犯有"情节特别严重的其他过失"时可以将其开除，并无不当，且该修改内容已经公示，本院予以确认。

③ X 对张某及其他女同事的不雅行为，严重影响了 Y 的正常生产经营秩序，其行为属于员工手册规定的"情节特别严重的其他过失"的情形，故 Y 在征求工会意见后于 10 月 29 日将 X 开除，程序上亦无不当之处。

第五章
休假管理的边界

在劳动关系中，劳动者通过建立劳动关系，把自己的劳动力使用权让渡给用人单位。这时，用人单位是劳务的债权人，劳动者是提供劳务的债务人。根据债权法的原则，休息休假其实是劳动债务不履行，根据民法上的风险分担原则，在双方均无责任时后果由债务人负责，劳动者相应地失去工资请求权。然而由于劳动关系的特殊性，劳动法赋予了劳动者免于履行劳动义务而自行支配的时间，这时上述民法原则就不再适用了。

休假指劳动者本来有劳动义务，但因为某些预先设定的原因而被免除劳动义务的日子。这种预先设定的原因通常由法律予以保障，由企业的规章制度或者集体合同、劳动合同予以明确。休假是工作同家庭、社会的联结点，随着社会生活发生变化，休假制度也在发展。一方面，合理的休假制度能够在保障劳动者收入的同时，使劳动者有更多的闲暇投入家庭与社会，有利于劳动者恢复体力和精力，也有利于社会整体劳动力素质的提升。另一方面，从国家政策层面考虑，合理的休假制度在一定程度上可以创造更多的就业岗位，扩大就业。本章将根据事由不同分别讨论各种休假，并通过判例说明在休假事项中用人单位的管理权边界。

一 全民福利性休假

（一）法定假

法定假是由国家法律统一规定的有纪念和庆典含义的假日。《中华人民共和国劳动法》第四十条规定，"用人单位在下列节日期间应当依法安排劳动者休假：（一）元旦；（二）春节；（三）国际劳动节；（四）国庆节；（五）法律、法规规定的其他休假节日"。具体来说，自 1949 年 12 月 23 日政务院发布《全国年节及纪念日放假办法》以来，我国就确立了法定年休假制度。该制度经历了 1999 年、2007 年、2013 年三次修改，目前的全民法定节假日为元旦、春节、清明、端午节、劳动节、中秋节和国庆节，共 11 天。

法定节假日是全民福利，不管是标准工时制的劳动者，还是综合计算工时制或不定时工时制的劳动者，在法定节假日都享有休息的权利。而且这些假期由于有庆典和纪念的含义，当天不能休息需要工作的不能补休，只能通过依法支付不低于工资 300% 的加班报酬来补偿。

（二）带薪年休假

带薪年休假是在每一年度中劳动者可以享受的带薪休息日。在劳动者年休的同时，用人单位承担着支付工资的义务，这一义务并不是来自双方间的合同关系，而是来自法律的规定。《中华人民共和国劳动法》第四十五条规定："国家实行带薪年休假制度。劳动者连续工作一年以上的，享受带薪年休假。具体办法由国务院规定。"这条规定在 1995 年 1 月 1 日生效，不过直到 2008 年国务院出台《职工带薪年休假条例》，这种休假才真正有了具体规则。随后人力资源和社会保障部制定的《企业职工带薪年休假实施办法》对规则又进行了进一步的细化。

带薪年休假一方面目的在于令劳动者从疲惫的工作中解放出来,休养身心,享受文化生活;另一方面从宏观经济发展的角度讲,是在为扩大消费、拉动经济创造条件。因此,带薪年休假属于包含政策目的的全民福利。从适用范围看,只要劳动者连续工作1年以上即享有年休权,不要求劳动者在同一用人单位连续工作。不过对于连续工作1年的具体标准,以及何种情况算中断,目前还没有太多法律积累。现实中用人单位往往倾向于以劳动者开始进入劳动力市场的时间为统计起点。根据《职工带薪年休假条例》第三条,具体天数为"职工累计工作已满1年不满10年的,年休假5天;已满10年不满20年的,年休假10天;已满20年的,年休假15天"。为了给劳动者提供更好的福利,用人单位可以通过规章制度规定比法定标准多的带薪年休假天数。在很多有外资背景的企业中,受投资国休假制度的影响,员工享有的带薪年休假天数通常会更多。

虽然法律对于带薪年休假的实现有详细规定,但具体落实还是依靠用人单位的安排。具体而言就是《职工带薪年休假条例》第五条"单位根据生产、工作的具体情况,并考虑职工本人意愿,统筹安排职工年休假"。也就是说,带薪年休假的安排权在用人单位。劳动者可以就带薪年休假的情况提出申请,用人单位应该通过工作调配、员工之间相互配合等努力,尽量使劳动者在希望的时间点休假。即使劳动者没有主动提出申请,用人单位也应提前进行统筹安排。用人单位确因工作需要不能安排劳动者休年假的,经劳动者本人同意,可以不安排其休年假。对于劳动者未休的年假,用人单位应当按照劳动者本人日工资收入的300%

支付年休假工资①，即通过增加成本的方式使用人单位积极配合劳动者年休权的落实。现实中，关于带薪年休假的争议往往集中在劳动者既没有休假也没有拿到工资补偿的情况。这时的补偿还经常在时效上出现争议，本章的判例 1 就是此种情况。司法实践通常将带薪年休假工资补偿认定为工资，适用《中华人民共和国劳动争议调解仲裁法》中的特殊时效规则，从而使劳动者工作以来未休年假的补偿得到支持。

判例 1

带薪年休假补偿时效判例之

北京高腾物业管理有限公司工资支付案②

劳动者：张某，以下简称 X。

用人单位：北京高腾物业管理有限公司，以下简称 Y。

案情简介：

① 2010 年 8 月 26 日，Y 与 X 签订书面劳动合同，约定合同期限为 2010 年 8 月 26 日至 2012 年 8 月 26 日。2012 年 8 月 29 日，双方续签劳动合同，期限为 2012 年 8 月 29 日至 2014 年 8 月 29 日。X主张自工作以来从未休过带薪年休假。

② X 于 2013 年 11 月 21 日以 Y 在 2010 年 8 月 30 日至 2013 年 11 月 21 日未依法为 X 缴纳社会保险为由，向 Y 送达解除劳动关系通知书。X 在当日还向劳动仲裁委员会申请仲裁，要求 Y 支付工作

---

① 这里的 300% 工资报酬和法定节假日加班工资的 300% 不同。这里的 300% 包含已经正常支付给劳动者的工资，所以最终发放的时候是按照 200% 的标准核发补偿。

② 北京高腾物业管理有限公司与张志明劳动争议一审民事判决书，北京市朝阳区人民法院〔（2014）朝民初字第 27229 号〕，裁判日期：2014 年 10 月 10 日。

期间年休假工资等各项。Y主张X关于年休假的请求按照相关法律规定已经超过诉讼时效。

③ 劳动仲裁委员会裁决后，Y诉至法院。

法院裁判要旨：

Y未安排X休相应年度的带薪年休假，亦未向X支付未休年休假工资，故Y应当依法向X支付未休年休假工资。

未休年休假工资的性质属于劳动报酬，X系在劳动关系终止之日起一年内提出仲裁，并未超过仲裁时效。故Y要求判令其无须向X支付未休带薪年休假工资的诉讼请求依据不足，法院不予支持。

二 个人状况与休假

（一）病假

劳动者在劳动关系的履行过程中难免会生病，生病就会涉及请病假的问题。用人单位应保障劳动者生病休息并接受治疗的权利。而对于劳动者的身体状况是否需要休息，用人单位并没有判断权，而应该尊重医疗机构的诊断。也就是说，在劳动者能够有效证明医生诊断其应该休息时，用人单位需要准许其休息。这时从保护劳动者健康权的角度出发，用人单位应尊重对劳动者身体状况的医学判断。本章判例2中的劳动者在获得医疗机构的诊断证明后养病休息，但在此期间劳动者远赴巴西旅游，被用人单位得知，于是用人单位认为劳动者提供了虚假病假信息并将其解雇。劳动者认为其有权利选择病休的具体方式和地点，所以诉至裁审机构。法院认为，劳动者是否患病需要休息应以医疗机构出具的诊断证明及休假证明为依据，用人单位不能做主观判断。用人单位的规章制度没有对员工病休地点做出限制性规定，法律也没有相关规定，所以劳动者在病休期间前往巴西并没有违反规章制度及法律。法院最终判令劳动合同继续履行。

关于请病假的程序，用人单位可以在规章制度中写清其具体规则以便要求劳动者遵守，但它也需要符合合理性原则。疾病往往具有突发性和不可预测性，因此应允许员工在合理的期限内补全请假程序，而不能一味地要求员工提前多少天告知。而且在劳动者出现临时缺岗的情形时，用人单位要积极和劳动者进行沟通核实，了解劳动者不能到岗是否有突发性疾病的原因，之后才能决定劳动者是否旷工。例如在判例3中，劳动者就因未到岗而被认定为旷工，但劳动者有医嘱证明自己生病需要休息，且劳动者恰好是孕期劳动者，因此最终法官认定劳动者不是无故旷工，倡导用人单位应对怀孕女职工实行人性化管理。实际上，很多孕期女性出于各种原因需要休息治疗，在这种情况下如果已经超出正常产前检查的范围，则劳动者需要向用人单位申请病假，用人单位需要尊重医嘱进行相应安排。

关于病假工资，各地有不同的规定。例如，《北京市工资支付规定》第二十一条规定："劳动者患病或者非因工负伤的，在病休期间，用人单位应当根据劳动合同或集体合同的约定支付病假工资。用人单位支付病假工资不得低于本市最低工资标准的80%。"这一法定标准并不高，很多用人单位都根据实际情况确定了高于此的标准。又如，在本章判例4这一发生在上海的病假工资争议中，按照上海市的标准，病假工资的计算是以劳动者本人的工资为基数，根据工龄和病休时间的不同而适用不同的比例，判旨中对其有具体引述。

这里还要说明的是，病假和医疗期并不是完全相同的概念。根据《企业职工患病或非因工负伤医疗期规定》（劳部发〔1994〕

479 号），"医疗期是指企业职工因患病或非因工负伤停止工作治病休息不得解除劳动合同的时限"。根据此规定，每位劳动者在某一特定时点依据实际参加工作年限和在本单位工作年限两个指标就可以计算出特定的医疗期，在此期间法律对劳动者进行更严格的解雇保护。医疗期因生病而起，实际上是因劳动法律规定而计算出来的固定期间。而病假指疾病导致的由医生决定的治疗休息期，其长短根据病情的不同而发生变化，病情容易治愈则病假短，病情严重则因治疗漫长而病假期长或不确定。这时可能出现病假时间超过医疗期但劳动者仍然不能工作的情况。

判例 2

病假的判断权判例之

北京阿里巴巴云计算技术有限公司解雇案①

劳动者：丁某，以下简称 X。

用人单位：北京阿里巴巴云计算技术有限公司，以下简称 Y。

案情简介：

① X 于 2013 年 1 月 28 日入职阿里巴巴（科技）北京有限公司，后非因其原因用人单位的主体变更为 Y。2013 年 4 月 1 日，Y 与 X 签订了劳动合同，合同期限自 2013 年 4 月 1 日起至 2016 年 1 月 27 日止。X 任云 OS - 大客户商务资深经理一职。

② 2013 年 4 月 19 日，X 以"头痛""颈椎问题严重"为由，通过发送电子邮件申请休病假两周，Y 批准。X 于 2013 年 4 月 19 日前往巴西，2013 年 5 月 4 日回国返回工作岗位。

---

① 北京阿里巴巴云计算技术有限公司与丁佶生劳动争议二审民事判决书，北京市第一中级人民法院［（2015）一中民终字第 650 号］，裁判日期：2015 年 2 月 6 日。

③ 2013 年 5 月 16 日，Y 向 X 送达了解除劳动合同通知书，主要内容为："您提出两周病假全休申请后当日即赴巴西出境旅游，属提供虚假申请信息并恶意欺骗公司，上述行为严重违反了公司规章制度，公司决定立即解除与你的劳动合同，劳动合同解除日期为 2013 年 5 月 16 日。"

④ X 认为其有权选择休息治疗的地点和方式，以要求撤销 Y 对其做出的解除劳动合同的决定并继续履行劳动合同为由，向劳动人事争议仲裁委员会提出申诉。仲裁裁决认为 Y 于 2013 年 5 月 16 日对 X 做出的解除劳动合同决定不能成立，双方应继续履行所签合同。Y 不服仲裁裁决，上诉至人民法院。一审支持 X，Y 提起上诉。二审驳回上诉，维持原判。

法院裁判要旨（二审）：

劳动者在与用人单位履行劳动合同期间，因患病需要休息，应以医疗机构出具的诊断证明及休假证明为依据。

在本案中，X 提交了医院出具的诊断证明书、病历手册、医疗费单据及病休两周的证明等证据材料，在 Y 未提供相反证据的情况下，法院可以认定 X 的就诊情况属实。Y 主张 X 在休病假期间长途飞行前往巴西，表明 X 所谓的病情并未达到需要全休的程度，属于 Y 的主观判断。X 的病情是否需要全休显然应当以医疗机构出具的休假证明为准。

Y 的规章制度中并没有对员工休病假期间的休假地点做出限制性规定，同时法律也对此无限制性规定，这意味着 X 在休病假期间前往巴西这一行为本身并没有违反规章制度及法律。故 Y 以 X 严重违反企业规章制度为由决定与 X 解除劳动合同，缺乏法律依据，上述解除劳动合同的决定应予撤销，双方应继续履行劳动合同。

判例3

未及时履行请假手续解雇判例之
北京通恒泛讯电信技术有限公司解雇案①

劳动者：李某，以下简称 X。

用人单位：北京通恒泛讯电信技术有限公司，以下简称 Y。

案情简介：

① X 于 2010 年 8 月 2 日入职 Y，担任销售员。

② X 在怀孕期间，于 2013 年 6 月 6 日、6 月 7 日、6 月 9 日、6 月 13 日未出勤，也未按照规定履行请假手续。2013 年 6 月 14 日，Y 通过电子邮件向 X 送达了《解除劳动合同通知书》，决定辞退 X，辞退原因及意见为："依据我公司员工手册规定，一年内连续旷工 2 天以上或累计旷工达到或超过 16 小时属于严重过失。该员工于 2013 年 6 月多日旷工，已构成严重过失，依据我公司相关规定，于 2013 年 6 月 14 日解除与该员工的劳动合同，并不予赔偿。"之后，X 通过录音、电子邮件等证据，证明其已经向相关主管领导请假。Y 认为 X 的请假程序没有按照规章制度中的报批、备案程序执行。

③ X 提起仲裁、诉讼，要求确认 Y 为违法解雇。

④ 补充说明：X 提交的检验结果报告单、门诊收费收据、诊断证明，以及法院在某妇幼保健院调查核实的情况，证明了 X 因怀孕于 2013 年 6 月 6 日、6 月 7 日、6 月 12 日在某妇幼保健院就诊的事

---

① 李婵姬与北京通恒泛讯电信技术有限公司劳动争议二审民事判决书，北京市第二中级人民法院［（2014）二中民终字第 06578 号］，裁判日期：2014 年 11 月 6 日。

实，以及某妇幼保健院于 2013 年 6 月 12 日为 X 开具"建议休息一周"的诊断证明一事。

法院裁判要旨（二审）：

① 法院根据证据，认定 X 并不属于无故旷工。Y 单方解除劳动合同违法，应支付违法解除劳动合同的赔偿金。

② 女职工不仅参与社会生产，还承担着生育、抚养下一代的责任。孕期正是妇女需要充分保障的时期，对怀孕女职工给予合理保障，不仅是为了保护女职工自身的权益，更是为了保障下一代健康成长。用人单位作为直接组织女职工参与社会生产的机构，除追求利润、实现经济效益外，还应承担起保障怀孕女职工职业稳定的社会责任。用人单位在对员工进行规范化管理的同时，应考虑到怀孕女职工的特殊身体状况，对待怀孕女职工不宜过于严苛，在不影响用人单位生产经营的合理范围内，对怀孕女职工实行人性化管理，多一分宽容和体谅，提升人文关怀。这样做不仅能够保护女职工的合法权益，还有利于构建和谐劳资关系，增强企业的向心力、凝聚力，促进企业发展和社会进步。

判例 4

病假工资判例之

北京外企德科人力资源服务上海有限公司劳动报酬案①

劳动者：孙某，女，住上海市，以下简称 X。

---

① 孙洁与北京外企德科人力资源服务上海有限公司、香港嘉荣顾问有限公司上海代表处追索劳动报酬纠纷一审民事判决书，上海市黄浦区人民法院 [（2015）黄浦民一（民）初字第 10526 号]，裁判日期：2016 年 3 月 24 日。

劳务派遣单位：北京外企德科人力资源服务上海有限公司，以下简称Y。

用人单位：香港嘉荣顾问有限公司上海代表处，以下简称Z。

案情简介：

① X于2011年5月11日入职Z工作，任职总经理，税后月工资为15000元，扣除社会保险费用实得14680.50元。2013年4月17日，X与Y签订劳动合同，约定由Y将X派遣至Z工作，劳动合同期限及派遣期限均为2013年4月17日至2015年4月18日。劳动合同另约定X的劳动报酬以X与Z的约定为准，病假工资按合同履行地的政策法规执行。

② 2015年6月30日至7月2日，X休病假。2015年7月3日至15日，X正常出勤。2015年7月16日至9月30日，X休病假。Z未支付X于2015年7月1日至9月30日的工资。

③ 2015年10月20日，X向上海市黄浦区劳动人事争议仲裁委员会申请仲裁，要求Y支付其2015年7月3日至15日的病假工资，以及2015年7月16日至9月30日的病假工资。

④ 后X不服仲裁裁决，诉至上海市黄浦区人民法院。

法院裁判要旨：

根据上海市病假工资计算的相关规定，用人单位与劳动者就病假工资基数无任何约定的，病假工资基数按照劳动者正常出勤月工资的70%确定，连续工龄满4年不满6年的，按病假工资基数的80%计发。同时，职工疾病待遇高于本市上年度月平均工资的，可按本市上年度职工月平均工资计发。

本案中，对于病假工资基数，无证据表明Y曾就病假工资基数与X有过明确约定，X要求以15000元的80%作为病假工资的计算基数缺乏事实依据，法院不予采信。根据双方劳动合同约定的"病假工资按合同履行地的政策法规执行"，X 病假工资应根据上海市病假工资计算相关规定进行计算。

（二）事假

事假指劳动者以各种非法律规定的理由提出请假，它并不是严格意义上的法律概念。由于事假属于劳动者单方提出的劳动义务不履行，因此它需要得到相对方的同意，而且用人单位有权不支付事假期间的工资。也就是说，对于劳动者的事假申请，用人单位有审批权，也有权不支付劳动报酬。只有用人单位批准，劳动者的事假才成立，否则将被视为旷工。对于事假是否批准、事假的长短、事假的申请审批流程，法律没有明确规定，而是交由用人单位通过规章制度加以明确。判例5中劳动者请事假过多，用人单位以此为理由解除双方的劳动合同，但被法院判定违法，理由是对于请事假一事，用人单位的权力在于是否批准，一旦批准就不应再进行惩罚，在不批准但劳动者拒绝劳动的情形下才可以进行惩罚。判例6是关于事假是否得到批准的典型争议，其中劳动者和其主管就请假事宜进行了电话沟通，但沟通中主管人员并没有明确不批准，也没有明确批准，这导致了争议。在这种情形下，可以结合用人单位的其他管理行为进行补充判断。比如判例6中，用人单位事后因劳动者未出勤扣发了工资，之后继续和劳动者保持劳动关系，这是事假得以追认的表示。数月后，用人单位重提此事，以请假未批准属于旷工为由解除与该劳动者的劳动合同，最终被二审法院判定解雇违法。从中可以看出，当因事假批准发生争议时，用人单位后期的处理和反馈是重要的参考因素。如果用人单位要对劳动者进行相应的处罚，也应在行使权力时遵循及时性原则。

判例5

事假解雇判例之
北京智鼎问道品牌设计有限公司解雇案①

劳动者：刘某，以下简称X。

用人单位：北京智鼎问道品牌设计有限公司，以下简称Y。

案情简介：

① X于2012年4月23日入职Y，试用期至2012年7月30日，试用期月工资为2400元。2012年7月30日，双方签订期限为2012年7月30日至2014年7月30日的劳动合同，岗位是摄影师，月工资为3000元。在双方劳动合同履行至2013年1月30日时，Y以X从入职开始累计请假15.5天、迟到10次，严重违反劳动合同约定为由，与X解除劳动合同。

② X向劳动争议仲裁委员会申请仲裁，要求Y支付违法解除劳动合同赔偿金等。后Y不服仲裁裁决，诉至法院。一审认为Y系违法解雇，Y又提起二审。

法院裁判要旨（二审）：

首先，Y未能提交书面的解除劳动合同通知书，仅凭员工离职单无法证明已告知X解除劳动合同的理由。其次，Y未能提交关于迟到达到一定次数可以解除劳动合同的规章制度，且X请事假已获得Y认可，Y再以X请事假过多为由与其解除劳动合同不妥。综上情形，原审法院认定Y构成违法解除劳动合同并无不当。

---

① 北京智鼎问道品牌设计有限公司与刘爽劳动争议二审民事判决书，北京市第二中级人民法院［（2013）二中民终字第17427号］，裁判日期：2013年12月16日。

判例 6

事假的批准权判例之
中国国际航空股份有限公司解雇案①

劳动者：张某，以下简称 X。

用人单位：中国国际航空股份有限公司，以下简称 Y。

案情简介：

① 2012 年 9 月 4 日，X 与 Y 签订劳动合同，建立劳动关系，双方劳动合同期限至 2015 年 9 月 30 日，X 工作岗位为初级客运员。该岗位实行综合计算工时制，每周连续上班四天再休三天，每天的上班时间为上午 5 时，下班时间根据航班情况确定。X 所在的团队负责北京至澳门的航线，该团队每天负责的航班为 3 个，即工作时间分为三个时段：早班航班为 5 时至 7 时 30 分，中午航班为 9 时至 12 时，下午航班为 13 时 10 分至 16 时 10 分。

② 2014 年 8 月 21 日，X 因突发事件不能于 8 月 22 日到北京上班，于是 X 向其主管请三天事假。其间 X 反复通过电话向公司主管人员申请于 8 月 22 日至 24 日休假，X 认为休假获得了批准。公司主管人员认为自己当时曾提出希望 X 能于 8 月 23 日乘坐早班飞机，但 X 未到岗。2014 年 8 月 26 日，X 在假期届满后（8 月 25 日为 X 正常休息时间）返回 Y 正常上班。

③ 之后 Y 未向 X 提出其之前的行为已构成旷工，直至 2014 年 10 月 X 发现其工资数额减少，通过反复核实情况，方知主管人员

---

① 张鑫禧与中国国际航空股份有限公司劳动争议二审民事判决书，北京市第三中级人民法院 [（2016）京 03 民终 6566 号]，裁判日期：2016 年 6 月 28 日。

上报 X 旷工三天。X 认为请假获得了批准，不同意以旷工为名扣发三天工资。

④ 2015 年 1 月 28 日，Y 以 X "2014 年请假未被批准不到岗上班"为由，当面与 X 解除劳动合同。X 认为请假得到了批准，至少次日早班以外的时间已经得到批准，不属于旷工情形；即使旷工，也已过去半年之久，且当时已经扣发工资；双方在此后半年的时间内均正常履行劳动合同，正常发放工资及福利待遇；Y 无限期延长了处理权，使双方劳动关系处于不稳定的状态，侵犯了 X 的合法权益。

⑤ X 向劳动人事争议仲裁委员会申请仲裁，要求裁决双方继续履行劳动合同。裁决后，双方诉至法院。

法院裁判要旨（二审）：

本案中 Y 与 X 均认可 X 在 2014 年 8 月 22 日至 8 月 24 日期间未正常出勤的事实，X 主张此期间系向主管请事假，但 Y 不予认可。根据 Y 所提供的证据中主管要求 X 至少于 23 日乘早班航班到岗的表述，以及 X 所提供的双方的对话录音中主管始终坚持 24 日未准假的情况综合分析，同时考虑到劳动争议案件中双方当事人举证能力的差别，能够认定 X 主张的 23 日 Y 批准其在早班航班后休事假的事实具有较高盖然性。

在 Y 认为 X 存在旷工行为并扣除其工资后，又于五个月后以 X 旷工为由向其发出解除劳动合同通知书亦属不妥。基于上述原因，本院认为 Y 以 X 三天连续旷工为由解除与其的劳动合同缺乏依据。但鉴于在一审审理期间，双方签订的劳动合同中约定的劳动合同期限已届满，对于 X 要求继续履行双方签订的劳动合同，本院难以支持。

三　家庭生活与休假

（一）婚假

婚假指劳动者本人在结婚时依法享受的假期。根据国家劳动总局、财政部1980年2月20日发布的《关于国营企业职工请婚丧假和路程假问题的通知》，"职工本人结婚或职工的直系亲属（父母、配偶和子女）死亡时，可以根据具体情况，由本单位行政领导批准，酌情给予一至三天的婚丧假"。同时，由于计划生育政策，曾经还有在满足晚婚年龄要求时劳动者可以申请休晚婚假的规定。但是随着2015年《中华人民共和国人口与计划生育法》的修订，晚婚假的概念被取消，各省份出台的地方性人口与计划生育条例对婚假进行了明确，有的省份在取消晚婚假后适当增加了婚假天数。例如，《北京市人口与计划生育条例》规定"依法办理结婚登记的夫妻，除享受国家规定的婚假外，增加假期七天"；《上海市人口与计划生育条例》规定"符合法律规定结婚的公民，除享受国家规定的婚假外，增加婚假七天"。在全国各省份中，婚假较长的有规定婚假为30天的山西和甘肃，以及规定婚假为28天的河南。有的省份在取消了晚婚假后并没有增加相应天数，使婚假被统一为3天，如广东、山东、天津等。具体婚假天数需要参考各地2016年修订的人口与的计划生育条例。

结婚时间的判断标准以劳动者领取结婚证的时间为主。然而现实中，休假也常常发生在举办婚礼仪式或婚后旅游时，对于这种时间差法律上没有明确规定，用人单位的管理制度符合社会对结婚的一般认可即可。在婚假期间用人单位应正常发放劳动者的工资。婚假期间一般包括周六日，但是不包括法定节假日，也就是说婚假期间包括了周六日不顺延，如果包括了法定节假日则需要顺延。在婚假的批准权方面，用人单位应该在尊重劳动者意愿的情况下尽量准许。

判例 7

婚假的认定判例之伯恩光学（惠州）有限公司劳动争议案[①]

劳动者：何某，男，以下简称 X。

用人单位：伯恩光学（惠州）有限公司，以下简称 Y。

案情简介：

① X 于 2014 年 12 月 12 日入职 Y，从事普工工作，入职当天双方签订了固定期限的书面劳动合同。该劳动合同约定，合同期限自 2014 年 12 月 12 日起至 2017 年 12 月 11 日止，试用期为 3 个月。

② 2015 年 5 月 13 日至 5 月 24 日，X 请假，自行填写的请假事由为回家。后 X 提交证据，证明其请的是婚假，X 出示的证据显示其结婚登记的时间是 2015 年 5 月 18 日。

③ 2015 年 6 月 22 日，X 离职，之后仲裁要求 Y 支付 2015 年 5 月 13 日至 2015 年 5 月 24 日期间的婚假工资及经济补偿金各项。X 不服仲裁裁决，诉至法院。

法院裁判要旨（一审）：

《广东省工资支付条例》第十九条规定："劳动者依法享受法定休假日、年休假、探亲假、婚假、丧假、产假、看护假、计划生育假等假期期间，用人单位应当视同其正常劳动并支付正常工作时间的工资。"同时，根据《中华人民共和国婚姻法》及《中华人民共

---

① 何明星与伯恩光学（惠州）有限公司劳动争议二审民事判决书，广东省惠州市中级人民法院 [（2016）粤 13 民终字第 207 号]，裁判日期：2016 年 4 月 21 日。

和国人口与计划生育法》的规定，X 属于晚婚，可享受 13 天的婚假。

本案中，X 请假的时间为 2015 年 5 月 13 日至 5 月 24 日，虽然 X 填写的请假条的请假事由为回家，但 X 提供的结婚证显示 X 结婚登记的时间是 2015 年 5 月 18 日，X 是在请假期间登记结婚的；同时，Y 也未能提供其他证据证明 X 已享受过婚假待遇。因此，Y 应当支付 X 于 2015 年 5 月 13 日至 5 月 24 日期间的婚假工资 1027 元（2030 元/月 ÷ 21.75 天 × 11 天）。X 自行填写的请假条及 Y 提供的请假卡均显示 X 请假的天数为 11 天，因此，对于 X 主张 2015 年 5 月 12 日至 5 月 25 日共 13 天的婚假工资，法院不予支持。

二审维持原判。

判例 8

婚假的批准权判例之
常州纺织服装职业技术学院劳动争议案①

劳动者：TEEKOKLIANG（中文名郑各量），马来西亚籍，以下简称 X。

用人单位：东华大学拉萨尔国际设计学院，以下简称 Y；常州纺织服装职业技术学院，以下简称 Z。

案情简介：

① 2008 年 5 月 22 日，X 与 Y 签订了聘用合同，聘用期限自 2008 年 6 月 10 日起，约定 X 的月工资为人民币 23000 元，其中包括住房补贴人民币 8000 元等内容，工作岗位为工商管理系经理。

---

① TEEKOKLIANG 与常州纺织服装职业技术学院、东华大学拉萨尔国际设计学院劳动合同纠纷二审民事判决书，江苏省常州市中级人民法院［（2014）常民终字第 143 号］，裁判日期：2015 年 12 月 7 日。

2011年11月下旬，X被内部调动至下设于Z的莱佛士国际学院工作。同年12月2日，X被任命为该学院常务副院长，负责财务和人事工作。

②2012年2月1日，X通过电子邮件将其要结婚的事宜告知领导，并询问能否将其10天晚婚假提交到公司的ERP系统中。X未得到答复。

③2012年5月21日，X和Z签订了聘用合同（合同单位变为Z，但X的实际工作和主要领导并未发生变化），约定合同期限为2012年6月6日至2013年6月5日。2012年5月30日，江苏省外国专家局向X发放了外国专家证，有效期至2013年6月5日，外国专家证明确X的聘用单位为Z，其职位为常务副院长。

④2012年10月8日，X发送电子邮件给其领导周某，告知其将于2012年10月22日至11月2日回马来西亚休10天晚婚假。同年10月9日，人事经理通过电子邮件回复X，告知X外籍员工的婚假为3天，并要求X在请假系统中申请请假。当日，X发送电子邮件回复人事经理，说明其应当休10天晚婚假的理由。后X工作至同年10月17日，并于同年10月18日和10月19日休病假2天（10月20日和10月21日分别为周六、周日）。从10月22日起，X未回单位上班，开始休婚假。

⑤2012年10月22日晚，领导周某发送电子邮件给X，表明没有批准X的婚假申请，并提出X至今未上班，属擅离职守情形，因此将被停职。

⑥2012年11月13日，Y理事会全体理事决定于即日起免除X的学院常务副院长一职。当日及同年11月16日，X与周某两次协商，但均未能达成一致意见。同年12月10日，Z向X邮寄了解除劳动合同通知书，通知其最后工作日和最后计薪日为2012年10月22日。

⑦ 2013 年 5 月 21 日，X 向劳动人事争议仲裁委员会申请仲裁。双方不服仲裁裁决，诉至法院。

法院裁判要旨（二审）：

① 根据《最高人民法院关于适用〈中华人民共和国涉外民事关系法律适用法〉若干问题的解释（一）》第一条的规定，民事关系的当事人一方或双方是外国公民、外国法人或者其他组织、无国籍人的，人民法院可以认定为涉外民事关系。就本案而言，X 系马来西亚人，故本案所涉民事关系为涉外民事关系。又根据《最高人民法院关于审理劳动争议案件适用法律若干问题的解释（四）》第十四条第二款的规定，持有外国专家证并取得外国专家来华工作许可证的外国人与中国境内的用人单位建立用工关系的，可以认定为劳动关系。X 在中国工作已依法取得相关就业证件，故其与 Z、Y 建立的均是劳动关系。再根据《中华人民共和国涉外民事关系法律适用法》第四十三条的规定，对劳动合同应适用劳动者工作地法律，难以确定劳动者工作地的则适用用人单位主营业地法律。

② Z 作为用人单位有相应的用工自主权，但其用工自主权的行使不得侵犯我国劳动法律法规依法赋予劳动者的合法权益，同时应控制在合理的范围内。就本案而言，X 与 Z 签订的聘用合同约定，聘方的义务包括向受聘方介绍中国有关法律、法规和聘方有关工作制度，以及有关外国专家的管理规定；受聘方的义务包括遵守中国的法律、法规，遵守聘方的工作制度和有关外国专家的管理规定。Z 并未举证证明学院在外国专家的婚假管理方面存在特殊规定，故 X 应当按照我国有关法律、法规规定的内容享受休婚假的权利。根据《中华人民共和国人口与计划生育法》第二十五条、《江苏省人口与计划生育条例》第三十条的规定，X 符合晚婚的规定条件，有权休 10 天婚假，婚假期间不影响其工资、奖金和其他福利待遇。

③ X 于 2012 年 10 月 8 日向其上级领导周某发送电子邮件，要求于 10 月 22 日至 11 月 2 日期间休婚假，但周某在无合法理由的情况下拒绝批准该申请。Z 在诉讼中辩称，学院每年 10 月为招生季，故不同意 X 在 10 月请休婚假。但 Z 既未提交相应证据对此加以证明，也并未在 X 请休婚假时向 X 指出此点。故 Z 不批准 X 休婚假的行为，既无合法依据，也超出了单位用工自主权的合理范围。据此，X 有权于 2012 年 10 月 22 日至同年 11 月 2 日期间休婚假，也有权依据《中华人民共和国劳动法》第五十一条的规定向用人单位主张婚假期间的工资。

（二）丧假

在丧假方面，我国同样适用国家劳动总局、财政部 1980 年 2 月 20 日发布的《关于国营企业职工请婚丧假和路程假问题的通知》："职工本人结婚或职工的直系亲属（父母、配偶和子女）死亡时，可以根据具体情况，由本单位行政领导批准，酌情给予一至三天的婚丧假。"对于直系亲属的范围，现实中往往做扩大化的解释，相关争议并不多。判例 9 和判例 10 集中反映的是丧假工资和丧假审批权方面的问题。

判例 9

未休丧假工资补偿判例之
陈某与微特派快递有限公司劳动争议案①

劳动者：陈某，以下简称 X。

---

① 陈大闯与微特派快递有限公司劳动争议二审民事判决书，北京市第三中级人民法院〔（2016）03 民终 1319 号〕，裁判日期：2016 年 2 月 25 日。

用人单位：微特派快递有限公司，以下简称 Y。

案情简介：

① 2014 年 1 月 17 日，X 入职 Y 工作。同日，双方签订书面劳动合同，合同期限自 2014 年 1 月 17 日起至 2017 年 1 月 16 日止。其间 X 的父亲去世，依法可以享受 3 天丧假，但是 X 实际没有休假。

② X 自 2015 年 5 月 4 日起停止前往 Y 工作。Y 主张 X 连续旷工 3 天以上，以 X 违反劳动合同约定及岗位责任书之规定为由与 X 解除劳动合同。

③ 2015 年 5 月，X 向劳动人事争议仲裁委员会申请仲裁，要求 Y 支付丧假工资等各项。这里仅截取丧假工资部分，其余诉求省略。

法院裁判要旨（一审）：

对于丧假工资，Y 自认员工可享受 3 天丧假，法院对此不持异议。现 X 提交的医学死亡证明显示其父于 2014 年 3 月 8 日去世，故对于 X 的主张，法院予以采信；对其要求 Y 支付 3 天丧假工资的合理部分，法院予以支持；对其过高请求，法院不予支持。

二审维持原判。

判例 10

丧假请假程序判例之

诺基亚通信系统技术（北京）有限公司劳动争议案①

劳动者：万某，以下简称 X。

用人单位：诺基亚通信系统技术（北京）有限公司，以下简称 Y。

---

① 万志涛与诺基亚通信系统技术（北京）有限公司劳动争议二审民事判决书，北京市第二中级人民法院〔（2014）二中民终字第 06693 号〕，裁判日期：2014 年 9 月 18 日。

案情简介：

① 2008 年 5 月 12 日，X 与 Y 签订了无固定期限劳动合同，约定：合同生效日为 2008 年 6 月 1 日；服务年限起算日为 2005 年 7 月 1 日；担任职务为研发工程师；X 入职后实际工作地点为酒仙桥办公区，工作部门为技术与战略部。

② 2012 年 5 月 16 日，Y 通过电子邮件告知 X 其直线经理变更为张某，该邮件的发件人为 Y 的绩效管理系统（Success 4U 系统）。2012 年 5 月 18 日，Y 确认 X 及其团队已经被调整至 MBB 工作。

③ 2012 年 8 月 22 日，Y 向 X 发送了标题为"搬迁通知"的电子邮件，附件内容为："鉴于诺西大中国区总部于 2012 年 8 月搬迁至北京的望京，特此通知您在 2012 年 8 月 23 日配合搬家公司进行搬迁工作，并从 2012 年 8 月 24 日起正常到望京办公地出勤上班。"该份搬迁通知上加盖有 Y 的公章。

④ 2012 年 8 月 23 日，X 的岳母去世。X 于 2012 年 8 月 24 日回老家处理丧事。同日，X 回复上述邮件表明没有接收到 Y 的正式搬家通知，并且提出因家人去世下周需要休丧假，由于直线经理变更，因此请求其告知请假手续。同日，Y 回复 X 的邮件称，"具体请假事宜，请遵守公司相关请假制度申请批准"。X 于 2012 年 8 月 28 日返回北京。

⑤ 2012 年 9 月 7 日，Y 向 X 送达《劳动合同解除通知书》，以 X 不服从公司的搬迁决定，且在 2012 年 8 月 24 日后已连续旷工超过 3 天为由，解除与 X 的劳动合同。Y 将此决定通知工会，工会未提出异议。Y 认为在相应的请假系统中，X 在休假前未请假，在休假结束后未予补录，因此属旷工情形。

⑥ X 不服该决定，于 2013 年 6 月向北京市劳动争议仲裁委员会申请仲裁，要求 Y 继续履行无固定期限劳动合同，并支付相应工

资。劳动争议仲裁委员会驳回了 X 的仲裁请求。X 不服仲裁裁决，诉至法院，后又起诉至二审法院。

法院裁判要旨（二审）：

针对关于丧假请假程序的争议焦点，法院认为 X 已为休丧假履行必要的请假手续。X 在休假前，曾通过电子邮件向 Y 说明其将要休假的事实，并要求相关人员告知其需如何办理请假手续，但相关人员未给予明确答复，公司员工手册中对此亦未有明确的说明，因此应认定 X 休假已经告知公司并履行了必要的请假手续。Y 主张 X 没有在休假系统中补录手续，但 Y 并未对员工休假返回后需在什么时限内完成补录手续做出明确规定，因此其此项主张缺乏相应事实依据，本院不予采信。

（三）产假、哺乳假

女性劳动者在生育时享有产假，《女职工劳动保护特别规定》第七条规定了 98 天产假的一般情况。其中，产前可以休假 15 天，如果婴儿晚于预产期出生，则产前部分可延长，但产后假期不能减少，由病假补足。另外，曾经符合晚育条件的女职工还享有晚育假，但由于 2015 年底《中华人民共和国人口与计划生育法》的修改，各地人口与计划生育条例对晚育假进行了修改。有的地区改为了生育奖励假，比如《北京市人口与计划生育条例》规定："机关、企业事业单位、社会团体和其他组织的女职工，按规定生育的，除享受国家规定的产假外，享受生育奖励假三十天，其配偶享受陪产假十五天……女职工经所在机关、企业事业单位、社会团体和其他组织同意，可以再增加假期一至三个月。"

在产假期间不得降低劳动者的工资待遇。对已经参加生育保险的，由生育保险基金按照用人单位上年度职工月平均工资的标准支付劳动者的产假津贴。如果生育保险津贴低于女职工产前工资标准的，则差额部分由用人单位补足。对于生育保险津贴高于女职工原工资标准的，大部分地区都规定，在此情况下用人单位不应截留或克扣。但也有个别地区有特殊规定，比如《成都市生育保险办法》第七条规定："社保机构按前款规定拨付给用人单位的费用，用人单位必须用于女职工在生育、产假期间应享受的工资及福利待遇。社保机构拨付的费用不足以支付的，其差额由女职工所在单位补足；社保机构拨付的费用有结余的，其结余归入女职工所在单位的职工福利费。"对未参加生育保险的，按照女职工产假前的工资标准由用人单位支付劳动者的产假津贴。同时，关于女职工生育的医疗费用，对已经参加生育保险的，由生育保险基金按照生育保险规定的项目和标准支付；对未参加生育保险的，由用人单位按相关规定支付。

女性在怀孕期间需要进行产前检查。《女职工劳动保护特别规定》第六条规定，"怀孕女职工在劳动时间内进行产前检查，所需时间计入劳动时间"。这里的产前检查应是孕产期保健所需要的必要检查，对于这种情况，用人单位不能按病假、事假、旷工处理，而应按照出勤对待。如果劳动者在检查中出现身体问题，需要治疗或者保胎休息，则通常按照病假处理。和申请其他病假一样，只要劳动者提交真实有效的医学证明，用人单位就应当予以准假。用人单位对劳动者的病假申请有审核权而没有决定权。但如果劳动者提交的病情证明被证明是虚假、伪造的，用人单位可以拒绝批准病假申请。同时，用人单位可以对劳动者提出关于请假的程序性规定，督促劳动者及时办理请假手续，预防争议。

和其他假期的结束一样，劳动者有权在产假之后要求返回原岗位上班。但是由于产假时间较长，在劳动者不在岗的期间，用人单位可能会因为各种需要进行了其他安排，导致劳动者无法返回原岗位。本章判例 11 就属于这类情况，最终法院支持了劳动者的返岗诉求。

女性劳动者在孩子满一周岁之前产后返岗的，用人单位应当在每天的劳动时间内为哺乳期女职工安排一小时的哺乳时间。除了哺乳时间外，有些地方还有哺乳假的规定。也就是说，女职工在产假期满后如果上班确有困难且工作许可，在经本人申请、单位批准后可以享有哺乳假。例如《海南省妇女权益保障若干规定》第十一条规定："产假期满后，经本人申请，所在单位可以给予哺乳假至婴儿一周岁止；经二级以上医疗保健机构证明患有产后严重影响母婴身体健康疾病的，本人提出申请，用人单位应当批准其哺乳假"；"哺乳假不影响晋级、晋职、晋升工资、评聘专业技术职称和计算工龄，休假期间工资按不低于本人工资收入的百分之八十计发"。上海市也有关于哺乳假的规定，但其同样是有条件的且需要单位批准。本章判例 12 就是哺乳假的相关判例。

判例 11

产假结束返岗判例之
英德幸福蓝海影城有限责任公司劳动争议案①

劳动者：连某，以下简称 X。

用人单位：英德幸福蓝海影城有限责任公司，以下简称 Y。

案情简介：

① 2011 年 1 月 11 日，Y 与 X 签订了劳动合同，合同期限自

---

① 英德幸福蓝海影城有限责任公司与连君劳动合同纠纷二审民事判决书，广东省清远市中级人民法院 [（2013）清中法民一终字第 662 号]，裁判日期：2013 年 10 月 29 日。

2011 年 1 月 9 日起至 2014 年 1 月 8 日止，其中约定：X 的工作部门为人事行政部门；岗位为管理岗位；职责为公司的人事行政管理工作；月基本工资为 2100 元，加上餐费每月补贴 150 元、电话费 50 元，共 2300 元。

②X 按规定休完产假后，于 2012 年 12 月 29 日回公司上班，但被公司告知调至营运部场务岗位。该岗位实行三班倒，月基本工资为 1000 元，餐费补贴为每月 150 元。该岗位属于一线服务岗位，具体的工作内容是服务顾客（如卖票等），不属于管理岗位。基于此，X 不接受公司的降职调岗，认为公司调岗应经双方协商，且职务、薪金与原岗位必须对等。

③X 拒绝这一岗位调整，Y 遂向 X 出具辞退通知，称："因 X 不接受公司人事上的调动，令公司无法正常安排人手发展工作，基于《员工手册》与员工签订的劳动合同具有同等效力……现给予辞退！"

④补充说明：Y 与 X 订立的劳动合同第十一节第（二）条约定，"《员工手册》《公司相关管理制度》文件规定作为本合同附件，与本合同具有同等效力"。《员工手册》（2012 版）第二章第九条规定，"根据公司业务发展需要，员工可能会被调动到其他部门工作或发生职务变动。员工应无条件地接受这样的调动，并做好相应职位的移交和衔接工作"。

⑤之后，X 申请仲裁、诉讼。

法院裁判要旨（一审）：

①Y 和 X 签订的劳动合同系当事人真实意思表示，没有违反法律、行政法规的强制性规定，当事人对此亦无异议，法院予以采信。对于合法生效的劳动合同，用人单位与劳动者都必须信守，任何一方都不得擅自变更劳动合同，否则违约方要承担相应的法律

责任。

②本案中，X 对 Y 提供的岗位调动通知有异议，认为公司未与其协商而擅自调岗，损害了其作为劳动者（哺育期妇女）的利益。对于 Y 提供的 X 岗位调动通知，X 没有签名确认，从而可以确认 Y 擅自调动了 X 原岗位。且 X 提供的其他证据证实，新岗位从职务、待遇等方面与原岗位均不基本相当。因此，认定 Y 解除劳动合同违法。

法院裁判要旨（二审）：

①Y 与 X 订立的劳动合同系当事人真实意思表示，没有违反法律、行政法规的强制性规定，属有效合同。双方当事人应当按照约定全面履行义务并合法行使权利。

②从劳动合同第十一节第（二）条的约定和《员工手册》第二章第九条的规定看，双方已在劳动合同中约定 Y 有权根据业务发展需要单方调整 X 的工作岗位。但 Y 不能据此随意调整员工的工作岗位，其调整员工的工作岗位应当出于生产经营的需要，调整工作岗位后员工的工资水平与原岗位应基本相当，且调整岗位不应具有侮辱性和惩罚性。

③本案中，X 休完产假后，Y 单方决定将其调整至负责场务工作的一线服务岗位，该岗位与此前 X 所在的负责人事行政管理工作的管理岗位相比，具有一定的惩罚性和侮辱性。Y 利用其处于管理方、支配方的优势地位，对 X 的工作岗位进行不合理的调整，侵犯了 X 的合法权益，X 有权拒绝该工作岗位调整。之后，Y 并未与 X 就工作岗位进行重新协商，亦未有证据证明 X 暂不接受该工作岗位调整造成了 Y 的损失。Y 以 X 严重违反用人单位的规章制度为由将其辞退，缺乏事实依据。Y 违法解除劳动合同，依法应当向 X 支付赔偿金。

判例 12

哺乳假判例之上海某印刷（集团）有限公司劳动争议案①

劳动者：白某，以下简称 X。

用人单位：上海某印刷（集团）有限公司，以下简称 Y。

案情简介：

① X 于 2003 年 7 月进入 Y 工作，双方签订了劳动合同，最后签订期限为 2009 年 1 月 1 日至 2011 年 12 月 31 日的劳动合同。

② 2009 年 7 月，X 经申请被准予享受产前假。2009 年 8 月 28 日，X 生产一女，享受四个月的产假。

③ 2009 年 12 月 20 日，X 向 Y 申请六个月的哺乳假，当时部门经理表示同意，但未收到人事部的相关回复意见。X 认为部门经理同意即可，故请完哺乳假便回到外地老家。X 从 2010 年 2 月起未领过工资。

④ 2010 年 3 月初，X 得知哺乳假未被批准，未返回 Y 工作。2010 年 5 月 25 日，Y 向 X 送达了通知及《考勤管理制度》，该通知内容为："公司于 2010 年 3 月 15 日发通知给你，至今未见你来公司上班。今再次通知你，请你收到通知后到公司原来部门报到上班。若继续不来公司上班，公司对你将按旷工及公司考核制度进行处理。" X 收到了该通知，但未至 Y 上班。

⑤ 2010 年 6 月 3 日，Y 向 X 出具了《辞退通知书》，内容为："公司于 2010 年 3 月 15 日发通知，请你到原岗位报到上班，由于你没有按时到岗，人力资源部又于 2010 年 5 月 25 日用快递形式再次通知你，至今仍未见你到原岗位报到或来公司说明原因。你的行

---

① 白某与上海某印刷（集团）有限公司劳动合同纠纷一审民事判决书，上海市闸北区人民法院 [（2010）闸民一（民）初字第 3723 号]，裁判日期：2010 年 12 月 24 日。

为属于旷工，且累计旷工已达五天以上。根据公司的考核制度对你做辞退处理，请你立即到公司办理离职交接手续，谢谢你的配合。"Y的员工手册中有关于旷工的规定，且《考勤管理制度》中有关于请假手续的规定，两份文件都经过了X的确认。

⑥ X提起仲裁，请求确认Y违法解雇等各项，后诉至法院。

法院裁判要旨：

① 本院认为，作为员工享受哺乳假的前提是经用人单位批准。

② 单位未批准，当事人应依据劳动合同约定的责任与诚实信用原则继续履行双方的权利和义务，遵守劳动纪律和职业道德。在双方劳动合同存续期间，X向Y申请哺乳假。在X未获准许、无任何理由无故未去工作的情形下，Y依据规章制度以原告连续旷工满三天为由对其做出辞退处理并无不当。X违背了劳动关系存续期间最基本的提供劳动的义务却要求享有劳动合同的权利，这不符合诚实信用承担合同责任的原则。现X要求Y支付违法解除劳动合同的双倍赔偿金，并要求补发2010年2月至6月3日期间的工资，对此请求本院均不予支持。

（四）探亲假

探亲假是以《国务院关于职工探亲待遇的规定》（国发〔1981〕36号）为依据的假期，适用范围为在国家机关、人民团体、全民所有制企业、事业单位工作满一年的固定职工。职工与配偶或父母不住在一起，又不能在公休假日团聚的，可以享受探望待遇。这个规定虽然年代久远，但是至今有效，而且探亲假的假期很长："（一）职工探望配偶的，每年给予一方探亲假一次，假期为30天。（二）未婚职工探望父母，原则上每年给假一次，假期为20天，如果因为工作需要，本单位当年不能给予假期，或者职工自愿两年探亲一次，可以两年给假一次，假期为 45 天。（三）已婚职工探望父母的，每 4 年给假一次，假期为 20 天。""探亲假期是指职工与配偶、父、母团聚的时间，另外，根据实际需要给予路程假。上述假期均包括公休假日和法定节日在内。"并且在探亲假和路程假内，用人单位要正常支付劳动者工资，并负担往返路费。

但对于大部分不是上述机关、团体、全民所有制的企业的劳动者来说，主张探亲假是没有直接法律依据的。不过如果用人单位和劳动者在劳动合同中约定了探亲假，则根据合同约定劳动者可以主张休探亲假；或者如果用人单位在规章制度中进行了规定，那么劳动者也可以依据规章制度主张休探亲假。

判例 13

劳动合同约定探亲假判例之
北京市保安服务总公司大兴分公司劳动争议案①

*劳动者：*张某，以下简称 X。

*用人单位：*北京市保安服务总公司大兴分公司，以下简称 Y。

案情简介：

① 1998 年 1 月 7 日，X 与 Y 签订了书面劳动合同，期限至 2009 年 1 月 7 日，X 任职保安中队长。后续签劳动合同。双方的劳动合同明确约定，自合同之日起满一年，X 每年享受探亲假 24 天，探亲假期间发基本工资。

② 2013 年 1 月 22 日，X 因 Y 多种违法行为侵害了自己的合法权益，主动与 Y 解除劳动关系。之后，X 向仲裁委员会申诉，要求

---

① 北京市保安服务总公司大兴分公司与张刚劳动争议二审民事判决书，北京市第二中级人民法院［（2014）二中民终字第 00912 号］，裁判日期：2014 年 4 月 30 日。

Y 支付 1998 年 1 月 7 日至 2013 年 12 月 31 日期间未安排探亲假（每年 24 天）工资 46726 元等其他各项诉讼请求。

法院裁判要旨（一审）：

关于未休探亲假工资一节，X 要求 Y 支付其 1998 年 1 月 7 日至 2013 年 12 月 31 日期间未休探亲假工资的诉讼请求缺乏事实和法律依据，法院不予支持。

法院裁判要旨（二审）：

① 现 Y 主张已安排 X 休探亲假，但未举证证明 2011 年、2012 年安排 X 休探亲假的情况，故应支付其 2011 年、2012 年未休探亲假工资。原审认定 Y 无须支付 X 未休探亲假工资，处理错误，法院予以纠正。

② X 系 2013 年 1 月 22 日与 Y 解除劳动关系，且其未举证证明公司应支付其 2011 年之前的未休探亲假工资，故对 X 主张的该部分未休探亲假工资，法院不予支持。

第六章
工资和绩效管理的边界

在劳动力市场上，工资是指劳动力的价格。在劳动关系中，工资不仅包含着市场交换中的劳动对价，更包含着对劳动者的身份保障。而身份保障的实现主要通过工资方面的法律制度的设计和实施。《中华人民共和国劳动法》在工资分配和工资支付等方面进行了原则性规定，劳动部颁布的《工资支付暂行规定》（劳部发〔1994〕489号）是工资方面的单行规定，此外，国家统计、财政和税务等部门以及很多地方政府也都有关于工资的具体规定，还有针对个别产业或特定劳动者工资支付的特别规定。总体而言，目前工资领域的规则比较复杂，各地并不统一，而且亟待更新。

一　工资支付管理

关于工资的界定，劳动部印发的《关于贯彻执行〈中华人民共和国劳动法〉若干问题的意见》指出，劳动法中的"工资"是指用人单位依据国家有关规定或劳动合同的约定，以货币形式直接支付给本单位劳动者的劳动报酬，一般包括计时工资、计件工资、奖金、津贴和补贴①、延长工作时间的工资报酬以及特殊情况下支付的工资等。工资是劳动者劳动收入的主要组成部分，劳动者的以下劳动收入不属于工资范围：（1）用人单位支付给劳动者个人的社会保险福利费用，如丧葬抚恤救济费、生活困难补助费、计划生育补贴等；（2）劳动保护方面的费用，如用人单位支付给劳动者的工作服、解毒剂、清凉饮料费用等；（3）按规定未列入工资总额的各种劳动报酬及其他劳动收入，如根据国家规定发放的创造发明奖、国家星火奖、自然科学奖、科学技术进步奖、合理化建议和技术改进奖、中华技能大奖等，以及稿费、讲课费、翻译费等。国家统计局《关于工资总额的组成规定》也是类似的列举式的说明。

工资是劳动合同的核心标的，用人单位不正常支付工资不仅违反合同约定，还可能使劳动者的生活陷入困境，从而引发恶性事件及群体性事件，所以法律在工资支付方面做出了具体的制度设计。《中华人民共和国劳动法》第五十条对工资支付做了统领性规定，即"工资应当以货币形式按月支付给劳动者本人。不得克扣或者无故拖欠劳动者的工资"。下面从按月支付、及时足额支付、工资的扣除、工资债权的履行确保措施四个角度对工资支付的管理问题进行具体分析。

（一）按月支付原则

关于工资的支付周期，《中华人民共和国劳动法》明确规定工资应该"按月"发放。《工资支付暂行规定》第七条对此原则有进

---

① 对于补贴的范围，有些规定做了专门说明。例如在国有企业工资总额管理工作中，按照《财政部关于企业加强职工福利费财务管理的通知》（财企〔2009〕242 号）的规定，应将按月按标准发放或支付给职工的住房补贴、交通补贴或车改补贴、通讯补贴、节日补助、午餐费补贴等统一纳入职工工资总额管理。

一步的细化，即"工资至少每月支付一次，实行周、日、小时工资制的可按周、日、小时支付工资"。上述规定是针对全日制劳动者的规定。对于非全日制劳动者，为了使其能够及时获得工资，《中华人民共和国劳动合同法》规定非全日制劳动者的劳动报酬结算支付周期最长不得超过十五日。

在实践中，工资按月支付原则在以建筑业为主的工程分包模式中执行障碍最大。由于项目结算方式、行业传统、分包制等因素的影响，建筑业经常出现按年或者按工程周期结算工资的管理方式，一旦项目中出现资金周转问题，风险将会被转嫁到劳动者身上。而一年甚至更长时间的工资报酬支付周期对于劳动者来说影响重大，这时劳动者想要如数拿到工资报酬的愿望异常强烈，容易做出过激行为，引发群体性事件，影响社会稳定。实际上这种工资支付模式无论欠薪与否，本身就已经违反了法律规定，所以在防治年底讨薪潮的各种措施中应着重强调按月支付原则的贯彻实行。如果用人单位都严格执行按月支付的工资制度，那么欠薪的数额本身就可以得到控制，而且更容易引导劳动者通过正常的劳动争议处理机制争取权益。

此外，还有管理人员的年薪制问题。用人单位从激励的角度对高级管理人员以及其他需要进行激励的人员实行年薪制，这在现实中很普遍。但是如果劳动者的全部工资都在年底发放，则还是违反了劳动法。即使是年薪制的劳动者，其部分工资也须按月支付，且按月支付工资应不低于最低工资标准，剩余部分可以依据劳动合同约定年底一并发放。而年底发放的报酬同样是工资报酬的一部分，用人单位不能随意克扣。后文中的判例 1 即年薪制的有关判例，为了保障劳动者持续工作，用人单位将劳动者工资分为不同的支付周期，并设定了严格的支付条件，最终被判定为克扣工资。

判例 1

年底薪酬扣发判例之

北京首佳物业管理有限公司工资争议案①

劳动者：孙某，以下简称 X。

用人单位：北京首佳物业管理有限公司，以下简称 Y。

案情简介：

① X 于 2010 年 10 月 8 日入职 Y，双方签订了劳动合同。2011 年 2 月 15 日，Y 与 X 签订了《驻外工作人员关于〈劳动合同〉的补充协议》，其中 Y 为甲方，X 为乙方，协议有效时间为 2011 年 2 月 15 日至 2014 年 2 月 14 日。协议约定：甲方委派乙方前往澳大利亚工作；乙方年薪标准为人民币 50000 元，年薪由月工资、年底奖金两部分组成，年薪中包括岗位工资、岗位津贴（含加班工资）、生活补贴、奖金、福利等各项薪资报酬；乙方驻外期间，甲方每月按照 2000 元的标准向其支付工资，其中 1000 元存入北京银行工资卡中，另外 1000 元存入北京银行专门账户，由甲方代为保管；除月工资外的其他年薪在每年农历新年前发放，50% 发放到北京银行工资卡中，另外 50% 存入北京银行专门账户，由甲方代为保管；甲方负责支付乙方从国内到驻地的直线往返机票费，若乙方因个人原因未按规定的时间提前回国，乙方个人要负担部分返程机票费，负担比例按照未履行的规定工作时间分月计算，甲方从乙方的工资中扣除；乙方如有工作期未到因个人原因提前回国或驻外工作期满后不回国的情况，甲方有权解除劳动合同，乙方个人要承担部分或全部返程机票费，并将全部应发奖金及留存在公司的工资作为违约

---

① 北京首佳物业管理有限公司与孙科劳动争议二审民事判决书，北京市第二中级人民法院〔（2013）二中民终字第 16345 号〕，裁判日期：2013 年 11 月 22 日。

金，以弥补给甲方带来的损失。

②之后，X按照Y的要求赴中国驻澳大利亚大使馆工作。2012年7月26日，X因家人病重请假1个月回国。2012年8月21日，Y从X的工资账户中扣除20707元，且没有支付X的年底薪酬。

③X申请劳动争议仲裁，要求Y返还扣除的工资、支付未支付的部分薪酬等各项。针对工资问题，Y主张X提前回国的行为给公司造成了严重的社会影响，给外交部工作带来了损失，同时给公司造成机票费等损失50000余元。Y认为其保管X的20707元具有保证金性质，扣除该笔款项具有事实依据和法律依据；2012年的其他年薪系奖金，需要考核才能发放，X提前离职导致公司无法考核，公司不应向其支付其他年薪。

法院裁判要旨（一审）：

Y和X在《驻外工作人员关于〈劳动合同〉的补充协议》中约定，工作期未到因个人原因提前回国的，须将全部应发奖金及留存在公司的工资作为违约金，以弥补公司损失。该约定违反了法律规定，Y依据上述约定要求扣除X的工资作为违约金以弥补损失，法院不予采信。因此，Y据此扣除的X的工资20707元应当予以返还。

法院裁判要旨（二审）：

根据Y与X签订的补充协议，X驻外期间的部分月工资由Y存入北京银行专门账户并由Y代为保管，故Y从X的账户中扣除的20707元系X的劳动报酬。《中华人民共和国劳动合同法》第二十五条规定，除本法第二十二条和第二十三条规定的情形外，用人单位不得与劳动者约定由劳动者承担违约金。双方签订的补充协议中关于Y在X工作期未满因个人原因提前回国的情形下有权将其全部应发奖金及留存在公司的工资作为违约金的约定，违反了上述法律规定，应认定为无效。

双方在补充协议中约定 X 实行年薪制，除月工资外的其他年薪为年底奖金，该协议中并未约定年底奖金的发放以考核为前提，故 Y 以未经考核为由不支付 X 其他年薪的上诉请求缺乏依据，本院不予支持。

（二）及时足额支付原则

用人单位支付劳动报酬不仅要按月，还要符合及时、足额、货币支付的原则。及时支付指按照合同约定的发薪日期进行支付，原则上说当月工资应该在当月约定的发薪日予以发放。如果遇到公休日或节假日，则应该提前发放工资。虽然现实中也有很多单位实行下月发薪制度，但只要形成了稳定的支付规律，关于这一点的争议就并不会太大。如果用人单位没有按照约定时间支付工资，则原则上就构成了拖欠。现实中，司法实践往往会根据具体的欠薪情况、欠薪理由、是否已经支付等进行综合判断。

1. 工资的核算

在工资是否足额发放的争议中，如果用人单位故意拖欠合同约定的数额，则法律关系相对简单，劳动者有权依法获得劳动报酬。但是很多时候，劳资双方在劳动合同中约定的并不是具体的工资数额，而是一个计算公式或者相关的薪酬制度，这时双方可能因对计算方式的理解不同而产生争议。对工资中浮动部分的计算还会涉及具体工作内容的完成和考核，其情况更为复杂。判例 2 就涉及劳动者与用人单位之间复杂的绩效工资核算问题，是典型的工资争议。判例 3 则是因用人单位通过规章制度对工资支付义务进行部分免除而引发的争议，在此判例中用人单位因为规章制度没有经过合法有效的民主程序而败诉。实际上，即使经过民主程序制定，判例 3 中的规章制度因单方面免除了用人单位的工资支付义务，损害了劳动者的利益，也不能被认定为合法。

判例2

绩效工资计算判例之

长安责任保险股份有限公司工资争议案①

劳动者：班某，以下简称X。

用人单位：长安责任保险股份有限公司，以下简称Y。

案情简介：

① X于2008年9月11日入职Y，同日X与Y签订了劳动合同，Y为甲方，X为乙方，劳动合同载明："本合同为固定期限劳动合同，本合同于2008年9月11日生效，于2011年9月10日终止；乙方同意根据甲方的工作需要，担任业务销售岗位工作；乙方工资按《业务人员薪酬指导办法（试行)》执行。"2008年9月25日，Y聘任X为业务六部经理。双方劳动关系存续期间，X的工资由基本工资、个人绩效工资及部门绩效工资构成。

② 2008年2月19日，Y下发了长保京发（2008）6号文件，文件载明："业务部门经理薪酬由基本工资、个人绩效工资、部门绩效工资三部分组成。业务部门经理基本工资发放参考标准：近城区业务部门经理3000元/月；个人绩效工资发放参考标准：绩效工资=各类险种月保费×系数（机动车险系数1.5%；非车险系数4%）；业务部门经理绩效工资=业务部绩效工资合计×20%。注：部门绩效工资合计中不含经理本人的绩效工资……"

---

① 班燕森与长安责任保险股份有限公司北京市分公司劳动争议二审民事判决书，北京市第二中级人民法院［（2014）二中民终字第04488号］，裁判日期：2014年6月24日。

2010 年 1 月 7 日，Y 下发了长保京发（2010）6 号文件，文件件载明："经理基准年薪 18 万元；每月实发标准 =（基准年薪/12×60%×50%）×（1 + 分支机构关键指标考核得分）。"2010 年 1 月 22 日，Y 下发了长保京发（2010）13 号《北京市分公司 2010 年度各分支机构薪酬管理指引实施细则的通知》。该文件的"享受年薪制待遇标准界定"中规定，凡年度预算保费收入低于 1200 万元的分支机构，一律不享受年薪制待遇。

③ X 就基本工资、绩效工资、未休年假工资等各项与 Y 发生争议。

④ 就基本工资问题，X 提出根据长保京发（2010）6 号文件精神，其 2010 年的工资应实行年薪制，基准年薪为 18 万元，要求 Y 补足差额。Y 主张公司（2010）6 号文件的规定并未被执行，且其中一条规定为每月实发标准 =［（基准年薪/12×60%×50%）×（1 + 分支机构关键指标考核得分）］。也就是说，即便执行了该文件，每月工资也要经过考核发放，而不能直接按年薪除以 12 个月发放。且根据公司长保京发（2010）13 号《北京市分公司 2010 年度各分支机构薪酬管理指引实施细则的通知》的规定，年度业绩未达到 1200 万元的分支机构不能享受年薪制待遇。X 认可其所在分支机构年度业绩未达到 1200 万元，但主张系 Y 管理混乱导致保监局进入公司检查，影响了员工的业务进程，责任在 Y。Y 另提供多项证据证明，上述文件的规定并未被执行，X 也从未按此文件领取过工资。

⑤ 对于个人绩效工资问题，X 主张其 2009 年 1 月至 2010 年 12 月共完成非车险保费收入 2177437.96 元和车险保费收入 861085.95 元。就此主张，X 提供了保险单、发票，上述证据显示经办人为 X。Y 对上述证据的真实性均不予认可。Y 主张 X 的个人保费收入为

683063 元，X 的个人绩效工资已经全部发放。就此，Y 提供了公司核心业务处理系统显示的保单信息，但未提供与系统信息相对应的保单，X 对此亦不予认可。

⑥ 对于年休假问题，X 主张在职期间 Y 未安排其休年休假，并提供了人力资源和社会保障部全国人才流动中心于 2012 年 5 月 11 日出具的工龄证明以证明其累计工作年限。该工龄证明显示，X 于 1983 年 8 月 25 日参加工作，至今连续工龄 28 年 10 个月。Y 对 X 工龄证明的真实性表示认可，对 X 关于在职期间未休年休假的主张未提出异议，但主张不应支付未休年休假工资超出两年时效的部分。

法院裁判要旨（二审）：

① 关于基本工资问题，根据 X 与 Y 签订的劳动合同，X 的工资应按长保京发（2008）6 号文件《长安责任保险股份有限公司北京市分公司薪酬指导办法（试行）》执行，X 作为业务经理其基本工资应为 3000 元/月。现 X 主张根据长保京发（2010）6 号文件，其基本工资应为年薪制，基准年薪为 18 万元。但长保京发（2010）13 号文件作为（2010）6 号文件的实施细则，规定年度预算保费收入低于 1200 万元的分支机构，一律不享受年薪制待遇，而 X 所在分支机构的年度保费收入未达到此要求。故对 X 主张以年薪 18 万元为标准要求 Y 支付基本工资差额的请求，本院不予支持。

② 关于个人绩效工资问题，根据长保京发（2008）6 号文件的规定，X 的个人绩效工资 = 各类险种月保费 × 系数（机动车险系数 1.5%；非车险系数 4%）。现 X 主张其非车险保费收入为 2177437.96 元，并提交了经办人为 X 的相关保险单、发票加以证明。Y 对此虽不予认可，但作为用人单位未提交充分证据对此予以反驳。故原审法院采信 X 的主张，根据（2008）6 号文件规定的 4% 计提标准确

定 X 的个人绩效工资，并在扣除 Y 已支付的 X 的绩效工资后判令 Y 支付 2009 年至 2010 年 X 的相应个人绩效工资差额，是正确的判决，应予以维持。

③ 关于部门绩效工资问题，根据长保京发（2008）6 号文件的规定，X 的业务部门经理绩效工资 = 业务部绩效工资合计 × 20%，且部门绩效工资合计中不含经理本人的绩效工资。X、Y 提交的其他证据均未对长保京发（2008）6 号文件的此项规定予以否定，X 对此项规定的解释和主张前后矛盾，且未提交充分证据对其解释和主张加以证明，故本院对 X 的相关解释与主张不予采信，依据长保京发（2008）6 号文件的规定确定 X 的部门绩效工资。

④ 关于未休年休假工资问题，X 在 Y 工作期间，Y 未安排 X 休年休假，应当依法支付 X 未休年休假工资。Y 应当根据 X 的累计工龄及月工资情况支付 X 相应的未休年休假工资，具体数额由本院核算……支付 2008 年 9 月 11 日至 2011 年 5 月 26 日期间 X 未休年休假工资共计 23000 余元。

判例3

提成工资支付判例之
广东青牛贵金属经营有限公司杭州分公司劳动争议案①

劳动者：徐某，以下简称 X。

用人单位：广东青牛贵金属经营有限公司杭州分公司，以下简称 Y。

———————————

① 广东青牛贵金属经营有限公司杭州分公司与徐玉奇劳动争议二审民事判决书，浙江省杭州市中级人民法院 [（2015）浙杭民终字第 3397 号]，裁判日期：2015 年 12 月 7 日。

案情简介：

① 2013 年 11 月 21 日，X 进入 Y，从事投资顾问工作，约定工资构成为基本工资 4000 元加提成，并约定了具体的提成标准。

② 2015 年 3 月 20 日，X 因个人原因提出辞职。2015 年 3 月 23 日，X 办理离职交接手续后正式离职。后 Y 于 2015 年 3 月 24 日向 X 支付 1 月份提成 26204.74 元，于 2015 年 4 月 8 日向 X 支付 2 月份提成 21340 元，但未向 X 支付 3 月份提成 30000 元左右。

③ X 诉至仲裁，要求 Y 支付 3 月份的提成。Y 主张其规章制度明确规定"员工离职当月仅发放基本工资，不予发放当月提成"。Y 主张其工资及提成发放制度系由股东大会讨论决定，且在员工入职培训时已经明确告知该规章制度并张贴在公告栏。另外，Y 负责人在 X 离职时已经明确告知 X，若立即离职则不予发放本月的提成，X 也口头接受了。

法院裁判要旨（一审）：

Y 未能举证证明其主张的员工离职当月提成不予发放是既定提成制度，也不能证明其提成制度经民主程序制定并已被公示，故即使有该规定，亦不能对 X 形成法律约束力。现双方对于提成数额并无异议，Y 理应支付该笔提成，故本院对 Y 提出的不予支付的请求不予支持。

法院裁判要旨（二审）：

本案的争议焦点系 Y 是否应支付 X 2015 年 3 月份的提成款。对此，Y 认为公司规章制度已经载明且告知提成发放办法，故不应支付 2015 年 3 月份的提成。而 X 则主张并不知晓 Y 的提成发放办法，故 Y 应支付 2015 年 3 月份的提成。本院认为，Y 所提供的证据尚不足以证明其所谓的提成制度系经过民主程序制定并被公示，亦不足以证明 Y 已经告知 X 员工离职当月提成不予发放。现双方对于 2015 年 3 月份的提成数额没有异议，故原审法院据此驳回 Y 的诉讼请求并无不当。

2. 年终奖的支付

年终奖争议是工资争议中比较常见的一类。具体来说，年终奖指用人单位从经营状况、劳动者全年工作业绩、下一年度发展规划、对员工未来的激励、行业惯例等各方面考虑，在年度结束时向劳动者发放的一次性奖金。年终奖属于工资范畴。国家统计局发布的《〈关于工资总额组成的规定〉若干具体范围的解释》指出了奖金的范围，即"生产（业务）奖包括超产奖、质量奖、安全（无事故）奖、考核各项经济指标的综合奖、提前竣工奖、外轮速遣奖、年终奖（劳动分红）等"。从这里可知，年终奖属于奖金的一种，是劳动报酬的一部分。《国家税务总局关于调整个人取得全年一次性奖金等计算征收个人所得税方法问题的通知》（国税发〔2005〕9 号）对其也有具体界定："全年一次性奖金是指行政机关、企事业单位等扣缴义务人根据其全年经济效益和对雇员全年工作业绩的综合考核情况，向雇员发放的一次性奖金。上述一次性奖金也包括年终加薪、实行年薪制和绩效工资办法的单位根据考核情况兑现的年薪和绩效工资。"

那用人单位发放年终奖的依据是什么呢？答案是双方劳动合同中的约定或者企业规章制度的规定。如果遇到规章制度与劳动合同约定的年终奖内容不一致的情况，司法实践往往会按照对劳动者有利的方式进行判断。

如果在劳动合同或者规章制度中约定了年终奖的发放是有条件的，比如"经考核合格之后才能享受年终奖待遇""考核之前离开单位的不享受年终奖待遇""奖金发放范围为发放时在册的员工"

等，那么劳动者只有在符合规定中的条件时才能获得年终奖。比如在中油阳光物业管理有限公司北京分公司与徐某劳动争议案中，劳动者于 6 月离职时主张享受半年的经营业绩年终奖，但是由于单位规章制度规定"发放经营业绩之日前离职者"不在发放经营业绩奖之列，最终没有得到法院的支持。① 还有在双方劳动合同中约定支付条件的判例。例如在邸某与北京恒都律师事务所劳动争议案中，劳动者邸某于 2013 年 2 月 20 日入职律师事务所，双方签订了《律师聘用合同》及《关于工资待遇的协议》，做出如下约定："如果乙方工作表现符合甲方发放奖金的考核标准，甲方将根据乙方工作表现发放年终奖，并且不低于肆万陆仟元"；"如果乙方工作表现不符合甲方要求，甲方有权支付部分年终奖或不支付任何年终奖；如果乙方在年终奖评定之前辞职或者被辞退，将不发放年终奖"。之后，邸某因个人原因提出辞职，后诉至裁审机构，要求单位支付年终奖等各项。最终，由于双方自愿签订的《关于工资待遇的协议》中明确约定了发放年终奖的条件，法院没有支持劳动者的请求。② 但是，有的地方性条例中明确规定了年中离职年终奖等奖金的折算办法，在这种情况下要严格按照法律的规定执行。例如《深圳市员工工资支付条例》第十四条规定，"劳动关系解除或者终止时，员工月度奖、季度奖、年终奖等支付周期未满的工资，按照员工实际工作时间折算计发"。如果双方对于年终奖的数额和发放方式并没有明确约定，用人单位也没有相应的规章制度，但是有发放的惯

---

① 徐继光与中油阳光物业管理有限公司北京分公司劳动争议二审民事判决书，北京市第二中级人民法院［（2014）二中民终字第 06362 号］，裁判日期：2014 年 9 月 19 日。
② 邸建凯与北京恒都律师事务所劳动争议二审民事判决书，北京市第二中级人民法院［（2014）二中民终字第 11928 号］，裁判日期：2014 年 12 月 12 日。

例，则这时劳动者请求支付也有可能得到法院的支持，判例 4 和判例 5 就是这样的情况。

判例 4

年终奖争议判例之华创证券有限责任公司劳动争议案①

劳动者：董某，以下简称 X。

用人单位：华创证券有限责任公司，以下简称 Y。

案情简介

① X 与 Y 于 2010 年 11 月 22 日签订劳动合同，约定由 X 担任资讯产品部副总经理，合同期限至 2013 年 10 月 24 日，工资标准为每月 30000 元加 550 元餐补和 300 元电话费。

② 2013 年 3 月 27 日，X 收到 Y 出具的通知，Y 以 X 负责的证券资讯平台项目开发已结束为由，决定于 2013 年 3 月 26 日与 X 解除劳动关系，薪酬福利及社会保险均截止到此日。

③ 双方关于年终奖没有书面约定，但 Y 实际每年都发放年终奖。2012 年 5 月，Y 向 X 发放了 2011 年的年终奖 45105 元，X 主张 2012 年和 2013 年 Y 也应该按照此标准向自己发放年终奖。

④ Y 称 X 月工资标准为 30000 元，没有年终奖，虽然 2012 年 5 月 Y 给 X 发放了 2011 年的年终奖，但公司从未口头或者书面承诺过年终奖的发放金额，且与 X 并没有做出关于年终奖金的约定。Y 还称公司是根据员工的表现及公司业绩来分配年终奖的，X 的工作表现不符合领取年终奖的标准，未进入 2012 年度、2013 年度年终奖分配名单。为此，Y 出示了《关于 Y 有关问题的决定》，该文

---

① 华创证券有限责任公司与董长彤劳动争议二审民事判决书，北京市第二中级人民法院［（2015）二中民终字第 03111 号］，裁判日期：2015 年 8 月 3 日。

件显示了 2012 年度、2013 年度年终奖发放表及同事、领导评价。该发放表中没有 X 的信息。Y 以此证明 X 不在发放年终奖之列，公司也有很多员工没有获得年终奖。

⑤ X 诉至法院，要求 Y 支付其 2012 年、2013 年的年终奖。

法院裁判要旨（二审）：

① 根据 Y 提交的年终奖发放表及《关于 Y 有关问题的决定》可知，Y 有对其员工发放年终奖的制度，且向其他员工发放了 2012 年、2013 年的年终奖。故对 X 要求 Y 支付年终奖的诉讼请求予以支持。

② 关于年终奖的计算依据。现 Y 未就不支付 X 年终奖向法院出示充分证据，且经法院释明后仍未提交具体计算年终奖的方案。结合 X 自 2013 年 3 月起未再为 Y 提供劳动的情况及年终奖通常的发放方式，比照 X 2011 年度的年终奖发放标准，酌情确定 Y 应支付给 X 的 2012 年度、2013 年度年终奖数额共计 50000 元。

判例 5

年终奖争议判例之北京唯实酒店管理有限公司劳动争议案[①]

劳动者：高某，以下简称 X。

用人单位：北京唯实酒店管理有限公司，以下简称 Y。

案情简介：

① X 于 2007 年 8 月 6 日入职 Y 工作，担任某部门管理人员，2014 年 1 月 26 日退休。

[①] 北京唯实酒店管理有限公司与高如星劳动争议二审民事判决书，北京市第一中级人民法院［（2014）一中民终字第 8682 号］，裁判日期：2014 年 12 月 16 日。

② 之后，双方就年终奖发生争议。X 提交且 Y 认可的工资汇总表显示 Y 向 X 支付 2010 年度年终奖 13000 元、2011 年度年终奖 15000 元、2012 年度年终奖 28000 元。但 Y 未向 X 支付 2013 年度年终奖，X 就此提起仲裁。

③ Y 认可未向 X 发放 2013 年度年终奖，并称每年年终奖的发放标准都不一样，公司会根据每年的经营情况决定奖金的发放。现因公司 2013 年的经营状况不好，所以决定中层以上高管的 2013 年度年终奖不再发放。就该主张，Y 向法庭提交了《经理办公会议纪要》一份，该纪要载明，鉴于酒店当前经营形势和国家相关政策，经酒店经理办公会研究决定，酒店部门正职管理人员 2013 年度年终奖不再发放，同时酒店员工 2014 年奖金发放办法由人力资源部重新进行修订。该纪要显示的时间为 2014 年 2 月 14 日，会议的参加人为总经理、副总经理、总经理助理、财务总监、人力资源总监。X 对该纪要的真实性不认可，称该纪要不符合法定程序。

法院裁判要旨（二审）：

① X 于 2010 年至 2012 年均有年终奖，现 Y 虽主张因 2013 年经营状况不好，所以决定中层以上高管的该年度年终奖不再发放，并就该主张向法庭提交了《经理办公会议纪要》为证。但该会议纪要所载明内容并不能证明 Y 主张的其公司 2013 年经营状况不好导致无法正常发放部门正职管理人员该年度年终奖的事实。

② 结合 Y 在 2013 年之前均存在向 X 发放年终奖的惯例，法院确认 Y 应向 X 发放 2013 年度的年终奖。

③ 鉴于双方均未就 X 2013 年度的年终奖具体数额提交证据予以证明，故法院将按照 X 2010 年至 2012 年年终奖的实发平均数额确定其 2013 年年终奖的应发数额。

（三）工资的扣除

如果用人单位和劳动者在劳动合同中约定了工资情况，用人单位就要按照约定履行支付义务，不能随意扣除工资，除非有法律许可的情况。《工资支付暂行规定》第十五条规定，在以下情况下用人单位可以代扣劳动者工资："（一）用人单位代扣代缴的个人所得税；（二）用人单位代扣代缴的应由劳动者个人负担的各项社会保险费用；（三）法院判决、裁定中要求代扣的抚养费、赡养费；（四）法律、法规规定可以从劳动者工资中扣除的其他费用。"这里的"法律、法规规定可以从劳动者工资中扣除的其他费用"主要包括劳动者自愿缴纳的企业年金、职业年金，以及劳动者应当缴纳的住房公积金等。

现实中，用人单位在对劳动者的某些行为进行惩罚时，经常会使用罚款的方式。1982年国务院颁布的《企业职工奖惩条例》曾经规定，企业可以在给予职工行政处分的同时给予一次性罚款，罚款的金额由企业决定，一般不能超过劳动者本人月标准工资的20%。然而，《企业职工奖惩条例》于2008年被国务院废止。在此情况下，企业已经没有对劳动者进行经济性罚款的依据，罚款会被认定为超出用人单位管理权的行为，本章判例6就是这类案例的典型。类似的判旨在北京已经很普遍，比如在北京顺天通物业管理有限公司与于某的劳动争议案中，由于用人单位在2014年3月对劳动者罚款100元，法官认为"根据《中华人民共和国劳动法》及《中华人民共和国劳动合同法》的相关规定，对于劳动者违反用人单位规章制度和劳动合同的行为，用人单位可以采取解除劳动合同、要求劳动者赔偿损失或者按约定支付违约金等措施，法律没有赋予用人单位对劳动者的随意罚款权，故公司应当返还对其扣发的罚款 100 元"。① 北京天兴物业管理有限公司与何某劳动争议案的判旨指出："天兴物业公司作为用人单位，不具有罚款权，故天兴物业公司 2013 年 7 月扣除何洪惠的 1080 元罚款没有法律依据，应向何某返还。"②

但是，如果有相关的地方性规定允许企业进行经济性处罚，则企业的罚款就是常态。例如，在《深圳市员工工资支付条例》第三十四条关于用人单位可以扣减工资的情况的规定中，就有"用人单位按照依法制定的规章制度对员工进行的违纪经济处罚"的内容。《深圳经济特区和谐劳动关系促进条例》第十六条规定，"用人单位依照规章制度对劳动者实施经济处分的，单项和当月累计处分金额不得超过该劳动者当月工资的百分之三十，且对同一违纪行为不得重复处分。实施处分后的月工资不得低于市政府公布的特区最低工资标准"。

另外，劳动者因为故意或者重大过失给用人单位造成损失的，对公司负有赔偿责任。《工资支付暂行规定》第十六条规定，"因劳动者本人原因给用人单位造成经济损失的，用人单位可按照劳动合同的约定要求其赔偿经济损失。经济损失的赔偿，可从劳动者本人的工资中扣除。但每月扣除的部分不得超过劳动者当月工资的20%。若扣除后的剩余工资部分低于当地月最低工资标准，则按最低工资标准支付"。

---

① 于全启与北京顺天通物业管理有限公司等劳动争议一审民事判决书，北京市昌平区人民法院［（2015）昌民初字第 1577 号］，裁判日期：2015 年 7 月 20 日。
② 何洪惠与北京天兴物业管理有限公司劳动争议一审民事判决书，北京市大兴区人民法院［（2014）大民初字第 4611 号］，裁判日期：2014 年 7 月 25 日。

判例6

用人单位不具有罚款权判例之

北京安控科技股份有限公司劳动争议案①

劳动者：郑某，以下简称 X。

用人单位：北京安控科技股份有限公司，以下简称 Y。

案情简介：

① 2003 年 10 月 8 日，X 入职 Y，双方连续签订了 7 份固定期限劳动合同。X 为每周工作 5 天、每天工作 8 小时的标准工时制员工，考勤方式为指纹打卡。X 出勤至 2014 年 8 月 8 日。2013 年 12 月 23 日至 2014 年 5 月 12 日为 X 的产假期间。产假后 X 返岗，Y 提出要撤销 X 原所在部门。X 在此期间出现工作时间玩手机及平板电脑等行为。

② Y 于 2014 年 7 月在 X 工资中扣除 600 元，原因如下：第一，X 工作时间玩手机及平板电脑，浏览与工作内容无关的外网；第二，经部门经理进行思想沟通后，X 仍拒绝从事其公司安排的工作。Y 认为 X 的上述行为均违反了劳动纪律，故根据规章制度对 X 处以罚款 600 元（包括警告处分罚款 100 元及记大过处分罚款 500 元），并对惩罚的结果进行了公示。Y 提交了《行政管理制度汇编》及 X 签领该规章制度的单据等相关证据。《行政管理制度汇编》中写明，"对被警告员工处以 100 元罚款，经理级以上管理人员处以 200 元罚款，并在全公司通报批评"。记大过处分的处理方法为："对受罚员工处以 500 元的罚款，经理级以上管理人员处以 1000 元

---

① 北京安控科技股份有限公司与郑淮丽劳动争议一审民事判决书，北京市海淀区人民法院 ［（2015）海民初字第 05564 号］，裁判日期：2015 年 3 月 18 日；北京安控科技股份有限公司与郑淮丽劳动争议二审民事判决书，北京市第一中级人民法院 ［（2015）一中民终字第 4723 号］，裁判日期：2015 年 6 月 9 日。

罚款，并在全公司通报批评，造成经济损失的赔偿相应经济损失。"

③ 2014 年 8 月 8 日，X 以 Y 克扣其 2014 年 7 月工资 600 元为由，提出解除劳动合同。之后，X 申请仲裁，要求 Y 返还克扣的工资并支付解除劳动合同经济补偿金等。

法院裁判要旨（一审）：

如 Y 撤销 X 原所在部门确因客观情况发生变化等所致，则 X 作为劳动者一方，在产假结束返岗后亦应积极进行针对调岗的协商事宜。本案中，X 在未取得协商一致的情况下，在工作场所多次浏览与工作无关网页的行为存在有失妥当之处，望其引以为戒。

进而，罚款行为本身通常系司法、行政等部门依法进行的一项惩戒行为。用人单位对劳动者具备用工自主管理权，但应限于合法合理的范畴内，现行法律法规并未赋予用人单位对劳动者的罚款权。因此，Y 依据规章制度对 X 罚款 600 元并自工资中扣除的行为并无法律依据，构成未及时足额支付 X 的劳动报酬，故应向 X 支付 2014 年 6 月 21 日至 2014 年 7 月 20 日期间的工资差额 600 元。X 以此为由提出解除劳动合同，则 Y 应当向 X 支付解除劳动合同经济补偿金。

法院裁判要旨（二审）：

根据双方当事人提交的证据，X 虽然确实存在工作期间浏览与工作无关网页的行为，但双方确实就 X 的工作岗位安排存在分歧。在此种情形中，Y 以罚款的方式处罚 X，超出了用人单位用工自主管理权的合法合理范围，构成对 X 工资收入的克扣行为，应当向 X 支付工资差额 600 元；X 以此为由提出解除劳动合同，Y 应当向 X 支付解除劳动合同经济补偿金。

（四）工资债权的履行确保措施

在现今的法制环境下，欠薪事件依然时有发生。对于如何讨薪，劳动者也是用尽智慧。从途径上看，用人单位如果拖欠劳动报酬，劳动者通常可以通过以下方式申请救济：第一，向劳动监察部门投诉举报；第二，向劳动争议仲裁委员会申请仲裁；第三，向人民法院申请支付令①。目前我国法律对欠薪补偿的惩罚力度不大，只有在符合下列情况时，劳动者才可以在得到被拖欠的工资后还获得赔偿金：在劳动行政部门责令限期支付拖欠的工资后，用人单位逾期不支付的，劳动行政部门责令用人单位按应付金额百分之五十以上百分之一百以下的标准向劳动者加付赔偿金。所以说，只有欠薪事件经过劳动行政部门处理无果后，劳动者才有得到加倍赔偿金的可能性。如果劳动者直接就欠薪申请劳动争议仲裁，则最好的结果就是所诉求的拖欠工资全额得到支持。劳动者也可以直接向人民法院申请支付令，这需要符合《中华人民共和国民事诉讼法》中关于支付令的规定，包括债权人与债务人没有其他债务纠纷、支付令能够送达债务人、给付金钱的数量明确，等等。支付令并不是发出了就立即生效，用人单位在收到支付令之日起十五日内可以向人民法院提出书面异议，针对这个异议法院不进行实质内容审查；在收到异议后，法院会裁定终结督促程序，这时支付令自行失效。支付令制度虽然提供了一条新的讨薪途径，但其实际效果并不显著。各地政府在治理欠薪方面也是各显神通，比如很多政府通过建立欠薪基金等方式来降低欠薪带来的社会影响。

此外，为了对恶意欠薪行为进行惩处和规制，刑法中增加了此方面的刑事处罚，即在2011年通过的《中华人民共和国刑法修正

---

① 《中华人民共和国劳动合同法》第三十条第二款规定："用人单位拖欠或者未足额支付劳动报酬的，劳动者可以依法向当地人民法院申请支付令，人民法院应当依法发出支付令。"《中华人民共和国劳动争议调解仲裁法》第十六条规定："因支付拖欠劳动报酬、工伤医疗费、经济补偿或者赔偿金事项达成调解协议，用人单位在协议约定期限内不履行的，劳动者可以持调解协议书依法向人民法院申请支付令。人民法院应当依法发出支付令。"

案（八）》中增加了拒不支付劳动报酬罪。以转移财产、逃匿等方法逃避支付劳动者的劳动报酬，或者有能力支付而不支付劳动者的劳动报酬，涉及数额较大，且经政府有关部门责令支付仍不支付的，可能被认定承担刑事责任。2013 年 1 月 22 日《最高人民法院关于审理拒不支付劳动报酬刑事案件适用法律若干问题的解释》发布，进一步明确了拒不支付劳动报酬罪所涉及的术语界定、定罪量刑标准、单位犯罪等问题。

劳动关系虽属民事法规范领域，但为了贯彻劳动法规范的实现，由公权力以刑罚的方式直接地介入是劳动刑法的思路。目前我国没有专门的劳动刑法典，但在刑法中有涉及劳动关系的罪行，比如重大劳动安全事故罪、强迫职工劳动罪、雇用童工从事危重劳动罪等。这些写入刑法的行为都具有十分严重的社会危害性。故意拒不支付劳动报酬也是如此，因为劳动报酬对于大多数劳动者来说意味着生活来源，拿不到工资会使劳动者的生活陷入困境。而且，劳动者已经付出的劳动是不可逆、无法取回的，不能拿到工资对劳动者的伤害非常大。在目前劳动监察力度有限、仲裁司法惩罚性弱的情况下，启用刑罚约束恶意欠薪可以说是捍卫劳动者获得工资报酬权利的有效方式。

二　加班工资的计算

劳动者在正常工作时间以外经常会加班，我国劳动法对加班程序、加班时间上限、加班工资的支付都做出了详细规定。用人单位经与工会和劳动者协商后可以延长工作时间，一般每日不得超过一小时。因特殊原因需要延长工作时间的，在保障劳动者身体健康的条件下延长工作时间每日不得超过三小时，且每月不得超过三十六小时。在出现加班情形时，用人单位应该按照 150%、200%、300% 的比例支付加班工资。由于现实情况的复杂性，劳动者和用人单位在加班的认定、加班工资基数等方面有着诸多争议，这从判例中可见一斑。

（一）加班事实的认定

现实中，对加班事实的认定往往是劳资双方各执一词。如果用人单位有规范的加班审批表，则争议最小；但如果没有，该如何认定加班事实则成为难题。虽然《最高人民法院关于民事诉讼证据的若干规定》第六条规定了劳动争议中一些情况的举证责任倒置，即"在劳动争议纠纷案件中，因用人单位作出开除、除名、辞退、解除劳动合同、减少劳动报酬、计算劳动者工作年限等决定而发生劳动争议的，由用人单位负举证责任"，但是对于加班问题，《最高人民法院关于审理劳动争议案件适用法律若干问题的解释（三）》第九条规定："劳动者主张加班费的，应当就加班事实的存在承担举证责任。但劳动者有证据证明用人单位掌握加班事实存在的证据，用人单位不提供的，由用人单位承担不利后果。"

判例 7

加班事实举证判例之

北京睿宸信诺人力资源顾问有限公司劳动争议案①

劳动者： 孔某，以下简称 X。

劳务派遣单位： 北京睿宸信诺人力资源顾问有限公司，以下简

---

① 孔祥宝与北京睿宸信诺人力资源顾问有限公司等劳动争议二审民事判决书，北京市第一中级人民法院［（2014）一中民终字第 06728 号］，裁判日期：2014 年 9 月 3 日；孔祥宝与北京睿宸信诺人力资源顾问有限公司等劳动争议一审民事判决书，北京市海淀区人民法院［（2014）海民初字第 08792 号］，裁判日期：2014 年 4 月 25 日。

称 Y。

用人单位：东宁丽致建筑装饰工程有限公司，以下简称 Z。

案情简介：

① 2011 年 4 月 1 日，X 被 Y 被派遣至 Z 担任项目副经理。X 在职期间实行标准工时制度，但就其是否存在加班，各方当事人各执一词。X 主张其每天工作八小时，除个别月份每周工作七天外，多数情况为每周工作六天，且存在法定节假日加班的情况，但 Z 未能足额支付其加班工资。Y 及 Z 则主张 X 每天工作八小时、每周工作五天，不存在加班情形。

② X 为证明存在加班事实，提交了如下证人证言，证人均为之前与 X 一起工作的同事。

证人张某当庭陈述其于 2011 年初至 2011 年底与 X 一起在 Z 工作，2011 年 2 月、3 月晚上经常值夜班，2011 年 4 月到 11 月基本晚上 7 点或 8 点才下班，2011 年 9 月集中加班没有休息，2011 年 10 月国庆节也没有休息。

证人徐某当庭陈述其于 2011 年 4 月到 10 月每月加班四天，每天大多数在晚上八九点才下班，法定节假日也在上班，且 2011 年 9 月没有休息。

证人仓某当庭陈述其于 2011 年 6 月至 2013 年 6 月在 Z 工作，2012 年 2 月至 3 月大多数晚上七八点才下班。

证人高某当庭陈述其于 2011 年 3 月至 2013 年 5 月在 Z 为施工单位的甲方单位任职，施工期间 X 大多晚上七八点以后下班，周末及法定节假日也需要有人值班。

③ 对于上述证据材料，Y 及 Z 均不认可其真实性，并提交了 X 在职期间的考勤记录。在 X 在职期间，Z 以指纹打卡的形式记录其考勤。X 对考勤记录的真实性不予认可。

④ X 于仲裁期间认可 Z 于 2011 年 8 月起对加班开始执行书面审批程序，但 X 主张自己无法掌握加班审批材料。Y 及 Z 也认可自 2011 年 8 月起正式开始对加班执行书面审批程序，但主张 X 不存在加班故而也没有加班审批材料。

法院裁判要旨（一审）：

劳动者主张加班费的，应当就加班事实的存在承担举证责任。X 现主张其存在平日延时、休息日及法定节假日加班的事实，但其提交的据以证明上述主张的证据材料均为证人证言。根据证人证言不易固定、难以单独反映案件事实的特点，在 X 未能提交其他诸如出勤记录、工作成果完成时间等证据材料证明其存在加班事实之时，本院认为 X 提交的证人证言难以单独成为认定其存在加班事实的证据。

另根据各方关于 X 加班需要审批程序的陈述，在 X 未能提交证据证明已经履行相关加班审批手续之时，本院亦对其所持存在加班的主张不予采信。综上，因就加班事实负有举证责任的 X 未能提交充分证据材料证明其所持的加班时间主张，故本院对于 X 要求 Y 及 Z 支付其延时、休息日及法定节假日加班工资及 50% 经济赔偿金的诉讼请求不予支持。

（补充事实：二审期间 X 提交了员工上下班时间表、员工月考勤表、员工请假申请单、员工加班审批单，以证明其存在加班事实。Z 不认可上述证据属于新证据，且对其真实性和证明目的不予认可。）

法院裁判要旨（二审）：

劳动者主张加班费的，应当就加班事实的存在承担举证责任。X 一审期间提供了证人证言证明其存在加班的事实，但一审法院根据证人证言不易固定、难以单独反映案件事实的特点，对其加班的主张未予认定。本院认为一审法院的认定符合法律规定。X 于二审期间提供了员工上下班时间表、员工月考勤表、员工请假申请单、员工加班审批单等证据证明其存在加班的事实，但上述证据均是其下载打印出来的，且 Z 对其真实性和证明目的不予认可。本院对上述证据亦不予采信。故本院对 X 的上诉请求不予支持。

（二）加班费的计算

对于加班费的计算基数，《中华人民共和国劳动法》并没有明确规定，《工资支付暂行规定》的要求是"按照不低于劳动合同规定的劳动者本人日或小时工资标准"为计算基数。此外，各地方也出台了相应的地方性规定。例如，《北京市工资支付规定》第四十四条规定，加班工资的日或者小时工资基数"应当按照下列原则确定：（一）按照劳动合同约定的劳动者本人工资标准确定；（二）劳动合同没有约定的，按照集体合同约定的加班工资基数以及休假期间工资标准确定；（三）劳动合同、集体合同均未约定的，按照劳动者本人正常劳动应得的工资确定。依照前款确定的加班工资基数以及各种假期工资不得低于本市规定的最低工资标准"。《山东省企业工资支付规定》第二十五条的规定为："根据本规定第二十条计算加班工资的工资基数和第二十四条第一款计算劳动者休假工资基数，应当按照劳动者上一月份提供正常劳动所得实际工资扣除该月加班工资后的数额确定。劳动者上一月份没有提供正常劳动的，按照向前顺推至其提供正常劳动月份所得实际工资扣除该月加班工资后的数额确定。"《上海市企业工资支付办法》第九条规定加班工资的计算基数按以下原则确定："（一）劳动合同对劳动者月工资有明确约定的，按劳动合同约定的劳动者所在岗位相对应的月工资确定；实际履行与劳动合同约定不一致的，按实际履行的劳动者所在岗位相对应的月工资确定。（二）劳动合同对劳动者月工资未明确约定，集体合同（工资专项集体合同）对岗位相对应的月工资有约定的，按集体合同（工资专项集体合同）约定的与劳动者岗位相对应的月工资确定。（三）劳动合同、集体合同（工资专项集体合同）对劳动者月工资均无约定的，按劳动者正常出勤月依照本办法第二条规定的工资（不包括加班工资）的70%确定。加班工资和假期工资的计算基数不得低于本市规定的最低工资标准。法律、法规另有规定的，从其规定。"

在不同的工时制度下，加班费标准也根据实际情况而有所不同。如果实行综合计算工时制，则在综合计算工时周期内按照实际工时计算工资；超过总标准工时的部分，则按照150%支付加班工资；在法定节假日，按照300%支付加班工资。而对于实行不定时工作制度的情形，由于用人单位对工作本身的工作时间不进行约束，所以用人单位仅需支付法定节假日加班费。实行计件工资制的劳动者同样也可以按比例获得加班费。在完成计件定额任务后，用人单位安排员工在标准工时以外工作的，分别按照不低于计件单价的150%、200%、300%支付加班工资。

判例8

加班费计算基数判例之
北京融德人力咨询服务有限责任公司劳动争议案[①]

劳动者：郭某，以下简称X。

用人单位：北京融德人力咨询服务有限责任公司，以下简称Y。

---

① 郭魏伦与北京融德人力咨询服务有限责任公司等劳动争议二审民事判决书，北京市第三中级人民法院［（2015）三中民终字第08110号］，裁判日期：2015年8月19日。

案情简介：

① 2008 年 1 月 11 日，X 与 Y 签订了劳动合同，约定 Y 派遣 X 至北京首都机场餐饮发展有限公司工作。X 在北京首都机场餐饮发展有限公司从事机场客服类工作，用工单位执行综合计算工时制度。Y 每月 28 日前以货币形式支付 X 上月工资，月工资按不低于北京市最低工资标准执行。

② 2010 年 12 月 20 日，Y 与 X 续订劳动合同至 2014 年 1 月 10 日。2014 年 1 月 10 日，Y 拒绝与 X 签订无固定期限劳动合同，发生劳动争议。X 要求 Y、北京首都机场餐饮发展有限公司支付违法终止劳动合同的经济补偿金与拖欠的工资、加班费，以及支付 2014 年 1 月过节费 1000 元和国泰购物卡等。这里仅就加班事项展开讨论，其余省略。

③ 关于加班情况，X 称其在 2008 年 1 月 11 日至 2009 年 6 月 30 日期间是上一天班休息一天，工作时间是早上 6 点到晚上 10 点，故其主张此期间的休息日加班费。X 还称其于 2009 年 7 月至 2014 年 1 月 10 日期间每天工作 11.5 个小时，早上 9 点 30 分上班，晚上 9 点下班，因此其主张此期间的延时加班费及休息日加班费。X 就此提供了证人李某的证言。

④ Y 对此不予认可，主张公司只对两年备查期内的工资支付记录承担举证责任，且 X 在机场航站楼里工作，属于机场旅客服务类人员，劳动合同中明确约定执行综合计算工时制度，对 X 是按照每个月 199 个小时来排班的，其中 167 个小时是每月的正常工作时间，32 个小时为加班时间，Y 是按照北京市最低工资标准的 150% 支付加班费的。Y 提供了有 X 签名的考勤表。X 对该考勤表的真实性不予认可，但对其签字不申请笔迹鉴定。关于加班费的计算基数，根据双方劳动合同第十条的约定，X 月工资按不低于北京市最

低工资标准执行或按用工单位相关薪酬标准执行。加班标准按用工单位规定进行核算，无法测算的则按北京市当年最低工资标准予以核算。

⑤ X 提起仲裁，要求 Y 根据自己实际取得的工资收入，支付延时加班 32 小时的加班费差额，后又诉至法院。

法院裁判要旨（二审）：

① 根据相关批复、通知及劳动合同的约定，可以认定 X 所在岗位实行的是综合计算工时工作制，故对于 X 关于休息日加班费的主张，一审法院不予支持并无不当。

② 关于加班时间，根据《最高人民法院关于审理劳动争议案件适用法律若干问题的解释（三）》第九条之规定，劳动者主张加班费的，应当就加班事实的存在承担举证责任。根据《最高人民法院关于适用〈中华人民共和国民事诉讼法〉的解释》第一百零八条第二款之规定，对一方当事人为反驳负有举证证明责任的当事人所主张事实而提供的证据，人民法院经审查并结合相关事实认为待证事实真伪不明的，应当认定该事实不存在。X 主张其延时加班 132 小时，应就此承担举证责任，但在本案中，X 并未提交任何证据。Y 为反驳 X 该主张提供了考勤表。关于该考勤表，尽管存在代签情形，但由于 X 对签名情况的陈述意见在仲裁、一审、二审程序中多次变更，且前后并不吻合，故本院认为，不能仅以考勤表存在代签情形即推定 X 主张的延时加班 132 小时的事实成立。X 未能提交任何证据证明自己的事实主张，故其应承担待证事实真伪不明的不利后果。

③ 关于加班费计算基数，X 主张为实际取得的工资收入，Y 主张双方在劳动合同书中明确约定为北京市最低工资标准。双方的劳动合同第十条约定，X 的加班费计算标准按用工单位规定进

行核算，如无法测算则按北京市当年最低工资标准予以核算。本院认为，根据该条约定，X加班费的计算基数应先进行核算，无法核算的才能按照最低工资标准计算。本案中，Y提交了X于2012年2月至2014年1月的工资表明细，列明了工资构成情况，由此可见，X的加班费计算基数能够进行核算。其中，加班工资和节假日加班费不应计入计算基数；其余实发绩效工资、工资性补贴、其他工资等项目均为相对固定的收入，应计入加班费计算基数。

根据X银行账户的交易历史表，Y除支付工资表中的金额外，还在部分月份支付了其他款项。对于该部分款项，由于Y不能说明具体名目，故应认定为X的工资收入，列入加班费计算基数。对于未列明公司名称但列明相同支付账号的款项，由于X的工资均为该账号支付，且Y认可该账号为中国银行代发工资账户，故其对应的支付款项亦应被认定为X的工资收入，列入加班费计算基数。

因此，本院认为，Y未经核算即按照北京市最低工资标准支付加班费的做法不符合双方劳动合同的约定。经本院核算，X在2012年、2013年的加班费计算基数应分别为平均每月2730.67元、3080.92元，2012年应得加班费为8633.5元（2730.67元÷167小时×32小时×1.5倍×11个月），2013年应得加班费为10626.41元（3080.92元÷167小时×32小时×1.5倍×12个月），Y已支付8530元（350元/月×11个月+390元/月×12个月），还应支付10729.91元。

至于其余时间段的延时加班情况，因X未能提供证据予以证明，故对其相应上诉请求，本院不予支持。

判例 9

加班费计算基数判例之
北京铁建永泰新型建材有限公司劳动报酬案①

劳动者：任某，以下简称 X。

用人单位：北京铁建永泰新型建材有限公司，以下简称 Y。

案情简介：

① 2013 年 5 月 27 日，X 入职 Y，从事罐车司机工作，双方于 2013 年 12 月 30 日签订书面劳动合同，约定：X 适用综合计算工时制度；月工资包括基础工资 1200 元、安全奖 200 元、通讯费 100 元，按运送方量计提效益工资。员工已阅读员工手册和《罐车、泵车管理办法》等内容，并愿意严格遵守上述规章制度。合同期限自 2014 年 1 月 1 日起至 2014 年 12 月 31 日止。2014 年 7 月 10 日，X 以家中有事为由离职。

② Y 的铲车、泵车、罐车司机岗位实行综合计算工时工作制，取得了劳动行政部门许可。其《罐车、泵车管理办法》规定，公司向司机支付的绩效工资（方量提成）中的 40% 为加班费，按月计发，没有加班或者加班不足的无须退还。

③ X 主张其工作期间存在延时、休息日及法定节假日加班，Y 未支付加班费。对于工作时间，X 认为车次间隙或不出车时也要在调度室等待，也应算作工作时间，所以工作时间远远超过法定时间。Y

主张实际出车时间才算工作时间，X 的工作时间并未超过法定标准。

法院裁判要旨（一审）：

对于实行综合计算工时工作制期间 X 出车的情形，因出车记录未记载 X 每车次的返回时间，双方对于车次的运送时间存在较大争议。考虑到在装卸期间司机可以适当休息，工作强度明显低于正常驾驶期间的特性，结合出车记录记载的 X 每天出车次数、运送距离，此种情形下 X 的实际工作时间认定为每天 8 小时为宜。对于其余 X 出勤但未出车的情形，因 X 的工作由 Y 进行管理、安排，X 虽未出车亦应视为 X 正常提供劳动，此种情形下亦应按每天 8 小时标准计算 X 的实际工作时间。依照上述原则核算，在综合计算工时的周期内，X 的实际工作时间已超过法定时间，故 X 存在延时加班的情形。Y 应依法支付 X 加班费。

Y 与 X 签订的劳动合同虽约定把《罐车、泵车管理办法》作为劳动合同附件，但 X 对《罐车、泵车管理办法》的内容不予认可，且方量计提效益工资系 X 收入的主要组成部分，系 X 所提供劳动的主要对价，《罐车、泵车管理办法》规定方量计提效益工资的 40% 作为加班费的内容明显缺少合理性，故对 Y 以此为由主张已支付加班费的意见，不予采信。

对于加班费的具体计算，现 Y 已支付 X 实际工作量应得的方量计提效益工资。除此之外，Y 还应支付加班工资差额，同时 Y 已支付的法定节假日加班工资应予以扣除。

法院裁判要旨（二审）：

Y 主张按照《罐车、泵车管理办法》的约定内容，应以方量计提效益工资的 40% 作为加班费缺乏合理依据。一审法院结合双方举证情况及实际情况确定的加班费用并无不当，Y 的上诉主张缺乏事实依据及法律依据，本院不予认可。

判例 10

计件工资与加班费判例之

上海鸿鸿压铸有限公司劳动争议案①

劳动者：马某，以下简称 X。

用人单位：上海鸿鸿压铸有限公司，以下简称 Y。

案情简介：

① X 于 2004 年 4 月进入 Y，担任操作工。双方最后一份劳动合同的期限为 2014 年 4 月 1 日至 2015 年 3 月 31 日。合同约定 X 实行标准工时制，其工资实行计件工资制，计件单价以不同产品的实际单价为准。工作期间，公司统一安排包括 X 在内的车间员工整体按班组进行加班。Y 有车间日记录表，上面有由相关管理人员记载的 X 的当日工作时间及其全部计件产量。

② X 认为其存在在平时的工作日及双休日加班的情况，且 Y 未支付加班工资。2014 年 6 月 25 日，X 申请仲裁，要求公司支付 2012 年 6 月 25 日至 2014 年 5 月 8 日期间工作日及双休日的加班工资。X 提供了 2012 年 6 月至 2014 年 5 月的车间日记录表作为证据，其中记录了包括 X 在内的所有车间人员每天工作的起止时间与加工产品的名称、单价及数量。同时，制作该表的车间班长作为证人出庭作证。

③ Y 认为双方的劳动合同及公司的规章制度中已经约定，加班必须得到部门经理的批准并填写加班申请单，否则不视为加班；需

① 马金环与上海鸿鸿压铸有限公司劳动合同纠纷一审民事判决书，上海市青浦区人民法院［（2014）青民四（民）初字第 1787 号］，裁判日期：2015 年 5 月 8 日；马金环与上海鸿鸿压铸有限公司劳动合同纠纷二审民事判决书，上海市第二中级人民法院［（2016）沪 02 民终 1876 号］，裁判日期：2016 年 3 月 31 日。

加工的产品均存放于车间内，X可以自行安排工作时间；因X工资实行计件工资制，其主观上想增加收入，并非公司安排加班，故无须支付加班工资。Y提出计件工资制本身就是多劳多得，员工超时工作是为了完成更多的产量，从而获得更多的工资。这些多获得的工资就是超时工作的收入，因此无须再支付加班工资。

④ 双方后来又诉至法院。

法院裁判要旨（一审）：

① 2012年6月25日至2014年5月8日，由于Y没有证据证明除已支付的计件工资外还另行支付过加班工资，故本院认定在上述期间Y只支付了原告100%部分的计件工资，此期间内制度工作日和休息日加班工资的50%及100%差额部分均未支付。

② Y方管理人员针对X等计件工资人员填写的日记录表，既是X、Y计算与核对计件工资的依据，也是双方对于由Y安排的包括加班时间在内的工作时间及在该工作时间内的工作量的确认，因此Y安排X加班的相应加班工资应当按照该记录表所记载的内容进行计算。其中先剔除工作时间为8小时的制度工作日，以及制度工作日休息作为休息日加班调休的部分。在此基础上，对于区分了8小时内、外计件产量的制度工作日加班工资差额，按照加班时间内相应计件产量50%的计件工资标准计算；对于无法区分8小时内、外计件产量的制度工作日加班工资差额，从公平合理的角度出发，应先将X当日全部计件产量按照工作时间折算为小时单位内的计件产量，再以当日的加班时间按照50%的计件工资标准计算；至于以制度工作日休息作为调休抵扣之后的休息日加班工资差额，则按照当日记载的全部计件产量100%的计件工资标准计算。

后Y上诉，二审维持原判。

（三）加班与值班的区别

现实中还有加班和值班的区别问题。加班指劳动者在平时正常工作时间外继续从事自己的本职工作，是对本职工作的延续。值班可分为本职性值班和附随性值班。本职性值班指与劳动者本职工作有关联，但值班期间可以休息的工作，一般为非生产性的工作，应当属于广义上的加班范畴。附随性值班指单位因安全、消防、假日等需要，临时安排或根据制度安排劳动者从事与其本职工作无关联的工作。目前，我国对值班制度的适用条件和适用范围尚未形成相关的制度规制。法院在此问题上主要考察劳动者是否继续在原来的岗位上工作，或者是否有具体的生产、经营任务。

判例11

加班与值班的区别判例之

北京北安建达物业管理有限公司劳动争议案[①]

劳动者：康某，以下简称 X（共涉及劳动者6名，这里以康某为例）。

用人单位：北京北安建达物业管理有限公司，以下简称 Y。

劳务派遣单位：北京利柏仁信息咨询有限公司，以下简称 Z。

案情简介：

① X 系 Z 员工，被派遣至 Y 从事中控值班员工作。X 与 Z 签订有3份劳动合同，合同期限自2010年1月1日起连续至2014年

[①] 北京北安建达物业管理有限公司等与北京利柏仁信息咨询有限公司劳动争议二审民事判决书，北京市第三中级人民法院［（2014）三民终字第14997号］，裁判日期：2014年11月17日；北京北安建达物业管理有限公司等与北京利柏仁信息咨询有限公司劳动争议一审民事判决书，北京市朝阳区人民法院［（2014）朝民初字第08977号］，裁判日期：2014年6月18日。

12月30日止。X在Y正常工作至2014年2月9日，Y支付X工资亦截至该日。Y为物业管理公司，为保证业主的水电等基础设施的正常提供设立了中控室，X为中控室看守人员，原则上其工作时间为上24小时休48小时。Y、Z均未就X所从事的岗位向劳动行政部门申请适用特殊工时制度。

②X在2013年3月15日前的工作时间为上24小时休48小时；从2013年3月15日开始，其工作时间分为白班和夜班，白班为早上8点至晚上8点，夜班为晚上8点至次日早上8点，白班上12小时休24小时，夜班上12小时休48小时。另外，Y及Z主张2013年3月15日前X上的班次在晚上是可以休息的，2013年3月15日之后的班次是不可以休息的。

③2013年9月6日，X申请仲裁，要求Y支付2008年12月16日至2013年9月15日期间延时加班费72232.8元等各项。仲裁委员会支持延时加班费31408.27元，Y诉至法院。

④Y主张其从未安排X有过任何加班，在8小时工作之外，公司仅安排X从事了与其本职工作有关的值班任务，但不应将值班混淆为加班，因此自己无须向X支付所谓的加班费；X作为公司的中控室值班人员，如果其24小时中的前8小时值班可以被算作标准工作时间的话，那么此后的16小时值班仅为Y安排X从事的与本职工作有关的值班任务；此16小时为晚间，在未发生设备故障的情况下，值班人员无须进行任何操作，公司允许值班人员进行正常的休息；X主张其"上班期间没有休息时间"，既不符合中控室的工作性质和实际需求，亦明显不符合自然生理规律，且Y安排的每日值班人员均为两人，并非其一人单独值班，则更无须X 24小时不眠不休；现X提出支付8小时之外延时加班费的主张，既无事实依据，亦无法律依据。

法院裁判要旨（一审）：

劳动者的休息权是一种宪法权利，我国劳动法及相关法规对用人单位延长工作时间的限制性规定就是为了保障劳动者休息权的实现。加班费是指劳动者按照用人单位生产和工作的需要在规定工作时间之外继续生产劳动或者工作所获得的劳动报酬。本案的主要争议焦点是，X 所主张的延时加班工作的性质是值班还是加班，以及是否需要支付加班费或值班津贴。

加班是指劳动者在平时正常工作时间外继续从事自己的本职工作，是对本职工作的延续。值班则是指单位因安全、消防、假日等需要，临时安排或根据制度安排劳动者从事与其本职无关联的工作；或者从事虽与劳动者本职工作有关联但值班期间可以休息的工作，一般为非生产性的工作。严格来讲，值班不是一个法律概念，而是一个约定俗成的称谓。值班可分为本职性值班和附随性值班，其含义和内容也有很大差别。对于本职性值班人员，其工作时间可以适当超过法定工作时间。雇主要求本职性值班的劳动者超过约定工作时间工作，或者于约定休息之例假日（即所谓的周六日）、特别休假日（即所谓的法定节假日）出勤工作，应当依法支付加班费。附随性值班时间属于工作时间，劳动者有权获得值班津贴。同时，目前为止，我国对值班制度的适用条件和适用程度尚未有严格的限制和相关制度规制。由此不难看出，本职性的值班应当属于广义上的加班范畴。我们通常在认定加班和值班的问题上，主要考察劳动者是否继续在原来的岗位上工作，或者是否有具体的生产、经营任务。

就本案而言，虽然 Y 主张其安排 X 从事的工作属于值班，但并未就公司关于值班的制度提供相关的规定。另外，关于 Y 称在工作期间 X 可以休息的主张，虽然其提交了照片等证据，但上述证据

均不足以证明该主张，且 X 对此不予认可，故本院无法确认 X 在工作期间可以休息的事实。此外，Y 及 Z 均未就 X 所从事的岗位申请特殊工时制度。

综上，本院根据 X 及 Y 所陈述的工作（值班）时间依法确认 X 从事的延时工作的时间属于加班而非值班，Y 应当依法向 X 支付延时加班工资。本院将根据本案的全部证据材料与各方的陈述以及双方确认的工作周期等情况，在扣减 Y 已经向 X 支付的加班工资后确定具体的应当支付的全部加班费的数额……裁判 Y 于本判决生效后七日内支付 X 在 2010 年 1 月 1 日至 2013 年 9 月 15 日期间的延时加班费 9728.85 元……

后双方都上诉至二审法院。二审法院认为一审法院认定的加班费金额并无不当，予以确认。

三　绩效考核与工资核算

在人力资源管理实践中，很多劳动者的工资都和绩效正相关，这时工资的发放就涉及绩效考核问题。而绩效考核是否合理公正，劳动者是否认可考核结果，则成为现实中容易出现争议的地方。虽然用人单位从管理的角度看有权对劳动者的工作情况做出评价，但是这种权力需要在合理的边界内使用。判例 12 的二审判旨明确提出了程序正义的审查方式，也就是司法裁判者在尊重管理权的同时，可以着重考察用人单位考核程序的公平性和合理性，通过程序正义对用人单位的单方考核权进行制衡。判例 13 是关于高管绩效工资的争议。在本案中，由于案情复杂且涉及争议工资高达 300 余万元，审理法庭从诉讼时效、劳动者身兼两职的情况、劳动者工作目标完成情况、用人单位绩效制度执行情况等多个方面对绩效工资

判例 9

<h2 style="text-align:center">加班费计算基数判例之
北京铁建永泰新型建材有限公司劳动报酬案①</h2>

劳动者：任某，以下简称 X。

用人单位：北京铁建永泰新型建材有限公司，以下简称 Y。

案情简介：

① 2013 年 5 月 27 日，X 入职 Y，从事罐车司机工作，双方于 2013 年 12 月 30 日签订书面劳动合同，约定：X 适用综合计算工时制度；月工资包括基础工资 1200 元、安全奖 200 元、通讯费 100 元，按运送方量计提效益工资。员工已阅读员工手册和《罐车、泵车管理办法》等内容，并愿意严格遵守上述规章制度。合同期限自 2014 年 1 月 1 日起至 2014 年 12 月 31 日止。2014 年 7 月 10 日，X 以家中有事为由离职。

② Y 的铲车、泵车、罐车司机岗位实行综合计算工时工作制，取得了劳动行政部门许可。其《罐车、泵车管理办法》规定，公司向司机支付的绩效工资（方量提成）中的 40% 为加班费，按月计发，没有加班或者加班不足的无须退还。

③ X 主张其工作期间存在延时、休息日及法定节假日加班，Y 未支付加班费。对于工作时间，X 认为车次间隙或不出车时也要在调度室等待，也应算作工作时间，所以工作时间远远超过法定时间。Y

---

① 北京铁建永泰新型建材有限公司与任庭华追索劳动报酬纠纷二审民事判决书，北京市第三中级人民法院〔（2015）三中民终字第 06752 号〕，裁判日期：2015 年 6 月 8 日；北京铁建永泰新型建材有限公司与任庭华追索劳动报酬纠纷一审民事判决书，北京市通州区人民法院〔（2015）通民初字第 00965 号〕，裁判日期：2015 年 3 月 25 日。同类判例还有魏会清与北京铁建永泰新型建材有限公司追索劳动报酬纠纷等共 7 起，这些判例的劳动者岗位类似且案情相似。

主张实际出车时间才算工作时间，X 的工作时间并未超过法定标准。

法院裁判要旨（一审）：

对于实行综合计算工时工作制期间 X 出车的情形，因出车记录未记载 X 每车次的返回时间，双方对于车次的运送时间存在较大争议。考虑到在装卸期间司机可以适当休息，工作强度明显低于正常驾驶期间的特性，结合出车记录记载的 X 每天出车次数、运送距离，此种情形下 X 的实际工作时间认定为每天 8 小时为宜。对于其余 X 出勤但未出车的情形，因 X 的工作由 Y 进行管理、安排，X 虽未出车亦应视为 X 正常提供劳动，此种情形下亦应按每天 8 小时标准计算 X 的实际工作时间。依照上述原则核算，在综合计算工时的周期内，X 的实际工作时间已超过法定时间，故 X 存在延时加班的情形。Y 应依法支付 X 加班费。

Y 与 X 签订的劳动合同虽约定把《罐车、泵车管理办法》作为劳动合同附件，但 X 对《罐车、泵车管理办法》的内容不予认可，且方量计提效益工资系 X 收入的主要组成部分，系 X 所提供劳动的主要对价，《罐车、泵车管理办法》规定方量计提效益工资的 40% 作为加班费的内容明显缺少合理性，故对 Y 以此为由主张已支付加班费的意见，不予采信。

对于加班费的具体计算，现 Y 已支付 X 实际工作量应得的方量计提效益工资。除此之外，Y 还应支付加班工资差额，同时 Y 已支付的法定节假日加班工资应予以扣除。

法院裁判要旨（二审）：

Y 主张按照《罐车、泵车管理办法》的约定内容，应以方量计提效益工资的 40% 作为加班费缺乏合理依据。一审法院结合双方举证情况及实际情况确定的加班费用并无不当，Y 的上诉主张缺乏事实依据及法律依据，本院不予认可。

判例 10

<h2 style="text-align:center">计件工资与加班费判例之
上海鸿鸿压铸有限公司劳动争议案①</h2>

劳动者：马某，以下简称 X。

用人单位：上海鸿鸿压铸有限公司，以下简称 Y。

案情简介：

① X 于 2004 年 4 月进入 Y，担任操作工。双方最后一份劳动合同的期限为 2014 年 4 月 1 日至 2015 年 3 月 31 日。合同约定 X 实行标准工时制，其工资实行计件工资制，计件单价以不同产品的实际单价为准。工作期间，公司统一安排包括 X 在内的车间员工整体按班组进行加班。Y 有车间日记录表，上面有由相关管理人员记载的 X 的当日工作时间及其全部计件产量。

② X 认为其存在在平时的工作日及双休日加班的情况，且 Y 未支付加班工资。2014 年 6 月 25 日，X 申请仲裁，要求公司支付 2012 年 6 月 25 日至 2014 年 5 月 8 日期间工作日及双休日的加班工资。X 提供了 2012 年 6 月至 2014 年 5 月的车间日记录表作为证据，其中记录了包括 X 在内的所有车间人员每天工作的起止时间与加工产品的名称、单价及数量。同时，制作该表的车间班长作为证人出庭作证。

③ Y 认为双方的劳动合同及公司的规章制度中已经约定，加班必须得到部门经理的批准并填写加班申请单，否则不视为加班；需

---

① 马金环与上海鸿鸿压铸有限公司劳动合同纠纷一审民事判决书，上海市青浦区人民法院〔（2014）青民四（民）初字第 1787 号〕，裁判日期：2015 年 5 月 8 日；马金环与上海鸿鸿压铸有限公司劳动合同纠纷二审民事判决书，上海市第二中级人民法院〔（2016）沪 02 民终 1876 号〕，裁判日期：2016 年 3 月 31 日。

加工的产品均存放于车间内，X 可以自行安排工作时间；因 X 工资实行计件工资制，其主观上想增加收入，并非公司安排加班，故无须支付加班工资。Y 提出计件工资制本身就是多劳多得，员工超时工作是为了完成更多的产量，从而获得更多的工资。这些多获得的工资就是超时工作的收入，因此无须再支付加班工资。

④ 双方后来又诉至法院。

法院裁判要旨（一审）：

① 2012 年 6 月 25 日至 2014 年 5 月 8 日，由于 Y 没有证据证明除已支付的计件工资外还另行支付过加班工资，故本院认定在上述期间 Y 只支付了原告 100% 部分的计件工资，此期间内制度工作日和休息日加班工资的 50% 及 100% 差额部分均未支付。

② Y 方管理人员针对 X 等计件工资人员填写的日记录表，既是 X、Y 计算与核对计件工资的依据，也是双方对于由 Y 安排的包括加班时间在内的工作时间及在该工作时间内的工作量的确认，因此 Y 安排 X 加班的相应加班工资应当按照该记录表所记载的内容进行计算。其中先别除工作时间为 8 小时的制度工作日，以及制度工作日休息作为休息日加班调休的部分。在此基础上，对于区分了 8 小时内、外计件产量的制度工作日加班工资差额，按照加班时间内相应计件产量 50% 的计件工资标准计算；对于无法区分 8 小时内、外计件产量的制度工作日加班工资差额，从公平合理的角度出发，应先将 X 当日全部计件产量按照工作时间折算为小时单位内的计件产量，再以当日的加班时间按照 50% 的计件工资标准计算；至于以制度工作日休息作为调休抵扣之后的休息日加班工资差额，则按照当日记载的全部计件产量 100% 的计件工资标准计算。

后 Y 上诉，二审维持原判。

的发放进行了详细审查。此外，本案的判决书又从理论层面对劳动关系形式上的平等性与实质上的从属性进行了论述，有理有据地支持了劳动者的合法要求。综上所述，该判例堪称工资方面判例的典范。

判例 12

绩效考核中的程序正义判例之国民信托有限公司劳动争议案[①]

劳动者：胡某，以下简称 X。

用人单位：国民信托有限公司，以下简称 Y。

案情简介：

① X 于 2011 年 6 月 20 日入职 Y，双方签订了期限为 2012 年 6 月 21 日至 2015 年 6 月 20 日的劳动合同，约定："X 在资讯科技服务部从事高级项目经理岗位；X 同意在本合同期限内，根据公司规章制度规定并视经营情况和工作需要，Y 可以变更或调整 X 的岗位及工作内容，其工资及福利待遇将随岗位变动而做相应变动；X 月工资为 30000 元。"

② 2013 年 10 月 16 日，Y 向 X 发出岗位调整确认函，其中载明："根据公司业务发展及资讯科技部门的工作需要，鉴于未来异地业务团队人员不断增加，经公司研究决定，就岗位调整事宜安排如下：自 2013 年 10 月 16 日起，X 的任职岗位由高级项目经理调整为 IT 工程师（高级经理级），岗位工资自调岗之日起调整为人民币 18000 元（税前）。"X 在该岗位调整确认函上写明"不同意岗位调整"并签名。

---

① 国民信托有限公司与胡小军劳动争议二审民事判决书，北京市第二中级人民法院 [（2015）二中民终字第 03710 号]，裁判日期：2015 年 6 月 5 日。

③ 2014 年 2 月 20 日，Y 向 X 发出《劳动关系解除通知》，其中载明："2013 年 10 月 16 日，公司向您发送了岗位调整通知，您的任职岗位由高级项目经理调整为 IT 工程师（高级经理级），您签署'不同意岗位调整'。2014 年 1 月 24 日，公司再次向您发送了岗位调整确认函，向您征询意见，是否同意岗位变动。截至 2014 年 2 月 19 日，公司未能与您就岗位调整事宜达成一致。根据劳动合同法第四十条第（三）项，自 2014 年 2 月 20 日起，公司与您解除劳动合同。"

④ 后 X 申诉至仲裁委员会，要求 Y 支付 2013 年 10 月 16 日至离职之日降薪导致的工资差额、2013 年度奖金 150000 元、违法解除劳动合同赔偿金等各项。

⑤ 对上述各项双方均各执一词，下面选取两项矛盾点予以说明。

关于工资差额，X 认为变更职务和工资属于劳动合同的重大变更，应当由 Y 和其协商一致后再变更，不能单方变更。对此，Y 并未与劳动者协商一致，所以应当支付工资差额。Y 主张 2013 年 10 月 16 日 X 原来从事的岗位没有了，公司对 X 进行了调岗，按照合同约定和公司规定，薪资应随岗位变动，这是符合法律规定的。

关于 2013 年度年终奖，Y 主张公司依据《2013 年度绩效考核实施方案》进行考核，X 知晓上述方案，但 2013 年度 X 绩效考核不合格，所以不应当享有该年度的年终奖。年终奖不属于双方约定工资，在劳动合同中没有此项约定。年终奖属于用人单位对员工的额外奖励，Y 享有分配权，而享受年终奖的基本前提是绩效考核要合格，X 主张 150000 元的年终奖没有任何事实和法律依据。X 认为公司 2012 年发放过奖金，2013 年和其职务相当的职工也有奖金，按照同工同酬原则，X 应当得到年终奖。

法院裁判要旨（一审）：

① 对于工资标准的变更，用人单位应当与劳动者协商，现 Y 仅

依据对 X 工作岗位的变更而降低其工资标准，并按照 18000 元／月的标准支付其 2013 年 10 月 16 日至 2014 年 1 月 31 日期间的工资，显然不妥。X 于 2014 年 2 月 20 日收到劳动合同的解除通知，双方解除劳动关系的日期应为 2014 年 2 月 20 日，对于劳动关系解除当日的工资，Y 应当支付。Y 现要求不支付 X 在 2013 年 10 月 16 日至 2014 年 2 月 20 日期间的工资差额的诉讼请求于法无据，不予支持。

② 对于年终奖的发放情况，应当遵循有约定从约定的原则。用人单位有权依据其经营状况以及劳动者的表现，自主决定年度奖金发放与否以及发放的数额。现双方订立的劳动合同并未就年度奖金金额或年终奖如何发放进行约定，X 亦未提交双方存在年终奖约定的相关证据。Y 现要求不支付 X 2013 年度奖金 150000 元的诉讼请求理由恰当，法院予以支持。

判决后，X 就年终奖一项不服判决，上诉到二审法院，要求二审法院改判 Y 向 X 支付 2013 年度奖金 150000 元。

法院裁判要旨（二审）：

Y 依据《2013 年度绩效考核实施方案》对全体员工 2013 年的工作业绩进行年终考核，考核结果被用于 2013 年度奖金的计发，被评为不合格的员工不享有年终奖金。因此，X 是否应享有 2013 年年终奖的先决条件是 X 在 2013 年度的年终考核结果是否合格。

现 Y 对 X 做出了 2013 年度年终考核结果为"不合格"的认定并据此认为 X 无权享有 2013 年度年终奖，X 不服 Y 的上述考核认定结果并诉诸司法程序。据此，法院及劳动仲裁部门是否应对 Y 做出的绩效考核认定结果进行审查以及如何进行审查成为本案审理的关键点。

对此，本院认为，用人单位对员工的年终考核属于其行使用工管理权和用工自主权的范畴，用人单位实际掌握员工全年的工作表现及完成工作业绩的情况，因此员工的年终考核结果是否合格应当由用人单位根据员工全年的工作表现和工作业绩做出客观公允的认定。对于工作业绩目标未以数字化形式进行量化的特定工作，员工难以提供证据证明其达到用人单位设定的工作业绩目标，在此情况下，法院或者劳动仲裁部门并无可能对员工的工作业绩和绩效指标进行对比并得出员工绩效考核是否合格的结论，因此法院和劳动仲裁部门对用人单位认定考核结果的实体依据是否进行审查应当慎之又慎。

然而，用人单位对员工做出的考核结果认定应当建立在考核实施之前即已预设的考核程序之上，用人单位是否严格按照严谨设定好的考核程序对员工进行实体考核，直接影响到员工考核结果是否客观公允。因此，绩效考核程序对于用人单位公平公正行使用工管理权，以及保障员工与考核相关的利益均具有重要意义。鉴于考核程序所具有的重要价值，以及其公开透明且便于第三方评判的属性，在司法程序中，法院和劳动仲裁部门应当对用人单位实施的考核程序进行审查。

具体到本案而言，Y 在 2013 年年终绩效考核之前通过的《2013 年度绩效考核实施方案》及其附件对部门员工设定有至少七项考核程序，即：一、部门员工完成《2013 年度工作总结和 2014 年度工作计划》；二、部门员工与部门负责人共同制定工作关键绩效指标（KPI），完成《员工绩效考核表》；三、部门负责人建立员工日常绩效台账或工作周/月报制度，记录工作和考核内容，作为绩效评分的依据；四、《绩效考核汇总表》经分管领导确认后提交至人力资源部；五、人力资源部汇总各部门员工考核结果，并上报总办会，由总办会核定最终考核结果；六、考核结果公布后，各岗位直接上级向考核对象反馈最终考核结果，并进行绩效反馈面谈，填写《绩效反馈面谈表》；七、对考核结果持有异议的被考核人可以书面形式向人力资源部提交申诉表，由人力资源部先行协调处理，总办会最终处理。由此可见，Y制定了周密严谨的员工绩效考核程序，其应当严格按照上述绩效考核程序对员工实施考核并保留实施考核程序的相关证据，以备处理员工申诉或完成举证责任所需。有鉴于此，法院或劳动仲裁部门对Y实施绩效考核的审查偏重于程序审查，即形式审查，如Y未完整提交实施上述七项程序的相关证据，其认定的员工绩效考核结果之正当性即受到质疑及否定；反之，如Y完整提交实施上述七项程序的相关证据，其认定的员工绩效考核结果之正当性即应当受到肯定。

基于上述审查原则，本院将对Y是否按照预设的七项考核程序实施考核进行逐项形式审查。

第一，Y未提交X的《2013年度工作总结和2014年度工作计划》，亦未提交X拒绝提交《2013年度工作总结和2014年度工作计划》的相关证据，此项程序缺失。

第二，Y未提交本次考核涉及的工作关键绩效指标（KPI）系资讯科技部负责人与X共同制定的相关证据，亦未提交X拒绝参与制定工作关键绩效指标（KPI）的相关证据。Y提交的X的2013年度绩效考核表缺少X本人的签字确认以及人力资源部经办人的签字，Y亦无证据证明其在将X的2013年度绩效表提交人力资源部之前即已征求了X本人的意见，故此项程序存有缺失。

第三，Y未提交资讯科技部负责人建立的员工日常绩效台账或工作周/月报，导致相关的工作和考核内容不能体现，此项程序缺失。

第四，Y提交的电子邮件内容足以反映出资讯科技部已将《绩效考核汇总表》提交至人力资源部的事实，此项程序完成。

　　第五，Y未提交证据证明人力资源部汇总各部门员工考核结果后向总办会报送的相关证据，亦无总办会核定最终考核结果的相关证据，此项程序缺失。

　　第六，Y提交的电子邮件证明考核结果公布后资讯科技部负责人谢某向X反馈了最终考核结果，并通知X通过电话形式进行绩效反馈面谈并填写《绩效反馈面谈表》，X未予以回应，此项程序应视为完成。

　　第七，Y提交了X的绩效考核申诉表，但因X本人未予签字，故人力资源部负责人告知X签字后再行调查处理，X未予以回应，此项程序应视为完成。

　　综上，Y提交的证据仅可证明其完成了预设的绩效考核程序的第四、第六、第七项程序，除此之外的第一、第二、第三、第五项程序均存在不同程度的缺失。由此，基于现有证据判断，Y并未严格按照其预设的七项考核程序对X实施绩效考核，对其在程序存有缺失的情况下得出的绩效考核结果之正当性应当予以否定，即对Y对X做出的2013年度绩效考核"不合格"的认定结论应予以否定。在此基础上，对于X是否应当获得2013年度年终奖金，应当根据公司《2013年度绩效考核实施方案》，在参照同部门其他员工的2013年度奖金分配情况后，遵循公平原则予以确定。现《2013年度绩效考核实施方案》明确规定绩效考核结果应用于员工2013年度奖金的计发，且明确提及人力资源部拟定奖金发放方案、总办会审议奖金分配办法，故由此推断Y必然在绩效考核实施之后制定了奖金分配方法，且该奖金分配方法应当能够体现员工绩效考核结果与奖金实际分配之间的关联情况，但Y始终回避与奖金分配方法相关的情况。此外，公司资讯科技部其他员工的2013年度绩效考核情况以及领取年终奖的情况对于判断X是否应当获得2013年度年终奖金具有重要参考作用，但经本院要求，Y仍未就此提交相关证据。因上述证据明显系保存于Y的证据，现Y拒不提交，应承担不利后果。因此，在Y对X做出的2013年度绩效考核"不合格"的认定结论被否定之后，本院对X关于其应当享有2013年度年终奖金的上诉请求予以支持。因Y未提交公司员工2013年度年终奖金标准及实际分配情况，故X应当享有的2013年年终奖金标准应当按照X提出的相当于五个月工资标准（税前）的主张予以确认。Y关于双方没有年终奖约定以及X考核不合格不应当享有年终奖的辩称意见，事实依据不足，本院不予采信。原审法院判决Y无须支付X 2013年度奖金150000元不当，本院予以变更。

"程序正义"即"看得见的正义"，这源于一句法律格言："正义不仅应得到实现，而且要以人们看得见的方式加以实现。"这句格言的意思是说，案件不仅要判得正确、公平，并完全符合实体法的规定和精神，而且应当使人感受到判决过程的公平性和合理性。就劳动关系而言，虽然用人单位与劳动者系在平等自愿、协商一致的原则上建立劳动关系，但双方劳动关系建立后劳动者即对用人单位产生从属性，用人单位必定通过一定程序对劳动者行使劳动管理权。而本案所涉及的用人单位对劳动者的年终考核，实际上属于用人单位对劳动者全年工作业绩的一种单方判断权，系用人单位行使的自主管理权之一。用人单位行使此种单方判断权应当通过预设的考核程序进行，上述考核程序还应当给予劳动者必要的参与权以及申辩的权利。

只有让用人单位严格按照预设的考核程序实施考核，才能防止用人单位随意滥用单方判断权及由此可能带来的对劳动者相关利益的损害，才能让劳动者在考核过程中感受到公平公正对待，这就是用人单位劳动管理的"程序正义"。上述劳动管理中的"程序正义"对于激发劳动者的工作积极性，优化用人单位的人文环境，进而提升用人单位的人才竞争力都具有重要意义。就本案而言，Y 在年终考核实施之前预设的考核程序较为严谨，其中由企业员工与部门负责人共同制定工作关键绩效指标等考核程序赋予了劳动者参与考核程序的权利，而员工可以对绩效考核结果进行申诉的考核程序规定则是劳动者申辩权利的重要体现，因此 Y 预设的考核程序体现了现代化企业的劳动管理模式，值得肯定。然而，Y 未能按照自己预设的考核程序行使单方判断权，即未在绩效考核实施过程中体现劳动管理中的"程序正义"，未能让劳动者感受到考核过程中的公平公正对待，从而最终引发本次劳动争议诉讼，Y 应当引以为戒并予以改进。本院在此提示，所有的用人单位都应当强化程序观念，在劳动管理中体现"程序正义"，在公平公正的程序基础上与劳动者构建现代劳动关系。

判例 13

高管绩效工资核算判例之

东方基金管理有限责任公司劳动争议案①

劳动者：付某，以下简称 X。

用人单位：东方基金管理有限责任公司，以下简称 Y。

案情简介：

①X 在入职 Y 之前即参与了该公司的筹备组织工作。2004 年 6 月 11 日，Y 正式注册成立。X 自 2006 年 1 月起担任精选基金经理，并自 2007 年 2 月起兼任公司副总经理，分管投资、研究、交易等

---

① 付勇与东方基金管理有限责任公司劳动争议二审民事判决书，北京市第二中级人民法院 [（2015）二中民终字第 12220 号]，裁判日期：2016 年 4 月 8 日。

部门的工作，自 2008 年 6 月起又兼任策略基金经理。2009 年 10 月 12 日，X 向 Y 提交辞职信。2010 年 2 月 8 日，Y 经董事会审议通过 X 辞去副总经理职务的申请；2 月 9 日，公司总经理办公会同意 X 辞去策略基金经理和精选基金经理职务；2 月 9 日，Y 向中国证券业协会报送了 X 的基金经理注销报告，办理了基金经理注销手续，向监管部门报备了 X 的基金经理离职报告，并于 2 月 12 日通过法定信息披露报刊和公司网站履行了信息披露义务，公告同意 X 辞去策略基金经理职务，包括不再担任精选基金经理、公司副总经理职务。2010 年 3 月 28 日，X 签署相关离职审查报告，确认其担任上述职务的时间截止至 2010 年 2 月 12 日。2010 年 4 月 1 日，Y 向 X 出具解除劳动关系通知书，通知书写明："决定 2010 年 2 月 8 日与 X 解除、终止劳动关系；工作起止时间分别为 2004 年 6 月 11 日与 2010 年 2 月 8 日；工资发放截止日期为 2010 年 2 月 28 日。"

② 双方劳动关系解除后，X 认为 Y 拖欠其 2009 年各项绩效工资等总计 300 余万元，诉至仲裁委委员会。Y 不同意 X 该项请求，提出：一、X 的该项请求已经超过诉讼时效；二、X 并不因同时担任高管和基金经理两个岗位而享有两份绩效工资；三、2009 年公司没有完成年初核定的经营目标，包括高管在内的所有员工都没有绩效奖金。

③ 庭审中双方提交了多项证据，包括 2006 年《绩效考核试行办法》、《薪酬管理办法》、2008 年《人力资源管理制度》、《2009 年薪酬预算表》、《2009 年公司员工薪酬方案》、《2008 年公司高管薪酬方案》、《2009 年公司高管薪酬方案》、《2009 年工作报告》、公司原人力资源部经理石某的证人证言、历年工资发放明细、公司经营状况、X 负责的基金业绩等众多证据。证据的具体情况在法院裁判要旨中有详细分析，此处略去。

④ 由于诉讼时效问题，此案曾前后分为两个争议，且先后经历劳动争议仲裁委员会不予受理、一审法院不予受理、二审法院发回重审。一审法院审理后，当事人又上诉到二审法院。

法院裁判要旨（二审）：

根据案情，本院归纳本案的争议焦点如下：一、X 要求 Y 支付 2009 年高管绩效工资的请求是否超过诉讼时效；二、Y 是否因 X 同时担任高管和基金经理两个岗位而与 X 约定有两份绩效工资；三、Y 是否完成了 2009 年的经营目标以及能否对 X 享有高管岗位的绩效工资产生决定性影响；四、X 是否完成了 2009 年高管岗位的工作目标以及是否应当获得 2009 年高管绩效工资。本院对上述四个争议焦点分别分析如下。

（1）X 要求 Y 支付 2009 年高管绩效工资的请求是否超过诉讼时效？

首先，《中华人民共和国劳动争议调解仲裁法》第二十七条第一款规定，劳动争议申请仲裁的时效期间为一年。仲裁时效期间从当事人知道或者应当知道其权利被侵害之日起算。《中华人民共和国劳动争议调解仲裁法》第二十七条第四款规定，劳动关系存续期间因拖欠劳动报酬发生争议的，劳动者申请仲裁不受本条第一款规定的仲裁时效期间的限制；但是，劳动关系终止的，应当自劳动关系终止之日起一年内提出。根据上述两款规定，X 要求 Y 支付 2009 年高管绩效工资的请求是否超过一年的劳动仲裁时效，应当基于 X 与 Y 的劳动关系解除时间以及 X 申请劳动仲裁的时间进行判断。已经生效的北京市西城区人民法院（2012）西民初字第 9444 号民事判决书确认 X 与 Y 之间的劳动关系于 2010 年 4 月 1 日解除，故 X 于 2011 年 3 月 30 日申请劳动仲裁要求 Y 支付 2009 年高管绩效工资，并未超过《中华人民共和国劳动争议调解仲裁法》规定的一年仲裁时效。

其次，《中华人民共和国劳动争议调解仲裁法》第二十七条第二款规定："前款规定的仲裁时效，因当事人一方向对方当事人主张权利，或者向有关部门请求权利救济，或者对方当事人同意履行义务而中断。从中断时起，仲裁时效期间重新计算。"现 X 主张本案仲裁时效因其向 Y 主张权利而中断，并提交了与 Y 时任总经理单某及董事长杨某与李某的电话录音及通话记录查询单、2010 年 12 月 19 日向杨某发送短信的公证书（内容为询问去年奖金事项）、短信详查单、2010 年 7 月 29 日关于《选举杨某先生为第三届董事会董事长》的董事会决议等证据予以证实。Y 虽对上述证据的真实性持有异议，但未提供相反证据予以反驳，故原审法院据此认定 X 提交的上述证据形成证据链条并确认 X 的请求于 2010 年 12 月 19 日构成时效中断并无不当，本院予以确认。

再次，《中华人民共和国劳动争议调解仲裁法》第五十条规定："当事人对本法第四十七条规定以外的其他劳动争议案件的仲裁裁决不服的，可以自收到仲裁裁决书之日起十五日内向人民法院提起诉讼；期满不起诉的，裁决书发生法律效力。"具体到本案，北京市西城区劳动争议仲裁委员会于 2011 年 3 月 31 日作出不予受理通知书后，X 于 2011 年 4 月 1 日起诉至原审法院，故 X 的诉讼请求并未超过诉讼时效。

综合上述情况，本院认为，X 要求 Y 支付 2009 年高管绩效工资的请求并未超过仲裁及诉讼时效，对 Y 关于 X 该项请求超过仲裁及诉讼时效的抗辩意见，本院不予采纳。

（2）Y 是否因 X 同时担任高管和基金经理两个岗位而与 X 约定有两份绩效工资？

首先，就宏观的制度层面而言，Y 的公司章程规定公司充分重视对员工的薪酬考核，根据各岗位的工作目标，结合员工的综合考核结果，制定相应的奖惩、激励政策，严格执行绩效考核制度，经理层应根据公司实际情况公布、更新绩效评价方案、薪酬考核标准和奖惩激励机制。X 提交的 2006 年《绩效考核试行办法》规定同期绩效考核结果与同期绩效工资挂钩，对高管层和其他员工按照不同的考核办法分别考核；《薪酬管理办法》则规定公司依据岗位性质和绩效考核特点，采用"工资＋绩效＋奖金"的薪资结构，绩效根据绩效考核结果，分按季发放和年末发放。Y 提交的 2008 年《人力资源管理制度》规定公司确定每位员工的绩效考核目标，根据员工完成目标情况的考核结果发放绩效奖金。由此可见，Y 的上述规定均体现了员工的绩效工资（奖金）与绩效考核目标、绩效考核结果相关联的制度设计。X 同时担任 Y 的高管和基金经理，其绩效考核目标必然分别体现对上述两个岗位的要求，因此无论 Y 对 X 担任的两个岗位采取分别考核的方式还是一并考核的方式，X 的绩效考核结果中都将体现高管和基金经理两个岗位的工作业绩，与此相关联的绩效工资（奖金）中亦必然分别体现高管与基金经理两个岗位的贡献。据此，Y 在制度层面的规定中体现了 X 的绩效工资数额与其同时担任高管和基金经理两个职务的正相关性，即应实现《薪酬管理办法》中规定的"工资报酬向持续创造价值的员工倾斜"之原则。

其次，就中观的文件层面而言，X 提交的《2009 年薪酬预算表》《2009 年公司员工薪酬方案》《2008 年公司高管薪酬方案》《2009 年公司高管薪酬方案》等证据虽系复印件，但上述证据与 Y 的 2006 年《绩效考核试行办法》、2008 年《人力资源管理制度》、《薪酬管理办法》相辅相成，尤其与时任人力资源部经理石某的证言以及绩效工资发放表所体现的绩效工资实际发放情况相互印证。

Y 虽对 X 提交的上述证据不予认可，但其关于该公司从未制定过薪酬预算方案的主张明显与常理不符，亦不符合公司章程的规定，故本院对 Y 的该项主张不予采信。根据《2009 年薪酬预算表》《2009年公司员工薪酬方案》《2008 年公司高管薪酬方案》《2009 年公司高管薪酬方案》等证据进行综合分析，明显可以得出 Y 因 X 同时担任高管和基金经理两个岗位而与 X 约定有两份绩效工资的结论。

最后，就微观的支付层面而言，Y 的历年工资发放明细表明显划分为员工工资发放明细表和高管工资（奖金）发放明细表两类。X 自同时担任高管和基金经理起即出现在上述两类工资发放明细表中，且部分员工工资发放表中明显体现了 X 因担任基金经理所获取的绩效工资。依据 Y 实际支付工资的情况推断，Y 因 X 同时担任高管和基金经理两个岗位而与 X 约定有两份绩效工资。

综合上述情况，本院认为，对 X 关于 Y 因 X 同时担任高管和基金经理两个岗位而与 X 约定有两份绩效工资的主张，应予以采信。Y 关于 X 不享有两份绩效工资的主张与现有证据不符，本院不予采信。

（3）Y 是否完成了 2009 年的经营目标以及能否对 X 享有高管岗位的绩效工资产生决定性影响？

首先，Y 提交的《2009 年工作报告》显示，全体员工依据董事会年初确定的工作目标，克服困难，完成了部分任务目标，其中投资业绩离投资业绩目标有一定差距，全年实现净利润 2885.04 万元，完成预算 1603.54 万元的 180%，超额完成了公司利润目标。X 对《2009 年工作报告》的真实性不予认可，称经营目标、投资业绩目标、财务指标及市场销售目标需与 2009 年工作计划进行比对核实。《2009 年工作报告》明确提及该公司制定有 2009 年工作计划，但经本院要求 Y 无法提交，Y 应就此承担举证不能的不利后果。

其次，Y 的公司章程规定该公司充分重视对员工的薪酬考核，根据各岗位的工作目标，结合员工的综合考核结果，制定相应的奖惩、激励政策。2006 年《绩效考核试行办法》规定董事会对高管层的考核以董事会所定的公司经营目标为主要考核指标，由董事会制定考核办法并执行。2008 年《人力资源管理制度》规定公司根据董事会核定的公司年度经营目标确定每位员工的绩效考核目标，根据员工完成目标情况的考核结果发放绩效奖金。由此可见，Y 的经营目标与 X 的绩效考核目标具有关联性，但并不完全等同于 X 所担任的高管岗位的绩效考核目标，X 是否应当获得高管岗位的绩效工资应当基于其绩效考核结果，故无法得出 Y 整体未完成 2009 年的经营目标即导致 X 无法取得高管岗位的绩效工资之结论。

综合上述情况，本院认为，Y 仅凭《2009 年工作报告》不足以证实其关于 2009 年未完成经营目标的主张，Y 整体未完成 2009 年的经营目标并不必然导致 X 无法取得高管岗位的绩效工资。

（4）X 是否完成了 2009 年高管岗位的工作目标以及是否应当获得 2009 年高管绩效工资？

首先，Y 虽主张 X 未完成 2009 年高管岗位的工作目标，但并未提交充分证据证明上述工作目标的真实内容，故 Y 关于 X 未完成 2009 年高管岗位工作目标的主张缺乏依据，本院难以采信。

其次，时任人力资源部经理石某的证人证言明确显示 Y 应补发 X 的 2009 年高管绩效工资，标准为 12 个月基本工资之和。Y 主张石某与本案存在利害关系依据不足，本院难以采信。

再次，在经营效益明显不如前后两年的 2008 年，Y 仍向高管发放了绩效工资（奖金）。现 Y 以 2009 年未完成经营目标为由不同意支付 X 当年的高管岗位绩效工资，明显与其实际执行的高管绩效工资（奖金）情况不符。

最后，综合 Y 的公司章程及 2008 年《人力资源管理制度》等文件的规定，Y 的绩效工资制度应当至少由以下几个方面组成：一是根据绩效考核制度确定当年的绩效薪酬方案（包括绩效评价方案、薪酬考核标准和奖惩激励机制）；二是根据员工所担任的具体岗位确定其当年的工作目标；三是根据员工的业绩实施绩效考核（分为按季度考核和年末考核），确定绩效考核结果；四是根据绩效考核结果确定员工的绩效工资（奖金），其中普通员工的绩效工资（奖金）由总经理办公会决定，高管的绩效工资（奖金）由董事会决定。据此，Y 应当按照上述四个步骤对 X 所担任的高管岗位实施绩效考核，并根据绩效考核结果由董事会讨论决定是否应当向 X 发放 2009 年高管绩效工资。

本院对 Y 是否执行上述绩效工资制度逐项分析如下：第一，Y 未提交 2009 年绩效薪酬方案（包括绩效评价方案、薪酬考核标准和奖惩激励机制）；第二，Y 未提交 X 所担任高管岗位的工作目标；第三，Y 未提交证据证明其对 X 所担任的高管岗位实施了绩效考核，亦未提交其绩效考核结果；第四，Y 未提交证据证明 X 的绩效考核结果所应当对应的绩效工资（奖金），亦未提交董事会关于向包括 X 在内的高管发放 2009 年绩效工资的决议。

综合上述情况，本院认定，Y 未提交充分证据证明其实际执行了绩效工资制度，其关于 X 不符合领取高管岗位绩效工资之条件的主张，与公司章程及 2008 年《人力资源管理制度》等文件的规定不符，故其该项主张本院难以采信……故对 Y 不同意支付 X 2009 年高管绩效工资的主张，本院不予采纳。对 X 要求 Y 支付 2009 年高管绩效工资的上诉请求，本院予以支持。因 Y 未提交 2009 年绩效薪酬方案（包括绩效评价方案、薪酬考核标准和奖惩激励机制），故本院依据 X 提交的《2009 年薪酬预算表》《2009 年公司员工薪酬方案》《2008 年公司高管薪酬方案》《2009 年公司高管薪酬方案》并考虑 X 为 Y 所做出的贡献程度，确定 X 应当获得的 2009 年高管岗位绩效工资数额。

劳动关系具有兼容从属性与平等性的特点，即形式上的平等性与实质上的从属性。用人单位与劳动者在平等自愿、协商一致的原则上订立劳动合同，就劳动者提供劳动与用人单位支付劳动报酬等事项达成一致。双方劳动关系建立后，用人单位即通过安排劳动者的工作实现对劳动力资源的有效利用，由此可见，劳动者在一定程度上从属于用人单位。而绩效考核制度实质上是用人单位通过奖惩结合的手段优化对劳动力资源的使用方式，其最终是为了让本单位创造更大的效益。因此，绩效考核制度更多地体现了劳动关系的从属性特征，但用人单位在施行绩效考核制度的过程中，也与劳动者在绩效考核目标、绩效考核程序、绩效薪酬标准等方面达成了某种合意，劳动者因此形成的信赖利益应当受到保护。据此，施行绩效考核制度的用人单位对劳动者绩效薪酬的取消或者降低应当建立在按照既定的考核程序公平公正地实施考核并做出绩效考核结果的基础之上，不能违反规定随意滥用绩效工资分配的权力侵害劳动者对绩效考核制度形成的信赖利益。

就本案而言，Y 的公司章程有严格执行绩效考核制度的规定，现其未经对 X 的绩效考核程序及董事会决议程序即取消 X 高管绩效工资的做法侵害了 X 对绩效考核制度形成的信赖利益，X 就其受侵害的利益有权获得法律救济。最终判决 Y 向 X 支付基金经理绩效工资以及高管绩效工资等各项劳动报酬。

第七章
解雇权的限制

解雇指用人单位单方发出意思表示以终了劳动关系的行为。因为解雇是一种单方处分行为，不以相对人的同意为要件，所以其对相对人的影响非常大。对于劳动者来说，工作是其各种需求得以满足的外界条件。劳动者一旦被解雇，不仅会丧失劳动报酬及相关物质利益，包括每月的工资收入、奖金、津贴、社会保险、培训、晋升机会等，还会在安全、社交、尊重、自我实现等精神需求的满足上受到影响，并失去社会活动的重要平台。正因如此，现代劳动法试图通过各种方式对雇主的肆意解雇加以限制，以降低解雇对劳动者生活的影响，弥补劳动者在劳动关系中的不平等地位，从而促进劳动关系的平衡与稳定。

一　我国的解雇限制制度

我国的解雇限制在事由上看是法定事实框架，即在符合法律规定的事由出现时，用人单位才能进行解雇。从国际惯例来看，解雇限制常因劳动合同类型的不同而不同，对无固定期限劳动合同的解除的限制要严于对固定期限劳动合同的解除。但是，我国在解雇制度中并没有因合同期限不同而做区分规定，也就是说，无论是固定期限劳动合同还是无固定期限劳动合同，都需要依据法定理由解除，而且二者可以适用的法定情形是相同的。

按照解雇成本从低到高的顺序，《中华人民共和国劳动合同法》从惩罚性解雇、一般解雇与经济性裁员这三个方面对可以解雇的情形进行了列举。

惩罚性解雇指在劳动者有严重过失的情况下，为了维护企业的生产经营秩序，以对劳动者进行惩罚、恢复企业秩序为目的而进行的解雇。惩罚性解雇的法理依据源于19世纪的欧洲把企业视作经济组织和社会组织的理解。企业作为一个组织体，有维护组织秩序的责任，在劳动者违反组织秩序时，企业可以对其进行惩罚性解雇。因为其带有"惩罚"的性质，所以这种解雇一般为即时解雇，而且随着劳动关系的结束，劳动者的所有利益都会停止，且用人单位无须支付经济补偿。惩罚性解雇是用人单位可以对劳动者进行的最严厉惩罚，司法实践往往对其合法性进行严格审查。我国劳动合同法明确规定，在有以下情形时，用人单位可以进行惩罚性解雇：（1）劳动者严重违反用人单位的规章制度的；（2）劳动者严重失职，营私舞弊，给用人单位造成重大损害的；（3）劳动者同时与其他用人单位建立劳动关系，对完成本单位的工作任务造成严重影响，或者经用人单位提出，拒不改正的；（4）劳动者以欺诈、胁迫的手段或者乘人之危，使雇主在违背真实意思的情况下订立或者变更劳动合同的；（5）劳动者被依法追究刑事责任的。依此进行解雇时，雇主不需要给予劳动者经济补偿，在提前通知期上法律法规也没有要求。由于此种解雇的成本较低，对严重违反规章制度条款的适用尤其广泛，因此本书第四章对其具体情形进行了详细说明。虽然试用期解雇的操作程序与惩罚性解雇一样，且与惩罚性解雇写在同一法条中，即《中华人民共和国劳动合同法》第三十九条，但试用期不符合录用条件实质上并不是惩罚，这一点具体参见本书第二章。

一般解雇指劳动者因私伤病或出于个人能力不能胜任工作，或客观情况发生变化导致人岗不匹配时进行的解雇。为防止用人单位滥用解雇权，法律针对不同情形进行了程序性限制，而且解雇情形的举证责任也由用人单位承担。具体来说，《中华人民共和国劳动合同法》第四十条列举了一般解雇的三种法定情形："（一）劳动者患病或者非因工负伤，在规定的医疗期满后不能从事原工作，也不能从事由用人单位另行安排的工作的；（二）劳动者不能胜任工作，经过培训或者调整工作岗位，仍不能胜任工作的；（三）劳动合同订立时所依据的客观情况发生重大变化，致使劳动合同无法履行，经用人单位与劳动者协商，未能就变更劳动合同内容达成协议的。"在这些情况下，用人单位可以书面形式提前30天通知劳动者进行解雇，同时按照法定标准给予劳动者经济补偿金。这里的提前30天预告期从原理上看是一种意思通知，以书面或者口头形式提前告知劳动者，其目的在于降低解雇对劳动者的负面影响，使劳动者有时间重新规划职业生涯。但是有时双方劳动关系的破裂过程并不顺畅，在劳动者得到解雇通知后的劳动合同继续履行期间双方已有隔阂，这时如果用人单位愿意支付一个月的工资，则可以代替此提前通知期，也就是所谓的代通知金。

经济性裁员指企业经营陷入严重困难且无其他代偿措施时对人数众多的劳动者进行的解雇。因归责事由在用人单位而劳动者并无过失，且涉及人数较多，容易引发群体性事件甚至影响社会安定，所以法律对经济性裁员的事由和程序的要求进行了多方面限制，如要求经营困难的程度，解雇人选的合理性，与劳动者、工会及政府的沟通，等等。根据我国劳动合同法第四十一条的规定，经济性裁员适用于用人单位因发生下列情形之一需要裁减人员二十人以上，或者裁减人数不足二十人但占企业职工总数 10% 以上的情况："（一）依照企业破产法规定进行重整的；（二）生产经营发生严重困难的；（三）企业转产、重大技术革新或者经营方式调整，经变更劳动合同后，仍需裁减人员的；（四）其他因劳动合同订立时所依据的客观经济情况发生重大变化，致使劳动合同无法履行的。"裁减人员时，用人单位要提前 30 日向工会或者全体职工说明情况，听取工会或者职工的意见，并将裁减人员的方案向劳动行政部门报送。这与一般解雇的提前通知期并不完全相同，这里的提前通知对象是工会或者全体职工，要提前说明的不仅是解雇的情况，还有用人单位所面临的具体经营困难状况等。在经济性裁员中，是否被裁减以及裁减员工的先后顺序涉及管理中的公平问题，事关劳动者的切身利益，因此也极易引发争议和矛盾。我国的法律在裁员人选方面要求用人单位优先留用与本单位订立较长期限或无固定期限劳动合同的人员，以及家庭无其他就业人员、有需要扶养的老人或者未成年人的人员。同时，经济性裁员也要依法向劳动者支付经济补偿金。

一般解雇和经济性裁员都需要支付经济补偿金。经济补偿金也叫资遣费，是一种为了使劳动者在遭遇解雇时不至于措手不及，能够在没有找到新工作之前维持其生活状态的保障措施。经济补偿金是雇主保护照顾义务的延伸。在我国，经济补偿金的计算依据劳动者在用人单位的工作年限，以每满一年给予一个月工资的标准向劳动者支付，同时对高于社会平均工资三倍的高薪劳动者进行了封顶限制。

不管是哪种情形的解雇，用人单位都有义务告知工会，这体现在《中华人民共和国劳动合同法》第四十三条中："用人单位单方解除劳动合同，应当事先将理由通知工会。用人单位违反法律、行政法规规定或者劳动合同约定的，工会有权要求用人单位纠正。用人单位应当研究工会的意见，并将处理结果书面通知工会。"此规定赋予了工会对解雇的审查权。

总之，我国立法对解雇进行了较为严格的限制，用人单位只有在给出法定事由且符合法定程序的情形下才可以解雇劳动者。这些限制条件并不容易满足，所以有时用人单位经常通过和劳动者协商的方式将单方解雇转化为双方协商一致解除劳动合同。协商一致解除劳动合同和解雇的区别在于前者需要获得劳动者的同意，这时由于协商意愿是用人单位提出的，用人单位同样需要依照法定标准支付经济补偿金，而且协商一致解除中的标准有时会更高。

二　不胜任工作解雇

不胜任工作是常见的解雇事由。对于劳动者能否胜任工作的判断来自单位内部的绩效考核，属于用人单位的用工自主权，但在合理性方面受到严格的司法审查。用人单位在绩效考核中划定排名等级，将居于末位或末等的劳动者定义为不能胜任工作而进行解雇，会被认定为违法解雇，本章的判例1、判例2即说明了这种情况。不能胜任工作的解雇不仅理由要充分有据，而且有程序要求且周期较长。具体来说，当劳动者有不胜任工作的情况时，用人单位需要对其进行转岗或培训，以增强其胜任能力，对于仍然不能胜任的，可以提前30天通知或支付代通知金，并在支付经济补偿金的情况下要求劳动者离职。

判例1

绩效考核排名靠后解雇判例之

中兴通讯（杭州）有限责任公司解雇案①

劳动者：王某，以下简称X。

用人单位：中兴通讯（杭州）有限责任公司，以下简称Y。

案情简介：

① 2005 年 7 月，X 进入 Y 工作，从事销售工作，基本工资为每月 3840 元。Y 的《员工绩效管理办法》规定，员工半年、年度绩效考核分别为 S、A、C1、C2 四个等级，分别代表优秀、良好、价值观不符、业绩待改进，S、A、C（C1、C2）等级的比例分别为 20%、70%、10%，不胜任工作原则上考核为 C2。

② X 原本在分销科从事销售工作，2009 年 1 月因分销科解散等原因转岗至某区从事销售工作。2008 年下半年、2009 年上半年及 2010 年下半年，X 的考核结果均为 C2。Y 认为，X 不能胜任工作，经转岗后仍不能胜任工作，故在支付部分经济补偿金后解除了与 X 的劳动合同。

③ 2011 年 7 月 27 日，X 提起劳动仲裁。仲裁委员会做出裁决后，Y 不服诉至法院。

法院裁判要旨：

为了保护劳动者的合法权益，构建和发展和谐稳定的劳动关系，《中华人民共和国劳动法》《中华人民共和国劳动合同法》对用人单位单方解除劳动合同的条件进行了明确限定。Y 以 X 不能胜任工作，经转岗后仍不能胜任工作为由解除劳动合同，对此应负举

---

① 中兴通讯（杭州）有限责任公司诉王鹏劳动合同纠纷民事判决书，浙江省杭州市滨江区人民法院［（2011）杭滨民初字第 885 号］，裁判日期：2011 年 12 月 6 日。

证责任。根据 Y《员工绩效管理办法》的规定，"C（C1、C2）考核等级的比例为 10%"。虽然 X 曾经考核结果为 C2，但是 C2 等级并不完全等同于"不能胜任工作"，Y 仅凭该限定考核等级比例的考核结果不能证明劳动者不能胜任工作，不符合据此单方解除劳动合同的法定条件。虽然 2009 年 1 月 X 从分销科转岗，但是转岗前后均从事销售工作，并存在分销科解散导致 X 转岗这一根本原因，故不能证明 X 系因不能胜任工作而转岗。因此，Y 主张 X 不胜任工作，经转岗后仍然不胜任工作的依据不足，存在违法解除劳动合同的情形，应当依法向 X 支付经济补偿标准二倍的赔偿金。

判例 2

绩效考核排名靠后调岗解雇判例之
华润超级市场有限公司解雇案①

劳动者：陈某，以下简称 X。

用人单位：华润超级市场有限公司，以下简称 Y。

案情简介：

① 2001 年 4 月 2 日，X 入职 Y，担任区域经理，双方于 2011 年 3 月 31 日订立无固定期限劳动合同。2015 年，X 在 Y 绩效考核时被评级为 C，Y 认为 X 不能胜任原工作岗位，2015 年 5 月 29 日向 X 发出报到通知书，通知 X 于 2015 年 6 月 1 日前往北京酒仙桥店食品部经理岗位报到。

② X 不同意 Y 上述工作调动，2015 年 6 月 1 日至 7 月 2 日仍继续前往原工作岗位上班。2015 年 7 月 2 日，Y 以 X 上述期间连续旷

---

① 华润超级市场有限公司等劳动争议二审民事判决书，北京市第三中级人民法院〔（2016）京 03 民终字 3543 号〕，裁判日期：2016 年 5 月 13 日。

工严重违反公司规章管理制度为由，与 X 解除劳动合同。《解除劳动关系通知书》载明 X 连续三天未到岗上班，也未办理任何请假手续，严重违反了《员工行为奖惩办法（2014 年修订稿）》的相关规定，Y 决定于 2015 年 7 月 2 日与 X 解除劳动关系。

③ 2015 年 7 月 22 日，X 向仲裁委员会提起仲裁，主张违法解除劳动合同赔偿金、年终奖差额等各项。后双方又诉至法院。这里仅就与绩效考核相关的事项进行说明，其余省略。

④ Y 主张，X 在 Y 工作期间，绩效考核评级为 C，不能胜任原工作岗位，Y 依据法律规定及规章管理制度为其调岗，但 X 自自始至终都未到新岗位上班，已构成旷工，Y 遂与其解除劳动合同，属于合法解除。对于调岗的事实，Y 主张此次调动没有降低其薪水，也没有降低其职位，工作地点只是从楼上调动到楼下，属于公司的经营制度管理。X 不同意调岗的原因为："酒仙桥的公司二楼是总部，公司调我去楼下的一个部门，原本我是负责好几家标准超市的运行，当时 Y 跟我谈要我调到一个大超市当部门经理，我认为这个级别是不一样的，而且公司跟我谈的时候说是有降薪的。" Y 提供的员工异动审批表显示，Y 对 X 进行调岗，异动类型上注明"平级调动"，异动原因被注明为"工作需要，绩效考评结果最近一年为 C"，在"薪酬信息是否调整"一栏打印涂黑的为"是"，具体调整信息详见薪酬审批表，员工签字上为"本人拒签"。

⑤ 关于年终奖，X 主张其年终奖为 10000 元，Y 在 2015 年 2 月仅向 X 发放了 2014 年度年终奖 1500 元，现仍拖欠其 2014 年 1 月 1 日至 2015 年 7 月 2 日期间部分年终奖。Y 主张年终奖根据经营效益调整发放，无具体标准，因为 X 的考核结果是 C，所以后来年终奖只发了 1500 元，不存在未足额支付 X 年终奖的情形。

法院裁判要旨（二审）：

劳动者和用人单位的合法权益均受法律保护。本院既尊重用人单位在法律限度内的自主用工管理权，也保护劳动者根据劳动合同确定的劳动权利。

本案系由于 Y 单方给 X 调岗引发的劳动争议。Y 单方调岗后以 X 拒绝到新岗位报到构成旷工为由解除了与 X 的劳动合同，因此本院首先审查调岗行为的合法性。

首先，《中华人民共和国劳动合同法》第三十五条第一款规定："用人单位与劳动者协商一致，可以变更劳动合同约定的内容。变更劳动合同，应当采用书面形式。"本案中 Y 提供的员工异动审批表在"员工签字"一栏明确注明了"本人拒签"，说明 X 拒绝变更岗位。因此 Y 的调岗行为不符合劳动合同法的上述要求。

其次，根据《中华人民共和国劳动合同法》第四十条的规定，在劳动者不能胜任工作的情形下，用人单位确有调整工作岗位的管理自主权。但需要指出的是，用人单位应当就劳动者不能胜任原工作及调岗的必要性进行举证。本案中，Y 在起诉状中主张 X 的绩效考核评级为 C，不能胜任原工作，但在举证方面，除没有 X 本人签字的员工异动审批表外，Y 未就 X 不能胜任原工作进行举证，故本院不能认定 Y 单方调岗行为的合法性。

最后，分析调岗内容的关键要素，薪酬是劳动关系中劳动者权利的主要内容。Y 虽主张此次调岗不涉及薪酬调整，但其单方提供的员工异动审批表已经注明薪酬确有调整，结合 Y 起诉状中的考核评级与不能胜任原工作的陈述，本院对 X 陈述的降薪事实予以采信。

综上所述，用人单位调整劳动者工作岗位，应当与劳动者协商一致。在单方调整的情形下，用人单位应当证明此次调整符合法律规定的情形或者调岗后劳动关系的关键要素与调岗前并未发生实质性改变。本案中，Y 既未与 X 协商一致，也未证明 X 存在不能胜任原工作的情形，亦未证明调岗后劳动关系的关键要素与调岗前一致，因此本院认定 Y 对 X 的调岗行为并不具备合法性和正当性。

现 Y 于 2015 年 7 月 2 日向 X 发放了解除劳动关系通知书，其主要理由是 X 连续三天未到岗上班，也未办理任何请假手续，严重违反了公司的规定。但 Y 曾于 2015 年 11 月 24 日在一审法院的开庭中认可 X 在 2015 年 6 月 1 日至 2015 年 7 月 2 日期间在原工作岗位提供劳动。本院认为在调岗行为违法的前提下，X 在原工作岗位提供劳动并无不当。Y 以此为理由解除劳动合同不符合法律规定，Y 应当向 X 支付违法解除劳动合同的赔偿金。

关于年终奖差额，Y 认可 2013 年度向 X 发放年终奖 10000 元、2014 年度向 X 发放年终奖 1500 元。一审中 Y 主张其年终奖根据经营效益调整发放，无具体标准，故不存在未足额支付 X 年终奖的情形；二审中 Y 主张因为 X 的考核结果是 C，所以后来年终奖只发了 1500 元。本院对此认为，年终奖确属公司自主决定的员工激励措施，但用人单位在发放过程中应当秉持公平合理的原则，且有据可依，不能过于恣意，否则仍然属于对劳动者合法权益的侵犯。Y 在 2014 年度向 X 发放的年终奖相比于 2013 年度出现了巨大的降幅，Y 应当向法院解释说明合理原因。Y 在起诉状中主张 X 的绩效考核评级为 C，不能胜任原工作，本院有理由相信 X 的年终奖出现巨大降幅与考核有关。鉴于 Y 未提交任何证据证实考核的合法性，也未提交证据对 X 所获年终奖的依据予以证实，一审法院对 X 的主张予以采信并无不当，本院对一审法院的相应判项予以维持。

三　客观情况发生变化解雇

　　客观情况发生变化致使劳动合同无法履行也是现实中经常出现的情况。《中华人民共和国劳动合同法》第四十条第三款规定，"劳动合同订立时所依据的客观情况发生重大变化，致使劳动合同无法履行，经用人单位与劳动者协商，未能就变更劳动合同内容达成协议的"，用人单位可以解除劳动合同。对于客观情况，由于用人单位掌握着全面的经营管理信息，因此在争议中，用人单位需要对客观情况的变化事实进行举证说明。劳动部《关于〈中华人民共和国劳动法〉若干条文的说明》第二十六条将上文条款中的"客观情况发生重大变化"解释为"发生不可抗力或出现致使劳动合同全部或部分条款无法履行的其他情况，如企业迁移、被兼并、企业资产转移等，并且排除本法第二十七条所列的客观情况"。实际上，现实中仍然有很多出现争议的情况。例如对于企业内部组织机构调整是否属于法律上的客观情况，判例 3 的判旨认为部门合并实际就是公司的管理行为，非外界客观因素所致。不过对于此种情况也有判例持不同意见。再如对于用人单位业绩下滑或经营亏损是否属于客观情况，判例 5 的判旨指出，企业经营需自行承担经营风险，企业出现亏损时应尽量克服，如经营亏损导致机构精简，则可以根据法律规定进行经济性裁员，不宜依据客观情况发生重大变化解除劳动合同。本节的判例从不同角度阐述了客观情况发生重大变化的判断标准，强调客观举证。①

---

　　①　本节中判例 3 ~ 判例 8 为巩香选取整理，并由其在 2016 年 9 月发表于劳动关系研究会第 144 次会议"劳动合同解除判例研究之客观情况发生重大变化"。

判例 3

客观情况发生重大变化解雇判例之
菲世卡贸易（上海）有限公司劳动争议案①

劳动者：施某，以下简称 X。

用人单位：菲世卡贸易（上海）有限公司，曾用名为利克坚公司，港澳台商独资经营企业，以下简称 Y。

案情简介：

① 2006 年 10 月 30 日，X 入职 Y。2012 年 9 月 28 日，双方签订了一份无固定期限劳动合同，合同约定 X 担任物流经理的职位，月薪为 13000 元。

② 2013 年 7 月 1 日，Y 做出"股东决定"，决定于 2013 年 7 月 19 日解散物流组，撤销物流经理职位，所有物流专员归为采购组并直接向采购经理进行汇报。

③ 2013 年 7 月 23 日，Y 以邮件方式向 X 发出调岗通知书，其中载明因公司不再设置物流经理的岗位，客观原因发生重大变化，导致原劳动合同无法继续履行，拟将 X 的岗位调整为物流专员，调整后的工资为人民币 6500 元。

④ 2013 年 7 月 29 日，X 邮件回复表示不同意调岗调薪。同日，Y 向 X 发出解除劳动合同通知书。

⑤ 2013 年 8 月 12 日，X 向劳动人事争议仲裁委员会申请仲裁，要求 Y 支付违法解除劳动合同赔偿金。仲裁裁决后 X 诉至法院。

法院裁判要旨（二审）：

本院认为，本案的争议焦点在于 Y 决定将物流组与采购组合并，

---

① 施蓓与菲世卡贸易（上海）有限公司劳动合同纠纷二审民事判决书，上海市第二中级人民法院 [（2014）沪二中民三（民）终字第 731 号]，裁判日期：2014 年 9 月 9 日。

并撤销 X 物流经理职位是否属于劳动合同法中关于用人单位可以单方解除劳动合同的条款中规定的"客观情况发生重大变化"的情形，以及 Y 在变更劳动合同不成的情况下解除与 X 的劳动合同是否合法。

《中华人民共和国劳动合同法》第四十条第三款的此项规定是情势变更原则在劳动合同中的体现。而该条款中的"客观情况发生重大变化"通常是指履行原劳动合同所必须具备的客观条件发生不可抗力或导致劳动合同全部或部分条款无法履行的其他情况，如自然条件、企业迁移、被兼并等。2013 年 7 月 29 日，Y 决定不再按原劳动合同约定的职位及薪酬与 X 继续履行劳动合同，其理由为公司股东决定将物流组和采购组合并。因 Y 系独资公司，所以所谓部门合并实际就是公司的管理行为，非外界客观因素所致。同时，在一审、二审期间，Y 亦未能举证证明确实存在法律规定的客观情况，且因该客观情况的重大变化导致原劳动合同不能继续，公司不得不做出上述决策。因此，本院认为，Y 以《中华人民共和国劳动合同法》第四十条第三款为由解除与 X 的劳动合同，理由不能成立。

当然，劳动合同的有效性应当受到尊重并不意味着劳动合同一经签订就不得做任何变更。企业出于经营状况的需要、个人的工作能力等因素依法行使管理权对员工的岗位进行合理的调整并无不可，但企业该项权利的行使应当受到一定限制，不得滥用经营自主权侵害劳动者的合法权益。

因此，用人单位因上述原因确需变更劳动合同的，应证明其调岗调薪的合理性。X 于 2006 年即入职 Y，双方多次签订劳动合同，并于 2012 年 10 月 31 日签订了无固定期限劳动合同，明确 X 的职位为物流经理及月薪为 13000 元，应该说该合同的签订是 Y 基于公司经营的需要，以及通过对 X 长期的考察对其工作能力的评定。双方劳动合同虽约定 Y 保留根据 X 的资历和经验调整其职位的权利，但如前所述，这种调整亦应当证明存在合理性。从查明事实来看，Y 在将物流与采购两部门合并后，仅有 X 一人的岗位和薪酬发生了重大变化。X 的职位从部门经理降为物流专员，薪酬由每月 13000 元降为 6500 元，上述调岗降薪行为显然超出了合理范围。在 X 答复不同意调整的当日 Y 即作出了解除通知书，这显然缺乏依据。综上，本院认为，Y 与 X 解除劳动合同缺乏法律依据，应当支付 X 违法解除劳动合同赔偿金。

判例 4

客观情况发生重大变化解雇判例之
无锡市滨湖人力资源服务有限公司劳动争议案①

劳动者：于某，以下简称 X。

用人单位：无锡市滨湖人力资源服务有限公司，以下简称 Y。

案情简介：

① X 于 2008 年 2 月入职 Y，签订了 3 次劳动合同，第三次是自 2010 年 2 月 1 日起的无固定期限劳动合同。劳动合同履行地为无锡市梁清路 718 号。

② 2013 年 7 月 12 日，X 被任命为客户服务部副部长。

③ 2014 年 6 月 3 日、6 月 9 日，Y 两次发布通知，称因公司客观经济条件发生重大变化，经总公司研究批准，撤销客服部，X 的工作由公司另行安排。

④ 2014 年 7 月 16 日，Y 在未与 X 协商的情况下，单方发布了员工岗位工作调整通知书，安排 X 至制造承揽业务现场进行承揽管

---

① 于丽丽与无锡市滨湖人力资源服务有限公司劳动合同纠纷一审民事判决书，江苏省无锡市滨湖区人民法院［（2014）锡滨民初字第 02603 号］，裁判日期：2015 年 6 月 15 日。

理者锻炼学习，为期一年，2014年7月17日上午10时准时到新岗位报到，报到地点为无锡市新区长江北路108-4号。X当日收到该通知，但因调岗前后工作内容、工作地点均有变化且工资待遇不明确，X当即拒绝。后X继续在原岗位工作，始终未去新岗位报到。

⑤ 2014年7月21日，Y召开周例会，会上决定解除与X的劳动关系，当日发放辞退通知书。

⑥ 2014年8月11日，X向仲裁委员会提起仲裁，要求Y支付违法解除劳动关系的赔偿金。仲裁裁决后，X又提起诉讼。

法院裁判要旨：

首先，争议焦点在于Y与X之间是否存在导致劳动合同不能履行的客观情况。Y认为公司客观经济情况发生重大变化，需要进行内部规划调整，所以撤销客服部……现有证据无法充分证明Y存在其所称的客观经济情况发生重大变化导致劳动合同无法继续履行的情形。另外，法律上所谓的客观情况发生重大变化，通常是指发生不可抗力或出现致使劳动合同全部或部分条款无法履行的其他情况，如企业迁移、被兼并、企业资产转移等。即使存在效益下降的事实，公司作为用人单位亦应通过合理的途径提高效益，而不能轻易以"客观经济情况发生重大变化"为由解除劳动合同，损害劳动者权益。

其次，即使存在Y主张的劳动合同无法履行的事实，Y作为用人单位也应就岗位变更与劳动者进行充分协商。2014年7月16日，Y单方发布了员工岗位工作调整通知书，告知X于第二天即2014年7月17日到新岗位报到，在X未同意的情况下，Y又旋即于2014年7月21日与其解除了劳动关系。在此期间，Y仅是告知X被调整的岗位，但并无证据证明就变更岗位一事与X进行了充分协商。

最后，即使原来的岗位取消导致无法按照合同约定的岗位履行劳动合同，但Y作为用人单位在协商变更岗位时亦应具有一定的合理性，不得滥用权力损害劳动者利益。本案中，X 原系 Y 的客户服务部副部长，工作地点在滨湖区梁清路，Y 将 X 从客户服务部调至新区长江北路制造承揽业务现场任储备管理干部，调岗前后工作内容、职位、工作地点均发生了变化，且现有证据无法证明前后岗位间有任何关联，Y 也未告知薪资待遇情况。此外，从 Y 的工商登记资料中也可以看出，Y 的经营项目为劳动保障事务代理、职业培训、境内劳务派遣，而承揽管理并不包含在其中。故 Y 的调岗行为不具备明显合理性。

因 Y 对于存在合同不能履行的客观情况举证不足，亦无证据证明其就变更劳动合同内容一事与 X 进行了充分协商，调整岗位亦不具备合理性，故 Y 以此为由解除劳动合同的行为不当，属于违法解除。

判例 5

客观情况发生重大变化解雇判例之
东江米巷花园（北京）餐饮有限公司劳动争议案①

劳动者：王某，以下简称 X。

用人单位：东江米巷花园（北京）餐饮有限公司，以下简称 Y。

案情简介：

① 2011 年 8 月 31 日，X 入职 Y 的布鲁宫法餐厅，担任服务员。

② 2013 年 11 月 22 日，Y 召开全体员工大会并张贴《公司因经营不善关闭法餐厅的通知》。Y 因布鲁宫法餐厅一直亏损，关闭了该餐厅，共计与 57 人解除劳动合同关系。

③ 2013 年 12 月 8 日，Y 向 X 送达《解除劳动合同通知书》。

---

① 王海英与东江米巷花园（北京）餐饮有限公司劳动争议二审民事判决书，北京市第二中级人民法院［（2014）二中民终字第 08363 号］，裁判日期：2014 年 10 月 27 日。

庭审中，Y 主张因长期经营不善，亏损严重，无法继续经营，属于《中华人民共和国劳动合同法》第四十条第三项规定的"劳动合同订立时所依据的客观情况发生重大变化，致使劳动合同无法履行"的法定情形，在不得已关闭餐厅后，Y 没有岗位可向 X 提供，劳动合同系合法解除。

X 起诉主张违法解除劳动合同经济赔偿金，仲裁未予支持，遂提起诉讼。

法院裁判要旨（一审）：

所谓客观情况，是指除劳动者和用人单位主动采取行为之外的不以双方主观意志为转移的情况。根据已查明的事实，Y 解除劳动合同的直接原因系公司亏损严重，长期处于资不抵债的状况，导致公司经营困难，不得已决定关闭布鲁宫法餐厅，随之解除与 X 的劳动合同关系。该行为系 Y 主观自主决定的行为，显然不属于法律规定的"客观情况"的范畴。

（法院认为 Y 应采取经济性裁员并不违反法律规定，未支持 X 经济赔偿金的诉讼请求。）

之后 X 诉至二审法院，二审维持原判。

判例 6

客观情况发生重大变化解雇判例之
乐朗葡萄酒有限公司劳动争议案①

劳动者：李某，以下简称 X。

用人单位：乐朗葡萄酒有限公司，以下简称 Y；灵珠宝公司，

---

① 乐朗葡萄酒有限公司与李国民劳动合同纠纷二审民事判决书，江苏省南京市中级人民法院［（2014）宁民终字第 3244 号］，裁判日期：2014 年 9 月 30 日。

以下简称 Z，与 Y 有业务关联。

案情简介：

① 2007 年 3 月 27 日，X 入职 Y 工作。2011 年 11 月 16 日，Y 将 X 借调至 Z 工作。

② 2013 年 11 月 14 日，Y 向 X 送达员工借调通知书，通知将其借调至 Z 工作，X 收到通知后拒绝了 Y 的相关决定。

③ 2013 年 11 月 28 日，Y 送达解除劳动合同通知书，以 X 无正当理由拒绝借调及"劳动合同订立时所依据的客观情况发生重大变化，用人单位与劳动者协商，未就变更劳动合同达成一致意见"为由，通知 X 在接到此通知后于最后工作日前完成与公司的工作交接。X 于 2013 年 11 月 29 日离职。

④ 2014 年 1 月 4 日，X 向劳动争议仲裁委员会申请仲裁，要求确认 Y 违法解除劳动关系。因仲裁委员会逾期未做出裁决，X 在申请终结裁决后提起诉讼。

法院裁判要旨（一审）：

庭审中，Y 陈述其解除劳动合同的事实依据为公司经营状况发生巨大变化，这体现在公司财务审计报告中，以及受国家政策影响，酒业市场发生重大变化，公司人员数量骤减。Y 主张 X 无正当理由拒绝 Y 的借调，Y 实在无法与 X 继续履行原先的劳动合同。法院认为"客观情况发生重大变化"指发生不可抗力或出现致使劳动合同全部或部分条款无法履行的其他情况，如企业迁移、被兼并、企业资产转移等。Y 主张的客观情况发生重大变化无法律依据，不予采信，且 Y 所主张的客观情况发生重大变化并不足以导致合同无法履行，故 Y 系违法解除劳动合同。

法院裁判要旨（二审）：

所谓"客观情况发生重大变化"是指履行原劳动合同所必要的

客观条件发生不可抗力或出现致使劳动合同全部或部分条款无法履行的其他情况，如企业迁移、被兼并、企业资产转移等。Y 在经营过程中由于受到市场竞争、政策调整、公司管理等诸多因素的影响，出现亏损等经营性困难，这是其经营过程中应当承受的风险，且该风险的存在不必然导致 Y 不能经营，故 Y 所主张的企业亏损不符合劳动法意义上的"客观情况发生重大变化"的情形。事实上，在 Y 做出解除与 X 劳动关系的决定前，Y 并未停止其相关的经营，其公司出现的经营性亏损也并不必然导致双方的劳动合同无法履行，Y 以客观情况发生重大变化为由解除与 X 的劳动关系，缺乏相应的法律依据。

判例 7

客观情况发生重大变化解雇判例之
中联重科股份有限公司工程起重机分公司劳动争议案①

劳动者：刘某，以下简称 X。

用人单位：中联重科股份有限公司工程起重机分公司，以下简称 Y。

案情简介：

① 2003 年 3 月，X 入职 Y，在履带吊工艺设计室工艺工程师岗位工作。

② 2014 年 11 月 27 日，Y 认为因工程机械行业业绩出现下滑、公司内部组织机构进行整合调整，双方劳动合同订立时所依据的客观情况发生重大变化，致使劳动合同无法履行，书面通知 X 要求解

---

① 中联重科股份有限公司工程起重机分公司与刘志云劳动争议二审民事判决书，湖南省长沙市中级人民法院 [（2015）长中民四终字第 04816 号]，裁判日期：2015 年 10 月 29 日。

除劳动关系。

③ X 向仲裁委员会提起仲裁，要求 Y 支付违法解除劳动合同赔偿金。仲裁支持该请求，Y 提起诉讼。

法院裁判要旨（二审）：

客观情况发生重大变化的情形主要包括发生不可抗力或出现致使劳动合同全部或部分条款无法履行的其他情况，如企业迁移、改制、部门撤并以及经营方向发生重大变化等。上述情形必须严重至足以阻碍劳动合同继续履行，用人单位方能提出协商要求解除劳动合同。本案中，Y 所处的工程机械行业近年业绩出现整体下滑、公司内部机构进行整合调整均是客观事实，但是 Y 并未进行经济性裁员，X 所在的工艺工程师岗位依然正常运作，未受部门合并影响，而且并未出现不可抗力或者其他导致劳动合同全部或部分条款无法履行的情况，Y 未经协商程序直接书面通知 X 解除劳动关系，违反了劳动合同法的有关规定，应当认定为违法解除劳动合同。

二审法院认为，本案中，Y 提出的"全球工程机械行业业绩持续下滑，市场萎缩"不属于以上法律规定的导致劳动合同无法履行的客观情况，Y 不能以此为由解除与 X 的劳动合同。

判例 8

客观情况发生重大变化解雇判例之
富士纺（常州）服装有限公司经济补偿金纠纷案①

劳动者：范某，以下简称 X。

用人单位：富士纺（常州）服装有限公司，以下简称 Y。

---

① 范以红与富士纺（常州）服装有限公司经济补偿金纠纷二审民事判决书，江苏省常州市中级人民法院［（2014）常民终字第 1471 号］，裁判日期：2014 年 11 月 3 日。

案情简介：

① X 自 2007 年 12 月进入 Y 从事缝纫工作，合同期限至 2014 年 1 月 31 日。

② 2013 年 7 月，Y 接到相关部门的通知，通知称：因地方政府的统筹规划、土地征收等原因，需要厂址搬迁，由新北区岷江路 29 号搬迁至新北区河海西路 538 号，新旧厂址相距约 8 公里。2013 年 12 月 26 日，Y 正式实施了搬迁。X 未随厂搬迁至新址工作。

③ X 申请仲裁，要求解除劳动关系，Y 支付经济补偿金。仲裁未支持其请求，X 提起诉讼。2014 年 1 月 1 日起，Y 在新北区华山路 100 号到新北区河海西路 538 号开通班车。庭审中，Y 出具了调解方案，调解方案中载明，可安排车辆到公司原住所地接送 X 等人，在途时间均计算为正常工作时间并折算相应工资。X 拒绝接受此调解方案。

法院裁判要旨（一审）：

本案中，Y 厂址由新北区岷江路 29 号变更为新北区河海西路 538 号确属客观情况发生变化。综合分析该变化，法院有如下结论：一、该变更并非 Y 主观原因导致，而是积极配合区域用地统筹规划的结果，该变更具有充分的合理性；二、新旧厂址属同一行政区域且相距不远，虽客观上有限地增加了 X 上下班的时间经济成本，但 Y 基于劳动者的切身利益增设公交线路、调整工作时间、书面出具人性化调解方案，已经尽力减少了客观情况变化带来的影响，且以上措施有效地还原了订立劳动合同时的客观情况，在此基础上，厂址的变更并不符合"重大"之情形，亦未从根本上阻碍劳动合同的继续履行；三、在面临厂址搬迁的客观事实时，Y 从未有解除劳动合同的意向和行为，而是积极采取措施消除影响，维持原有劳动关系。我国劳动立法上要求双方当事人在劳动关系中均应诚实、守信、善意地履行合同义务，从而达到劳动关系和谐、劳资双赢的社会效果。用人单位要以保障劳动者权益为合同首务，劳动者亦应理解和遵从用人单位的管理和发展。基于上述事实，并结合劳动立法的宗旨，法院确认 X 要求享受经济补偿金的诉讼请求不符合法律规定，不能得到支持。

X 不服原审判决，提起上诉，二审维持原判。

判例 9

协商调岗的操作程序判例之
东莞伍联电子科技有限公司劳动争议案[①]

劳动者：曹某，以下简称 X。

用人单位：东莞伍联电子科技有限公司，以下简称 Y。

案情简介：

① X 于 2004 年 9 月 1 日入职伍泰电子制造厂（地址：东莞市虎门镇树田村），后于 2008 年 1 月入职 Y 工作，2014 年 1 月前担任包装线班长。Y 与伍泰电子制造厂是关联企业。

② 2014 年 1 月，Y 因订单少、人员少，撤掉了 X 所领导的包装线，并将 X 调任后勤部班长。

③ 2014 年 3 月 5 日，X 以 Y 违反劳动合同约定，单方变更劳动合同内容以及没有提供劳动合同约定的劳动条件为由，向 Y 提交了被迫辞职书。

④ X 提起仲裁，仲裁要求 Y 支付经济补偿金，Y 不服仲裁提起诉讼。

法院裁判要旨（一审）：

从双方订立的劳动合同可见，X 的劳动岗位系生产技术岗位，

[①] 东莞伍联电子科技有限公司与曹吉东劳动合同纠纷二审民事判决书，广东省东莞市中级人民法院［（2014）东中法民五终字第 2107 号］，裁判日期：2014 年 12 月 7 日。

在调岗之前，X 担任包装线班长一职，从事生产技术工作。调岗之后，X 担任后勤部班长。虽然 Y 主张两者的工作内容没有发生变化，但常理上生产岗位与后勤岗位不同。因此，Y 的主张不足以采信。

在 Y 撤销包装线后，客观上 X 已无法从事原岗位工作，Y 应与 X 协商一致再改变 X 的劳动岗位。在 Y 对 X 进行调岗后，X 多次提出异议，可见双方并没有对调岗协商一致。在此情况下，Y 本可依据《中华人民共和国劳动合同法》第四十条第三项的规定解除合同并支付经济补偿。但是，Y 并未据此行使解除权，而是维持调岗事实。必须看到，劳动者参加劳动并非单纯为了获得劳动报酬，参加劳动可以提升劳动技能、积累劳动经验，从而提高自身价值。X 担任包装线班长多年，系该技术岗位的"熟手"，从事相同或相似的工作可以更好地体现其自身价值。调岗之后的后勤岗位依常理与原岗位相差甚大，因此，在 Y 不行使解除权继续维持调岗现状的情况下，应当认定 Y 系未按照劳动合同约定提供劳动保护或者劳动条件。Y 应支付 X 解除劳动合同的经济补偿金。

之后 Y 上诉至二审法院，二审维持原判。

判例 10

协商调岗的操作程序判例之上海惠普有限公司解雇案①

劳动者：山某，以下简称 X。

用人单位：上海惠普有限公司，以下简称 Y。

---

① 山鹰与上海惠普有限公司劳动合同纠纷二审民事判决书，上海市第一中级人民法院［（2015）沪一中民三（民）终字第 1812 号］，裁判日期：2015 年 10 月 23 日；山鹰与上海惠普有限公司劳动合同纠纷一审民事判决书，上海市浦东新区人民法院［（2015）浦民一（民）初字第 16922 号］，裁判日期：2015 年 7 月 22 日。

案情简介：

① X 于 2005 年 7 月 11 日进入 Y 工作。双方签订的劳动合同自 2012 年 2 月 1 日起变更为无固定期限劳动合同，约定 X 担任 HPIT 部门软件工程师一职。

② 2014 年 8 月 13 日，Y 向 X 发出《岗位变化协商通知书》，称为适应市场发展及客观经济情况的重大变化，Y 正在进行业务经营方式的调整，X 所在部门在影响范围之内，双方签订的劳动合同自 2014 年 10 月 18 日起因调整而无法继续履行。Y 称自 2014 年 8 月 18 日起 X 在之后的四周里（至 2014 年 9 月 12 日）可以在 Y 内部寻找能胜任且感兴趣的空缺岗位，Y 将根据 X 的意愿及能力进一步与其协商，若符合岗位要求，X 将被优先考虑；或者 X 也可以与 Y 协商解除劳动合同，并签订协议。

③ Y 表示，若 X 在 2014 年 8 月 19 日 15 时前未以书面方式就解除方案提交反馈且未在 2014 年 8 月 22 日 15 时前签署劳动合同解除协议，或未在"岗位变化协商规划"结束（2014 年 9 月 12 日 18 时）前就其他工作机会与 Y 协商一致，即视为经双方协商未能就劳动合同的变更/解除达成协议。此时，Y 将解除与 X 的劳动合同。

④ X 多次就 Y 的空缺岗位提出申请，最终未就空缺岗位与 Y 达成一致意见。2014 年 9 月 12 日，Y 将与 X 解除劳动合同事宜通知所在工会。2014 年 9 月 15 日，Y 向 X 发出《提前解除劳动合同通知书》，其中载明双方劳动合同于 2014 年 10 月 17 日解除。

⑤ X 诉至法院，要求 Y 支付违法解除劳动合同赔偿金。

法院裁判要旨（一审）：

根据劳动合同法第四十条第三款的规定，解除劳动合同需同时满足两个条件：一是劳动合同订立时所依据的客观情况发生重大变化，致使劳动合同无法继续履行；二是经协商，未能就变更劳动合同内容达成协议。

就解除劳动合同条件一而言，Y 提交了《岗位变化协商通知书》，X 对其真实性无异议且其亦为 X 自己提交使用的证据。该通知书载明，"为适应市场发展及客观经济情况的重大变化，公司正在努力进行业务经营方式的调整。您所在的部门因上述变化亦在影响范围之内，而您与公司签署的劳动合同将于 2014 年 10 月 18 日起因调整的需要而无法继续履行"，故应视为 Y 已将客观情况发生重大变化导致合同无法继续履行的情况告知 X。

就解除劳动合同条件二的诚信磋商程序而言，Y 提交了 2014 年 9 月 22 日、9 月 23 日发送给 X 的邮件和仲裁庭审笔录，证明其安排了岗位面试，但 X 拒绝参加。鉴于 X 看到了面试邮件却未能参加面试，又未能说明未参加面试的合理理由，故可认定未参加面试的责任在 X，应视为 Y 就岗位变更尽到了诚信协商的义务，且 X 在本案审理中亦自认其多次申请 Y 空缺岗位，Y 亦曾安排过其他岗位的面试，故可认定 Y 履行了协商程序，最终未能就变更劳动合同协商一致。

综上，Y 客观情况发生重大变化，致使劳动合同无法继续履行，经协商，双方未能就变更劳动合同达成一致，Y 据此解除双方的劳动合同并无不当。X 要求 Y 支付违法解除劳动合同赔偿金的主张，不予支持。

二审驳回上诉，维持原判。

四　解雇中的特殊保护

在解雇问题上，为了向某些有特殊状况的劳动者提供更好的保护，法律专门规定了限制解雇的情形。根据《中华人民共和国劳动合同法》第四十二条的规定，劳动者有下列情形之一的，用人单位不得对劳动者进行一般解雇和经济性裁员："（一）从事接触职业病危害作业的劳动者未进行离岗前职业健康检查，或者疑似职业病病人在诊断或者医学观察期间的；（二）在本单位患职业病或者因工负伤并被确认丧失或者部分丧失劳动能力的；（三）患病或者非因工负伤，在规定的医疗期内的；（四）女职工在孕期、产期、哺乳期的；（五）在本单位连续工作满十五年，且距法定退休年龄不足五年的；（六）法律、行政法规规定的其他情形。"也就是说，对于有上述情形的劳动者，用人单位不能因为其工作能力下降不胜任工作将其解雇，也不能因为用人单位的客观经济变化或者经济性裁员将其解雇；但是，如果这些劳动者有严重违反规章制度等可进行惩罚性解雇的行为，用人单位依然可以单方与其解除劳动关系，或者通过协商一致与劳动者解除劳动关系。在各种特殊保护的情形中，三期女职工的解雇保护尤其受到关注，在这一方面曾发生过大量争议。后文的判例 11 为在女性劳动者怀孕后协商一致解除劳动合同的判例，判例 12 为女性劳动者在签署协商一致解除协议后发现怀孕的判例。

判例 11

怀孕后协商一致解除劳动合同判例之

本田制锁（广东）有限公司劳动争议案[①]

劳动者：刘某，以下简称 X。

用人单位：本田制锁（广东）有限公司，以下简称 Y。

[①] 刘美平与本田制锁（广东）有限公司劳动争议一审民事判决书，广东省中山市第二人民法院［（2014）中二法民五初字第 198 号］，裁判日期：2014 年 7 月 31 日。

案情简介：

①X 于 2013 年 3 月 4 日入职 Y，并于当日签订劳动合同。

②2014 年 2 月 6 日，X 发现自己怀孕；2 月 14 日，X 告知 Y 怀孕的事实，希望减少加班时间。

③2014 年 2 月 19 日，双方协商一致解除劳动合同，X 签名确认如下事实："本人同意于 2014 年 2 月 19 日解除与 Y 的劳动合同，并已确认上述协议补偿金数额准确无误，与 Y 之间所有事项均已了结，不存在任何纠纷，并签名如下为证。"Y 按照双倍标准支付了经济补偿金，X 确认签收。

④后 X 提起仲裁，主张 Y 采取欺诈和胁迫的方法使自己签订了显失公平的协商一致解除劳动合同协议，请求判令撤销其与 Y 达成的协商一致解除劳动合同协议，并恢复与 Y 的劳动关系。Y 主张因为 X 在工作中的表现不尽如人意，存在与其他员工沟通不顺畅、与领导工作安排配合度欠缺等问题，所以于 2014 年 2 月 14 日与 X 进行谈话并提出协商解除劳动合同的意愿；经多次协商后，双方同意协商一致解除劳动合同，不存在欺诈、胁迫等情形；双方已经按照双倍经济补偿金解决了赔偿问题，自己无须再向 X 支付任何费用。

法院裁判要旨：

①首先，虽然 X 主张其是在 Y 的胁迫下签订的两份材料，但对此未进行举证。其次，X 作为完全民事行为能力人，理应清楚明白自己在上述两份材料上签名将导致的法律后果，若 X 提供的离职材料反映的内容（离职原因、经济补偿金数额）与事实不符，X 有权当场拒绝签名确认，但 X 事实上在两份材料上均签名确认，且亦未提交任何依据予以反驳。故本院对 X 的该主张不予采信。

②《中华人民共和国劳动合同法》第四十二条规定，女职工在孕期、产期、哺乳期的，用人单位不得依照《中华人民共和国劳动

合同法》第四十条、第四十一条的规定解除劳动合同。但根据《中华人民共和国劳动合同法》第三十六条的规定，用人单位与劳动者协商一致可以解除劳动合同，也就是说法律并未规定女职工在孕期、产期、哺乳期不得经协商一致解除劳动合同。X 与 Y 协商一致解除劳动合同系 Y 行使民事处分权利的行为，并不违反《中华人民共和国劳动合同法》的禁止性规定。此外，Y 已支付 X 两个月的工资作为赔偿金，故对 X 以显失公平为由主张撤销双方协商一致解除劳动合同的协议，法院不予支持，驳回 X 的诉讼请求。

判例 12

协商一致解除劳动合同后怀孕判例之
UT 斯达康通讯有限公司劳动争议案①

劳动者：刘某，以下简称 X。

用人单位：UT 斯达康通讯有限公司，以下简称 Y。

案情简介：

① X 从 2004 年 8 月 18 日进入 Y 工作。2008 年 2 月 20 日，X、Y 签订了劳动合同一份，约定合同期限自 2008 年 2 月 29 日起至 2010 年 2 月 28 日止。

② 2009 年 6 月 29 日，双方签订了解除劳动合同协议书，约定双方同意协商解除劳动（合同）关系，双方的劳动合同自 2009 年 6 月 29 日起解除，由 Y 支付解除劳动关系经济补偿金。同日，X 领取了相关补偿款项。

---

① 刘彩玲与 UT 斯达康通讯有限公司劳动争议一审民事判决书，杭州市滨江区人民法院 [（2010）杭滨民初字第 646 号]，裁判日期：2010 年 11 月 10 日。

③ 2009 年 7 月 19 日，X 到某医院就医时经化验确定已经怀孕，怀孕日期为 2009 年 6 月 18 日。

④ 后 X 主张 Y 对劳动关系的解除系裁员，根据劳动合同法的规定，用人单位不得辞退孕期内的女职工。X 在和 Y 签订解除劳动合同协议书时并不知道自己已经怀孕，存在重大误解。X 要求与 Y 继续履行劳动合同，劳动合同期限应当顺延至哺乳期满，即 2011 年 3 月，且要求 Y 支付 2009 年 7 月至 2011 年 3 月的工资损失。

法院裁判要旨：

① 2009 年 6 月 29 日，双方签订的解除劳动合同协议书系双方协商解除合同，X 无证据证明 Y 在签订劳动合同协议书时已知其怀孕，故该解除劳动合同协议书未违反法律规定，对双方具有约束力。X 以事后知其怀孕为由，主张在签订合同时存在重大误解而要求撤销该协议书无法律依据，本院不予采纳。

② 对于 X 主张的工资损失诉讼请求，本院认为，X 的证据已证实其怀孕时间为 2009 年 6 月 18 日，双方劳动关系期满之日为 2010 年 2 月 28 日，因此，X 系在劳动合同期内怀孕。《中华人民共和国劳动法》第六十二条出于对女职工的特殊保护规定，女职工生育享受不少于九十天的产假。因原告系在劳动合同期内怀孕，故无论双方是否协商解除劳动合同，X 仍应享有女职工的该项法定权利。因 X 系剖宫产，故 Y 应支付 X 相当于三个半月工资的产假津贴 15298 元（4370.85 元/月）。领取孕期工资及产假之外的哺乳期工资的前提应是劳动者向用人单位提供了法律规定范围内的劳动。因双方已经协商解除劳动关系，对劳动关系的协商解除 Y 并不存在过错，故本院对 X 要求 Y 赔偿该阶段工资损失的请求不予支持。

五　违法解雇后的继续履行

由于我国执行严格的法定解雇程序，因此相应地制定了对违法解雇的处罚措施。也就是说，用人单位违反法律规定解除劳动合同，但劳动者要求继续履行劳动合同的，用人单位应当继续履行；劳动者不要求继续履行劳动合同或者劳动合同已经不能继续履行的，用人单位应当支付相当于经济补偿金两倍的赔偿金。对于已经对簿公堂、矛盾激化的劳资双方来说是否还有继续履行劳动合同的条件，是易引起激烈争论的问题。判例 13 堪称此方面的经典判例，其判旨清晰地说明了继续履行是否可行的判断标准。在继续履行劳动合同的相关劳动争议中，由于劳动者在被解雇到恢复劳动关系期间没有工作，且责任在于用人单位，因此劳动者要求用人单位支付此期间的工资损失的请求可以得到支持。

判例 13

继续履行劳动合同判例之

上海家化联合股份有限公司解雇案①

劳动者：王某，以下简称 X。

用人单位：上海家化联合股份有限公司，以下简称 Y。

案情简介：

① X 于 1991 年入职 Y。1997 年 4 月，X 辞职赴美留学深造。2004 年 1 月 1 日，X 回国后再次与 Y 建立劳动关系。当月 21 日，X

---

① 上海家化联合股份有限公司与王苗劳动合同纠纷二审民事判决书，上海市第二中级人民法院［（2015）沪二中民三（民）终字第 747 号］，裁判日期：2015 年 9 月 25 日。

被聘任为副总经理。2012 年 12 月 18 日，X 被聘任为总经理。2013
年 11 月 19 日，双方签订了自 2014 年 1 月 1 日起的无固定期限劳动
合同。合同约定 Y 聘用 X 担任总经理，每月固定工资为 51900 元。
合同同时规定，当发生 X 因严重违反规章制度或严重失职、营私舞
弊而对 Y 造成重大损害的情形时，Y 可随时解除劳动合同。

② 2013 年 11 月 20 日，Y 收到上海市证监局发出的《责令改
正的决定》。Y 委托某会计师事务所审计其内部控制有效性，审计
方于 2014 年 3 月 11 日出具了具有否定意见的《内部控制审计报
告》，指出 Y 有三项重大缺陷。

③ 2014 年 5 月 12 日，Y 召开第五届十五次董事会，会上认为
X 在此次事件中负有不可推卸的责任，审议并通过了关于解除 X 总
经理职务及提请股东大会解除 X 董事职务的议案。5 月 13 日，Y 向
X 送达《员工违纪处理通知书》，其内容为："由于总经理 X 的工
作责任心不强，导致会计师事务所对公司内部控制出具了否定意见
的审计报告，严重违反了公司规章制度。公司内部控制否定意见的
审计报告受到新闻媒体负面报道，对公司造成恶劣影响，对公司形
象、名誉、财产和利益造成重大损失，这是严重失职，对公司造成
重大损害。依据员工手册第 31 页第 3 条及公司章程第六章第 140
条的规定，决定：1. 自 2014 年 5 月 13 日 15 时起，Y 辞退 X，X 将
不再是 Y 的员工，不再承担总经理职务，不享受公司任何相关权
益；2. X 于 2014 年 5 月 14 日 17 时前完成离职流转手续。"

④ X 提起仲裁，要求：第一，与 Y 从 2014 年 5 月 14 日起恢复
劳动关系；第二，Y 支付 2014 年 5 月 14 日至 6 月 24 日的工资 72660
元（以月工资 51900 元为标准）。仲裁裁决支持恢复劳动关系，并要
求 Y 支付相应工资。Y 不服仲裁结果，提起诉讼，一审判决支持 X。
Y 不服一审判决，提起上诉。

⑤ X 表示自己在大学毕业后就开始在 Y 工作，从一名普通销售人员做到总经理，为 Y 奉献了青春，倾注了深厚感情，且自己在在职期间一直忠诚勤勉，绝无损害 Y 利益的行为。X 作为与 Y 签订无固定期限劳动合同的员工，即使不在总经理岗位，也愿意在其他岗位继续为 Y 工作。一审审理中，X 申请证人葛某出庭作证，证明在 1985 年 3 月至 2013 年 9 月，公司内控制度由董事长、审计部、总经理室及审计事务所共同负责，即使信息披露出现问题，也应由董事会和董事长负责，不应由总经理个人负责。Y 认为葛某自身在关联交易中负主要责任，并受到罚款等处罚，故对其证词的真实性不予认可。（本案案情复杂，双方提交了诸多证据，这里择要截取。）

法院裁判要旨（二审）：

对于签订劳动合同的高级管理人员而言，其受雇于公司，按公司董事会决议的要求开展生产经营，双方建立劳动关系的意思表示明确。高级管理人员目前仍属我国劳动合同法的调整对象，对其行使解雇权应当符合劳动合同法的规定。

解除劳动合同是从根本上消灭劳动关系，用人单位在做出此项决定时应当慎重。根据相关司法解释，用人单位做出解除劳动合同决定的，用人单位应对违纪事实、适用法律及处理程序的合法性承担举证责任。Y 以 X 严重失职、严重违反规章制度为由做出解除劳动合同的决定，并对 X 具体的失职行为及违反规章制度的行为进行了列举。X 对公司发生的信息披露违法行为存在责任，但其毕竟不是最主要的责任人。Y 主张 X 在担任总经理后对内控出现的问题采取放任态度亦无充足证据证实。对于 X 担任总经理期间的工作业绩，Y 是基本认可的，现 Y 以 X 严重失职、严重违反规章制度为由做出解除劳动合同决定缺乏依据。原审法院认定 Y 解除与 X 的劳动合同不当是正确的，本院亦予以认同。

根据劳动合同法，是否恢复劳动关系首先需考虑当事人的意愿，对于当事人要求恢复履行劳动合同的，除非无继续履行的可能性，否则用人单位应当继续履行。X虽原为公司高管，但连续工龄已满十年，不予恢复劳动关系实质上亦剥夺了X作为老职工可以要求履行无固定期限劳动合同的权利，有失公平。二审判决支持恢复劳动关系。

第八章
特殊用工管理的边界

在劳动关系管理中存在着各种特殊用工形式，首先应辨别、确认其是否属于劳动关系，然后再探讨相应的管理方式问题。而想要在纷繁复杂的各种事实中判断某一关系是否为劳动关系，主要看双方间是否存在从属性的用工事实。这种从属性由于各种复杂情况的存在并不容易被识别。这些复杂的情况有时是劳动者的特殊身份，有时是双方签订的某方面的免责条款，有时是行业规则的制约，有时则是多种关系的复杂交织。本章在对劳动关系确认标志进行分析的基础上，通过判例分析对实习生、非全日制劳动者、退休员工、借调员工、外籍及港澳台员工、劳务派遣员工等各种特殊劳动者的管理方式。

一　劳动关系的确认标志

对于各种特殊用工形式，实践中经常会出现其是否属于劳动关系的争论。实际上，我国法律并没有对劳动关系进行明确定义，区分点在于劳动关系的概念本身。《中华人民共和国劳动法》第十六条在界定劳动合同的同时，阐述了劳动合同与劳动关系的联系，即

"劳动合同是劳动者与用人单位确立劳动关系、明确双方权利和义务的协议。建立劳动关系应当订立劳动合同"。根据这个定义，在相当长的一段时间里，劳动合同的订立曾是判断劳动关系是否确立的标志。

此规定在当时的背景下是有其政策目的的，即通过立法将"合同"这一成熟的法律技术正式引入到劳动关系运行中，打破计划经济体制下的固定工制度，实现劳动关系的市场化和合同化。这从劳动部《关于〈中华人民共和国劳动法〉若干条文的说明》（劳办发〔1994〕289号）对固定工的强调可以看出。① 随着劳动合同制度改革的深化，此规定在对瓦解固定工制度产生巨大推动作用的同时，也带来了另外的问题，即出现了明显存在用工事实，却由于没有签订书面劳动合同，使劳动者无法获得法律保护的情况。为了避免这种违反立法本意的情形扩大，劳动和社会保障部《关于确立劳动关系有关事项的通知》（劳社部发〔2005〕12号）针对"用人单位招用劳动者不签订劳动合同，发生劳动争议时因双方劳动关系难以确定，致使劳动者合法权益难以维护，对劳动关系的和谐稳定带来不利影响"的情况，对用人单位与劳动者确立劳动关系的有关事项进行了说明："用人单位招用劳动者未订立书面劳动合同，但同时具备下列情形的，劳动关系成立。（一）用人单位和劳动者符合法律、法规规定的主体资格；（二）用人单位依法制定的各项劳动规章制度适用于劳动者，劳动者受用人单位的劳动管理，从事用人单位安排的有报酬的劳动；（三）劳动者提供的劳动是用人单位业务的组成部分。"这时，即使没有签订书面劳动合同，也可参照工资支付

---

① 劳动部《关于〈中华人民共和国劳动法〉若干条文的说明》第十六条明确提出："建立劳动关系的所有劳动者，不论是管理人员、技术人员还是原来所称的固定工，都必须订立劳动合同。"

凭证、工作证、登记表、考勤记录、其他劳动者的证言等证明劳动关系。

此认定标准后来被广泛引用，成为确定"事实劳动关系"的依据。这一规定确实也对"用工"做了相应的界定，突出了管理与被管理等劳动关系的核心要素。但是，其中"用人单位和劳动者符合法律、法规规定的主体资格"这一点，仍将很多确实存在用工事实但主体资格不那么标准的劳动者排除在了法律的保护范围外，致使"劳动关系""主体不适格"等情况时有发生。

针对这些情况，《中华人民共和国劳动合同法》第七条明确规定"用人单位自用工之日起即与劳动者建立劳动关系"。此条款明确指出引起劳动关系产生的基本法律事实是用工而不是订立劳动合同，即使用人单位没有与劳动者订立劳动合同，只要存在用工行为，该用人单位就与劳动者建立了劳动关系，与用人单位存在用工事实的劳动者就享有劳动法律规定的权利。[①] 而签订书面劳动合同则是在建立劳动关系之后用人单位在劳动合同管理方面的法律义务，有用工事实而无书面劳动合同导致的法律后果是双倍工资等法律责任，而不是劳动关系不存在。自此，"用工"代替"劳动合同"明确成为确定劳动关系的标志。

"用工"作为确认劳动关系的标志被法律所明确。对于如何确认用工事实，上文提到的劳社部发〔2005〕12号文件有所涉及，即通过用人单位依法制定的各项劳动规章制度是否适用于劳动者，劳动者是否受用人单位的劳动管理并从事用人单位安排的有报酬的劳动，劳动者提供的劳动是否为用人单位业务的组成部分这几个方

---

① 彭光华、陆占奇：《立法调整劳动关系的九大发展趋势——以社会主义市场经济为视角解析〈劳动合同法〉》，《劳动经济与劳动关系》2008年第3期。

面确定。《关于贯彻实施〈中华人民共和国劳动合同法〉若干规定（征求意见稿）》第三条规定："劳动合同法所称劳动关系，是指劳动者与用人单位在实现劳动过程中建立的权利义务关系。只要劳动者实际提供劳动，用人单位实际用工，双方就建立了劳动关系。"不过此条款仅出现在草案中，最终出台的条例中其并没有被保留。

在劳动法研究中，史尚宽在《劳动法原论》一书中对劳动法上的劳动进行了明确的定义："为基于契约上义务在从属的关系中所为的职业上有偿的劳动。"[①] 这突出了劳动法上劳动的以下几个重要特点：第一，劳动为合同关系产生的劳动，这就排除了民法上夫妇关系及亲子关系等产生的劳动；第二，劳动是有偿的；第三，劳动是职业性的；第四，劳动中存在从属的关系。近年来，随着市场经济的发展，劳动关系的本质开始更清晰地凸显出来。由于劳动者出卖劳动力的行为本质上是一种谋生的手段，而且劳动者在劳动过程中处于一种被支配和被管理的地位，因此其不得不依从或从属于资本。所以说，劳动者和用人单位之间是否存在劳动关系应以劳动"从属性"作为实质标准来加以判断。然而，由于现实劳动关系的复杂性，很多情况下从属性劳动并不容易判断。为解决具体问题，在借鉴典型判例和学者研究[②]的基础上，本章试图提出以下几点关键的参考指标。

（1）劳动者是否受指挥监督，即劳动者在业务的进行中有没有接受指挥监督。

（2）工作拘束性的强弱，也就是工作时间、工作场所、工作

[①]　史尚宽：《劳动法原论》，正大印书馆，1978。

[②]　田思路、贾秀芬：《契约劳动的研究——日本的理论与实践》，法律出版社，2007，第85页；黄越钦：《劳动法新论》，中国政法大学出版社，2003，第94～95页；常凯主编《劳动关系学》，中国劳动社会保障出版社，2005，第155～156页。

方法等是否受到指定。一般而言，越是受到严格指定的工作，劳动从属性越强。在工作时间方面，迟到、早退、旷工的约束程度，加班费的发放状况，单位规章制度的适用程度等都可作为参考指标。

（3）劳动者在从事的工作中是否有一定的拒绝的自由，自由度越低，劳动从属性越强。

（4）劳动者有无第三者代替工作的可能性。如果劳动者本身提供的劳动可以被他人替代，则劳动从属性减弱。

（5）报酬与提供的劳动是否对等。具体来说，劳动者获得的报酬如果远远超出劳动对价，就可能包含着经营收益，使劳动从属性降低。

（6）其他辅助标准还有劳动者有无对他人劳动力的利用、发生损害时的风险承担情况、劳动者是否也为其他雇主服务等。

以上列出的仅是一些重要参考要素。在遇到确认劳动关系的疑难案例时，并不一定要求其完全符合以上各项标准，而是要综合衡量、合理判断各项指标。

本章的判例 1 和判例 2 就集中体现了在判断劳动关系时不以合同约定为重而侧重于用工事实的原则。判例 1 中的劳动者曾经签署过一份承诺书，在承诺书中他承认自己不符合用人单位的健康标准，并承诺不签书面劳动合同和不参加工伤保险。本案的争议点在于这样的承诺书是否有法律效力。劳动法属于社会法，其中既有允许双方当事人合意的私法范畴，也有受强制性法律约束的公法范畴。在法律已经有了明确规定的领域，双方的约定必须在法律的标准之上。如果双方的合意与法律规定相违背，那么此合意将因"约定不破法定"的原则而无效。在劳动关系的确认方面，应当以用工事实为判断依据，即劳动者是否在用人单位从事具有从属性的属于用人单位业务组成部分的有报酬劳动。判例 1 中的劳动者在煤矿担任矿工，受煤矿的指挥管理，按月从煤矿领取工资，是煤矿的劳动者，法律并不因劳动者曾进行过对自己不利的承诺而放弃对其的保护。

出现这种情况也是因为在劳动关系建立之初，虽然劳动者与用人单位是法律上平等的民事主体，双方都有自由的选择权和交涉权，但是由于在经济上的弱势地位以及对获得工作的渴望，劳动者往往并不能真正平等地与用人单位谈判并公平地主张自己的权利，而是已经提前进入按用人单位要求行事的从属性中。劳动法正是出于对劳动者弱势地位的弥补，才设置了各种对用人单位用工的要求。签订书面劳动合同和依法缴纳工伤保险都属于这种强制性要求，它们不能因劳动者的承诺或者双方的协商而不被履行。在判例 1 中，用工单位依然要承担作为用人单位的法律责任和法律后果。

判例 2 中劳资双方签订了劳动合同，但是劳动者实际没有提供劳动，因此其主要争议点在于双方间是否存在劳动关系。一审法院从签订书面劳动合同并发放工资的角度确认了双方之间的劳动关系，但实际上劳动者从来没有到用人单位工作，他们间只有形式上的合同，而工资基于的也是执业证书的使用而不是劳动的对价。所以双方间的关系并不等于劳动关系，这一点在二审判旨中得到了确认。二审法院认为，劳动者陈某实际上有真正的用人单位，其虽和判例中的用人单位衢州浙西工程设计院签订过劳动合同，但"该劳动合同是满足衢州浙西工程设计院资质的形式所需，陈某并未向衢州浙西工程设计院提供劳动或与衢州浙西工程设计院在工作中形成管理支配关系，陈某与衢州浙西工程设计院之间是虚构的劳动关系"。这从劳动关系的本质出发，强调了有用工事实才有劳动关系，劳动合同应该在用工事实的基础上签订，如果用工事实与劳动合同的内容不符则应以用工事实为准。所以说，劳动者与用人单位签订了劳动合同，但劳动者并未实际提供劳动的，双方不存在劳动关系。这种用人单位为了获得资质、劳动者为了获得额外利益而虚构劳动合同的行为，既违反诚信原则，又违反相关法律的规定，无法获得劳动法律的保护。

判例3属于用人单位将工程发包给自然人，该自然人招用的劳动者在工作中受伤，劳动者主张与发包单位确立劳动关系的典型案例。这里的主要争议点为自然人刘某是否应该承担雇主责任。劳动者由刘某招用，其劳动也受刘某的指派、安排和监督，但是刘某作为自然人，对于可能带来工伤的工业风险的承担能力较弱，而这种工业风险实际上来自发包单位的生产经营活动。所以，从此种角度看，在自然人承包关系中，发包商应承担相应的雇主责任。

承包这种形式在建筑、矿山等行业已形成行规，为此，《关于确立劳动关系有关事项的通知》（劳社部发〔2005〕12号）明确规定："建筑施工、矿山企业等用人单位将工程（业务）或经营权发包给不具备用工主体资格的组织或自然人，对该组织或自然人招用的劳动者，由具备用工主体资格的发包方承担用工主体责任。"《最高人民法院关于审理劳动争议案件适用法律若干问题的解释》（法释〔2001〕14号）第十二条也规定，"劳动者在用人单位与其他平等主体之间的承包经营期间，与发包方和承包方双方或者一方发生劳动争议，依法向人民法院起诉的，应当将承包方和发包方作为当事人"，这一规定的目的在于使处于层层转包关系中的劳动者在发生劳动争议时得到有效保护。而且即使承包单位具有相应的主体资格，在某些情况下，发包单位也要共同承担责任。

判例 1

劳动关系确认判例之
重庆市某煤业有限公司劳动关系确认案[①]

劳动者：钟某，以下简称 X。

用人单位：重庆市某煤业有限公司某煤矿，以下简称 Y。

案情简介：

① 2012 年 2 月 17 日，X 到 Y 工作，并以承诺书的形式向 Y 承诺：X 不符合健康标准，不符合 Y 招录员工的条件，但由于 Y 有适合 X 的工作岗位，离 X 家不远，可以令 X 工作和家里两不误；为了增加 X 的收入，X 自愿到 Y 工作，待遇同同工种，并服从 Y 的管理；由于 X 的身体不符合健康标准，不能参加工伤保险和签订劳动合同，工作期间发生的一切疾病和职业病由 X 自己承担法律责任和经济责任，与 Y 无关；同时，X 自愿不与 Y 签订劳动合同。

② 次日，X 到 Y 上班，从事井下采煤工作，服从 Y 的管理，享受同工种待遇，并从 2 月 18 日起一直住在 Y 的宿舍里。Y 向 X 发放了工作证，并通过银行向其支付工资。

③ 2012 年 5 月，X 因受伤而不能胜任体力劳动。后 X 向劳动争议仲裁委员会申请仲裁，要求确认 X 与 Y 之间的劳动关系。该仲裁委员会裁决双方之间存在劳动关系。Y 不服，遂起诉至法院。

法院裁判要旨：

本院认为，Y 系依法设立并领取营业执照的分支机构，具有独立的用工主体资格。X 到 Y 工作以后，服从 Y 的管理，从事 Y 安

---

① 重庆市某煤业有限公司与钟某劳动关系确认纠纷民事判决书，重庆永川区人民法院 [（2013）永法民初字第 01399 号]，裁判日期：2013 年 4 月 26 日。

排的有报酬的劳动，其提供的劳动是 Y 业务的组成部分，且 Y 向 X 发放了工作证。以上几点足以说明 X 与 Y 具备了认定双方劳动关系成立的内在特征和外在显征，即使 X 签署了承诺书，亦不能必然否定双方建立劳动关系这一客观事实的存在。故判决 X 与 Y 从 2012 年 2 月 18 日起建立劳动关系。

判例 2

劳动关系确认判例之

衢州浙西工程设计院劳动关系确认案①

劳动者：陈某，以下简称 X。

用人单位：衢州浙西工程设计院，以下简称 Y。

案情简介：

① X 是浙江巨化南方监理公司的正式职工，就职于浙江巨化南方监理公司，并由浙江巨化南方监理公司为其缴纳社会保险。X 于 1997 年通过了国家一级注册结构师考试，并于 1999 年取得编号为 S993300444 的注册证书及执业专用章。

② Y 是一家从事工程设计的企业。2003 年，X 与 Y 协商一致，将 X 的一级注册结构工程师的执业资格注册到 Y，国家一级注册结构师执业证书、执业专用章等同时移交给 Y 统一管理。同时，双方签订了书面劳动合同。在案件审理过程中，由于时间久远，双方均无法提供书面劳动合同。

---

① 陈琦诉衢州浙西工程设计院确认劳动关系纠纷案二审民事裁定书，浙江省衢州市中级人民法院〔（2009）浙衢民终字第 263 号〕，裁判日期：2009 年 6 月 19 日；陈琦诉衢州浙西工程设计院确认劳动关系纠纷案一审民事裁定书，浙江省衢州市柯城区人民法院〔（2009）衢柯民初字第 231 号〕，裁判日期：2009 年 3 月 31 日。

③ Y 在劳动合同存续期间按期向 X 发放工资，在该书面劳动合同约定的劳动期限届满后，X 要求 Y 返还国家一级注册结构师执业证书及执业专用章。Y 以返还后会导致单位资质无法满足要求为由拒绝，并认为 X 是 Y 的外聘技术人员，与 X 不存在严格意义上的劳动关系。

④ X 遂向衢州市柯城区劳动争议仲裁委员会申请劳动仲裁，请求确认 X 与 Y 的劳动合同终止，以及 Y 返还 X 的国家一级注册结构师执业证书、执业专用章。该委员会于 2009 年 2 月 24 日以不属于劳动争议处理范围为由作出不予受理案件通知书。后 X 诉至法院。

法院裁判要旨（一审）：

① X 与 Y 签订过书面劳动合同，Y 按时向 X 发放工资，双方形成劳动关系。Y 主张 X 是外聘技术人员，但外聘技术人员与用人单位之间形成了劳动权利、义务，双方关系也属于劳动用工关系。

② 劳动合同期限届满后，双方的劳动关系即行终止。X 的国家一级注册结构师执业证书、执业专用章与其身份存在特定的关系，为其专有的财物。在双方劳动合同终止后，Y 负有返还上述执业证书、执业专用章的义务。双方的纠纷发生于履行劳动合同过程中，属于劳动争议处理范围。

法院裁判要旨（二审）：

X 的工作单位系浙江巨化南方监理公司。X 虽曾与 Y 签订过劳动合同，但该劳动合同是满足 Y 资质的形式所需，X 并未向 Y 提供劳动或与 Y 在工作中形成管理支配关系，X 与 Y 之间是虚构的劳动关系，其纠纷不属于劳动争议处理范围。

判例 3

劳动关系确认判例之
重庆科慧隆动物药业有限公司劳动关系确认案 ①

劳动者：朱某，以下简称 X。

用人单位：重庆科慧隆动物药业有限公司，以下简称 Y。

案情简介：

① Y 于 2010 年 9 月 8 日依法取得营业执照。同日，Y 的法定代表人曾某将该公司筹建中的新厂房维修工程承包给自然人刘某，双方签订了厂房维修承包协议。厂房维修工程完工后，Y 与刘某口头约定，由刘某帮忙组织人员到 Y 的厂区从事平整场地及其他杂工工作，工资标准为每人每天 70 元，杂工的劳动报酬由 Y 与刘某统一结算后再由刘某转付给其他杂工。

② 2010 年 10 月 19 日，X 被刘某介绍到 Y 与刘某一起从事杂工工作。2010 年 12 月 26 日，X 在平整安放变压器的场地时受伤。

③ X 于 2011 年 3 月 5 日向荣昌县劳动争议仲裁委员会申请仲裁，要求确认自己与 Y 之间劳动关系成立。2011 年 4 月 12 日，荣昌县劳动争议仲裁委员会做出裁决，确认 X 与 Y 从 2010 年 10 月 19日起至今劳动关系成立。

④ Y 不服裁决，认为其发包行为合法，且 X 系刘某的雇员，未与公司签订劳动合同，并非其员工，遂向重庆市荣昌县人民法院

---

① 重庆科慧隆动物药业有限公司诉朱学高劳动关系确认案二审民事判决书，重庆市第五中级人民法院〔（2011）渝五中法民终字第 4961 号〕，裁判日期：2011 年 11 月 25 日。

提起诉讼，请求确认其与 X 之间劳动关系不成立。

法院裁判要旨（一审）：

① Y 具备合法用工主体资格，X 系符合法定劳动年龄、具备劳动能力的自然人。

② X 从 2010 年 10 月 19 日起到 Y 从事杂工工作，2010 年 12 月 26 日在工作中受伤。双方虽未签订书面劳动合同，但 X 为 Y 提供了劳动，并获得相应的劳动报酬，其劳动报酬虽由刘某支付，但实际支付劳动报酬的是 Y，且 X 提供劳动的方式呈连续状态。

③ Y 作为新成立的公司，其为投产所做的筹建工程应被视为公司业务的组成部分。

④ 刘某是不具备用人主体资格的自然人，与 X 同在 Y 从事杂工工作，实际上他们都在 Y 的管理下工作。

综上，X 与 Y 之间具有事实劳动关系成立的特征。法院判决，X 与 Y 从 2010 年 10 月 19 日起至今劳动关系成立。

后 Y 不服判决，提起上诉。二审法院驳回上诉，维持原判。

二 实习生用工管理

学生身份的劳动者在用人单位工作是否受劳动法律保护，这在目前仍然是个具有争议性的问题。原劳动部《关于贯彻执行〈中华人民共和国劳动法〉若干问题的意见》第十二条规定，"在校生利用业余时间勤工助学，不视为就业，未建立劳动关系，可以不签订劳动合同"。用人单位在现实中通常认为只要是在校学生，就不能跟用人单位建立常规劳动关系。关于这一点，判例 4 的判旨明确指出，"原劳动部《关于贯彻执行〈中华人民共和国劳动法〉若干问题的意见》仅规定了公务员和比照实行公务员制度的事业组织和社会团体的工作人员，以及农村劳动者、现役军人和家庭保姆不适用劳动法，并未将在校学生排除在外，学生身份并不当然限制原告作为普通劳动者加入劳动力群体"。而且，"该规定应指在校学生不以就业为目的，利用学习之余的空闲时间打工补贴学费、生活费的情形。本案中原告明确向被告表达了求职就业愿望，双方签订了劳动合同书，此情形不属于利用业余时间勤工助学"。也就是说，判例4将是否"以就业为目的"作为判断是否为"勤工助学"的标准，这是很有创建性的判旨，对于在司法实践中判断学生工是否为"勤工助学"具有指导性意义，该案也是《中华人民共和国最高人民法院公报》发布的指导性判例。

　　综上，在因学生打工而发生的争议中，在确认学生的劳动者主体资格时应还原劳动关系的本质，明确以"用工"事实作为判断劳动关系的标志。判例5的实习生受伤案也沿用了这种思路。但是，对于各种情况的学生实习实践而言，只有这一判断标准还不够。有的实习确实是学校教育的延伸，是一种学习的手段与方式，这时学生提供的劳动与正常的从属性劳动不同，属于教学管理、教育管理的范畴。对于学生在用人单位到底是在学习还是工作，目前还没有明确的判断标准，这也是实习生劳动关系确认的难点。不过如果学生在实习中受伤，不管其与用人单位的关系是不是劳动关系，用人单位都应承担相应责任。如果是涉及学校安排的实习，学校也可能须承担相应责任，判例6就是这种责任划分的典型判例，也被收录进了《中华人民共和国最高人民法院公报》。

判例 4

学生工劳动关系确认判例之

江苏益丰大药房连锁有限公司劳动关系确认案①

劳动者：郭某，以下简称 X。

用人单位：江苏益丰大药房连锁有限公司，以下简称 Y。

案情简介：

①X 是江苏广播电视大学（南京市莫愁中等专业学校办学点）药学专业 2008 届毕业生，于 2008 年 7 月毕业。2007 年 10 月 26 日，X 向 Y 进行求职登记，并在 Y 的求职人员登记表中登记为"南京市莫愁职业高级中学 2008 届毕业生"，2007 年是其实习年。

②2007 年 10 月 30 日，X 与 Y 签订劳动合同书一份，期限 3 年，自 2007 年 10 月 30 日起至 2010 年 12 月 30 日止；试用期为 60 天，自 2007 年 10 月 30 起至 2007 年 12 月 30 日止。合同还约定，录用条件之一为具备中专或中专以上学历，X 从事营业员工作，试用期满后月工资不少于 900 元，试用期工资标准不低于同工种、同岗位职工工资的 80% 等。

③2008 年 7 月 21 日，作为用人单位的 Y 以对 X 与 Y 之间是否存在劳动关系持有异议为由，向劳动争议仲裁委员会提起仲裁申请，请求确认 X 与 Y 之间的劳动关系不成立。

④仲裁裁决后 X 诉至法院，请求确认双方之间的劳动合同有效。

---

① 郭懿诉江苏益丰大药房连锁有限公司劳动争议二审民事判决书，江苏省南京市中级人民法院［（2009）宁民五终字第 115 号］，裁判日期：2009 年 4 月 7 日，《中华人民共和国最高人民法院公报》2010 年第 6 期（总第 291 期）。

法院裁判要旨（一审）：

① X 与 Y 签订劳动合同时已年满 16 周岁，符合《中华人民共和国劳动法》规定的就业年龄，具备与用工单位建立劳动关系的行为能力和责任能力。原劳动部《关于贯彻执行〈中华人民共和国劳动法〉若干问题的意见》仅规定了公务员和比照实行公务员制度的事业组织和社会团体的工作人员，以及农村劳动者、现役军人和家庭保姆不适用劳动法，并未将在校学生排除在外，学生身份并不当然限制 X 作为普通劳动者加入劳动力群体。

② 原劳动部《关于贯彻执行〈中华人民共和国劳动法〉若干问题的意见》第十二条规定，"在校生利用业余时间勤工助学，不视为就业，未建立劳动关系，可以不签订劳动合同"。该规定应指在校学生不以就业为目的，利用学习之余的空闲时间打工补贴学费、生活费的情形。本案中 X 明确向 Y 表达了求职就业愿望，双方签订了劳动合同书，此情形不属于利用业余时间勤工助学。

③ 实习是以学习为目的，到机关、企业、事业单位等参加社会实践，巩固、补充课堂知识，没有工资，不存在由实习生与单位签订劳动合同，明确岗位、报酬、福利待遇等的情形。X 的情形显然不属于实习。X 与 Y 签订的劳动合同书是双方的真实意思表示，不违反法律、行政法规的禁止性规定，该劳动合同书合法、有效，对双方均具有法律约束力。

法院裁判要旨（二审）：

① Y 对 X 的情况完全知情，双方在此基础上就应聘、录用达成一致意见，签订了劳动合同，是双方真实意思表示，且不违反法律、行政法规的禁止性规定，该劳动合同书合法、有效，对双方均具有法律约束力。

② 实习是以学习为目的，到相关单位参加社会实践，没有工

资，不存在由实习生与单位签订劳动合同，明确岗位、报酬、福利待遇等的情形。Y不仅与X签订了劳动合同，而且明确了岗位、报酬，该情形不应被视为实习。

判例5

实习生受伤工伤认定判例之
北京安邦平泰国际货运代理有限公司劳动争议案①

劳动者：李某，以下简称X。

用人单位：北京安邦平泰国际货运代理有限公司，以下简称Y。

案情简介：

① 2013年4月17日，X因朋友介绍入职Y，从事客服工作。此时X仍为北京信息职业技术学院学生，将于2013年6月30日毕业。

② Y在4月为X缴纳社会保险不成功，因为学校为其缴纳了大病医疗保险和"一老一小"保险。

③ 2013年4月27日，X在工作中左脚摔伤致左踝骨骨折。伤后X在家休养，8月1日返回Y上班。Y自X入职日起按月向X支付工资，2013年8月1日之前的工资按每月1400元最低工资标准支付，上班后8月工资为2532.4元。

④ 双方于X上班后签订了劳动合同书，劳动合同书约定X从事客服工作，工作地点为北京市朝阳区某大街，合同期限为3年，自2013年4月17日起至2016年4月16日止，其中2013年4月17日至2013年7月17日为试用期，试用期月工资为2000元，试用期满月工资为2200元。Y为X缴纳了2013年9月的社会保险。9月

---

① 北京安邦平泰国际货运代理有限公司与李楠劳动争议二审民事判决书，北京市第三中级人民法院 [（2015）三中民终字第07387号]，裁判日期：2015年6月19日。

17 日双方解除劳动合同。

⑤ 双方就经济补偿、扣发工资及 X 受伤是否为工伤等事项未达成一致意见，故 X 于 2013 年 12 月下旬向劳动争议仲裁委员会提出仲裁申请。后 X 不服仲裁裁决又诉至法院。

⑥ X 主张与 Y 自 2013 年 4 月 17 日起存在劳动关系，其 2013 年 4 月 27 日因工受伤在劳动关系存续期内。

⑦ Y 主张，X 在 2013 年 7 月 1 日毕业于北京信息职业技术学院之前是学生身份，根据《关于贯彻执行〈中华人民共和国劳动法〉若干问题的意见》第十二条的规定，在校学生利用业余时间勤工助学，不视为就业，未建立劳动关系，可以不签订劳动合同，实际上该规定否认了学生建立劳动关系的主体资格，因此本案中双方间关系应当被认定为劳务关系或实习关系；X 隐瞒学生身份，存在欺诈行为，其在求职履历表中填写了工作经历，表示其是以毕业生和以前有工作经验的身份求职，求职履历表中毕业时间一栏为空白，工作实践经历一栏显示 X 于 2012 年 9 月在北京热力天禹有限公司任技术员。

⑧ X 解释称毕业之前由学校组织到北京热力天禹有限公司进行实习而非工作，属于实习经历，毕业时间一栏未填写能够说明当时尚未毕业的事实，该证据并不能证明其以工作经历欺骗 Y。

法院裁判要旨（一审）：

① 关于是否构成欺诈。X 于 2013 年 4 月 17 日进入 Y，并于 2013 年 9 月 16 日提出辞职申请。Y 虽主张 X 隐瞒学生身份存在欺诈行为，但对双方签订的劳动合同书没有异议，同时亦认可其在 2013 年 4 月 25 日之前即知晓 X 的在校生身份。由此可见，Y 在与 X 签订劳动合同书时明知 X 尚未毕业，故一审法院对于 Y 提出的 X 隐瞒在校生身份存在欺诈行为的主张不予采信。

② 关于劳动合同的效力。Y 与 X 签订的劳动合同书对合同期

限、工作地点、试用期、劳动报酬等均有约定，尾部有 Y 的公章以及法定代表人张某和 X 的签字。自劳动合同签署之日至 X 提出辞职之时，Y 并未以 X 欺诈为由要求确认劳动合同无效，亦未提出与 X 解除劳动合同。与此同时，Y 为 X 缴纳了 2013 年 9 月的社会保险，双方的劳动关系一直延续至 2013 年 9 月 16 日 X 提出辞职之时。由此可见，在双方签订劳动合同书之后，Y 对与 X 存在劳动关系一节并未提出异议，Y 与 X 亦实际履行了劳动合同，劳动合同书系双方真实意思之表示。

③关于劳动关系的认定。Y 提出学生在勤工助学期间不视为就业、不具备劳动关系的法律主体资格的主张。X 在进入 Y 工作时已年满 16 周岁，达到劳动法规定的就业年龄，其在校大学生的身份也并非劳动法规定排除适用的对象，法律亦没有禁止临毕业大学生就业的规定。与此同时，在 2013 年 4 月 27 日因受伤回家休养至 2013 年 8 月回 Y 上班期间，X 虽未提供实际劳动，但 Y 每月支付其 1400 元的报酬。对于 X 要求确认与 Y 自 2013 年 4 月 17 日至 2013 年 9 月 17 日存在劳动关系的主张，一审法院予以确认。

法院裁判要旨（二审）：

本案争议的焦点现为在 2013 年 4 月 17 日至 2013 年 6 月 30 日 X 尚未毕业期间，其与 Y 是否存在劳动关系。

（1）X 与 Y 均认可在 X 进入 Y 工作时双方均有建立劳动关系的意思表示。

（2）Y 在知道 X 在 2013 年 7 月 1 日前系学生身份后，仍与其补签了期限为 2013 年 4 月 17 日至 2016 年 4 月 16 日的劳动合同，该合同系双方真实意思表示，对双方均具有法律约束力。应视为 Y 追认了 X 在尚未毕业期间与之建立的是劳动关系而非实习关系或劳务关系。

（3）X 在进入 Y 工作时已年满 16 周岁，达到劳动法规定的就业年龄，具备与用人单位建立劳动关系的行为能力和责任能力。

《关于贯彻执行〈中华人民共和国劳动法〉若干问题的意见》第十二条的规定仅适用于在校学生勤工助学的行为，并不能推定出在校生不具备劳动关系的主体资格。Y 关于 X 未毕业期间不具备建立劳动关系的主体资格的上诉理由缺乏依据，本院不予采信。

综上，X 在即将毕业之际以就业为目的进入 Y 工作，与 Y 签订了自 2013 年 4 月 17 日起至 2016 年 4 月 16 日止的劳动合同，双方建立劳动关系的意思表示真实，且不违反法律、行政法规的强制性规定，该合同合法有效。

判例 6

技校学生顶岗实习受伤判例之
上海通用富士冷机有限公司人身损害赔偿纠纷案①

劳动者：李某，以下简称 X。

用人单位：上海通用富士冷机有限公司，以下简称 Y。

案情简介：

① X 系上海工商信息学校（以下简称"工商学校"）2011 级模具专业学生。2013 年 7 月 8 日，X、工商学校、Y 三方签订《学生实习协议书》一份，约定：经 X 与 Y 双向选择，X 自愿到 Y 实习，期限自 2013 年 7 月 8 日起至 2014 年 6 月 25 日止；实习期间，Y 支付给 X 的实习津贴按国家规定的每周不超过 40 小时计，每月

---

① 李帅帅诉上海通用富士冷机有限公司、上海工商信息学校人身损害赔偿纠纷案，上海市第二中级人民法院，裁判日期：2015 年 9 月 7 日，《中华人民共和国最高人民法院公报》2015 年第 12 期（总第 230 期）。

为人民币 1800 元至 2000 元，超过规定时间的加班及因工作需要安排的中班、夜班和特殊岗位则与公司职工同等待遇；Y 在安排实习生上岗前应先对实习生进行企业文化、岗位要求、专业技能、操作规范、安全生产、劳动纪律等方面的培训教育，安排实习生到相应的部门和岗位从事与国家劳动保护法规相符合的对人身无危害、对青少年身心健康无影响的工作，并指派带教师傅对实习进行指导评价；对易发生意外工伤的实习岗位，Y 在实习生上岗前除了加强安全生产教育外，还应提供应有的劳动保护措施，学校为实习生购买"学生实习责任保险"。协议中约定的其他内容与讨论重点无关，此处省略。

②2013 年 11 月 2 日上午 11 时前后，X 在 Y 加班操作数控折边机，在更换模具时不慎踩到开关，致使机器截断其右手第二至五指。X 随即被送至医院急诊治疗，于次日住院行断指再植手术。后 X 多次进行门诊治疗。截至 2014 年 3 月 5 日，X 共花费医疗费 88001.76 元。2014 年 10 月 9 日，经法院委托，司法鉴定科学技术研究所司法鉴定中心对 X 的伤势出具了鉴定意见书：X 右手部等处因故受伤，后遗右手功能障碍等，相当于道路交通事故九级伤残。

③X 称实习前工商学校对其做过安全教育培训，上岗前 Y 也对其做过岗前培训，且工作时发放了劳动保护手套；自 2013 年 8 月起，X 开始操作折边机；事发前一晚是周五，X 上晚班，因 Y 规定周六需要加班，X 选择连着上周六的早班，但原先带教 X 的师傅不加班，于是 X 自己操作折边机，Y 有其他班长在，可以指导 X；模具本来应该由班长来换，但因 X 上卫生间后着急回来换模具继续工作，就想自己先换模具再找其他班长帮忙换，结果在更换模具的过程中误踩了开关，模具上抬将 X 的手指夹断。

Y 称 X 在受伤的时候可以独自操作简单的工序，且其他班长在场也与师傅在场一样指导，工商学校对 X 也负有安全保障义务。工商学校则称不清楚 X 能否独立操作，工商学校确实对 X 负有安全保障义务。

④ X 诉至法院，要求 Y 与工商学校赔偿因受伤造成的各项损失。

法院裁判要旨（一审）：

Y 作为实习单位，是实习生劳动工具的提供者和工作内容的指挥者，对实习生负有日常管理、保护之责，亦应尽到必要的安全保障义务。由于 Y 提供的工作设备有一定的危险性，要求 X 在实习期操作机器却未安排带教师傅在旁指导，因此 Y 在 X 受伤一事中存在过错。

X 作为具有完全民事行为能力的成年人，又经过相关专业知识的学习及实习培训，对操作设备的危险性应具有一定的认知；X 作为实习生，在从事实习劳动时亦应保持必要的谨慎，但 X 在无带教人员陪同指导的情况下自行更换模具，又未遵循正确的操作规程，未尽审慎注意义务，对损害后果的发生也负有一定的责任。

现有证据不足以证明工商学校在本起事故中有过错，故对于 X 要求工商学校承担损害赔偿责任的诉讼请求，本院难以支持。

结合本案实际情况，一审法院确认 Y 对 X 本次受伤造成的经济损失承担80%的责任，X 自负20%的责任。

法院裁判要旨（二审）：

本案中 X 作为中等职业学校在校学生，在与工商学校、Y 签订《学生实习协议书》后到 Y 实习，该法律关系的三方当事人除了受到该协议约定书的约束外，还应受到中等职业学校学生实习相关法律法规的约束。

教育部、财政部发布的《中等职业学校学生实习管理办法》及《教育部办公厅关于应对企业技工荒进一步做好中等职业学校学生实习工作的通知》规定，学校及相关企业"不得安排学生每天顶岗实习超过8小时；不得安排学生加班"。国务院的规范性文件虽然不宜作为法院裁判的直接法律依据，但在本案中可以作为法院评判学校是否有过错的依据。本案中，依据三方当事人在庭审中的一致确认，事发当日X确实系周六加班，且带教师傅未陪同加班。对于X在此次加班过程中因操作危险工作设备所受之伤害，各方承担责任如下。

首先，Y系X实习期间的直接管理人，对X如何从事实习工作能够支配和安排，并能够对工作过程实施监督和管理。X虽为实习生，但其所从事的劳动客观上系为Y创造经济利益，X仍然有享有劳动保护的权利，而X此次受伤的危险来源仍在其所从事之劳动的正常风险范围内。因此，综合考量Y与X之间支配与被支配的关系、劳动所创造经济利益的归属、Y应当承担的劳动保护以及劳动风险控制与防范的职责和义务，Y应当对本案X所受之损害承担主要赔偿责任。

其次，工商学校作为X实习期间的间接管理人，应就学生在实习中的安全防范和权益依法提供必要的保障。工商学校虽无法直接支配X的工作，但其作为职业教育机构应当清楚学生参与实习工作的危险性，应通过对学生的安全教育以及与企业的沟通协商控制和防范风险。然而，工商学校在清楚实习单位不得安排实习生加班的相关规定的情况下，未通过加强对学生的安全教育以及与企业明确约定等方式对此予以防范，实际上放任了实习生加班情形的存在，因此，工商学校未尽到其防范督促之职责。考虑到工商学校无法直接支配X在Y的具体工作，故工商学校应当对X所受之损害承担次要责任。

最后，X作为实习生，尚处于学习技能阶段，劳动报酬也区别于公司正常员工。因此，X 在劳动过程中所应尽到的谨慎注意义务不能以公司正常员工为标准。X 事发当日在没有带教师傅陪同加班的情况下所出现的操作不当尚不足以构成重大过失，相较于 Y、工商学校对风险防范所应承担的义务，X 自身的一般过失不能减轻 Y 及工商学校所应承担的赔偿责任。况且，正常建立劳动关系的员工即便因自身过错发生类似于本案的工伤事故，员工能够获得的工伤赔偿也不因其自身过错而减少，因此对于尚在实习期工作的 X 而言，更不能因其自身一般性过错而减轻相关侵权方应负的赔偿责任。故一审法院要求 X 自负 20% 的人身伤害损失有所不当。

一审判令 Y 对损害后果承担 80% 赔偿责任并无不当，但鉴于工商学校在本案中存在一定过错，剩余 20% 的赔偿责任应由工商学校承担，二审对此予以改判。

三　非全日制用工管理

为了适应灵活用工的需求，《中华人民共和国劳动合同法》对非全日制用工做出了相应规定。如果劳动者与用人单位之间为非全日制劳动关系，则双方当事人可以订立口头协议，当事人任何一方都可以随时通知对方终止用工。在该情形下的终止用工中，用人单位无须向劳动者支付经济补偿金。在社会保险方面，用人单位仅需要为非全日制劳动者缴纳工伤保险，用人单位的雇主责任被大大减轻。因此，用人单位愿意将劳动者定义为非全日制用工劳动者，然而并不是用人单位自己界定就可以发生效力，也不是只要以小时计薪劳动者就是非全日制劳动者。非全日制用工的判断标准主要为工作时间的长短，即《中华人民共和国劳动合同法》第六十八条规定的"劳动者在同一用人单位一般平均每日工作时间不超过四小时，每周工作时间累计不超过二十四小时的用工形式"。如果劳动者的工作时间超出了上述标准，则将被认定为全日制用工劳动者。判例7是非全日制用工认定的典型判例，并且涉及工资发放的具体核算问题。

判例7

非全日制用工认定判例之
北京常赢绿洲假日运动中心有限公司劳动纠纷案①

劳动者：刘某，以下简称X。

用人单位：北京常赢绿洲假日运动中心有限公司，以下简称Y。

案情简介：

①X主张其于2008年3月25日入职Y，工作岗位为高尔夫球童，至2013年10月23日在职。X以拖欠工资及未依法缴纳社会保险为由，向Y提出解除劳动合同。X主张在Y工作时间长达5年半，每天工作时间超过4小时，每周工作6天，发放工资是按月支付，双方不符合非全日制劳动关系的特征，向仲裁、法院提起诉讼，要求确认双方的劳动关系，以及要求Y支付其月工资与最低工资的差额、未缴纳养老保险的赔偿金、双休日加班费、法定节假日加班费、未休年休假工资、解除劳动关系经济补偿金。

②Y主张双方于2011年3月11日签订了劳动合同，合同约定X的工作时间为弹性工作时间，X完成本合同约定的工作内容后，Y应当以货币形式向X支付劳动报酬。在支付劳动报酬方面，双方约定：餐补、出场费及保底工资按公司相关规定按时发放；基于公

---

① 北京常赢绿洲假日运动中心有限公司与刘燕劳动争议二审民事判决书，北京市第三中级人民法院［（2015）三中民终字第01854号］，裁判日期：2015年3月10日。

司平台所收的小费为机动性收入，且此收入为 X 所服务的客人给付；双方可以随时终止劳动合同；如果 Y 违反本合同的约定且支付的劳动报酬或小时工资低于北京市非全日制从业人员小时最低工资标准，X 有权向劳动保障监察部门举报；双方达成一致执行非全日制用工形式；本合同的附件为员工手册及本部门相关规定。X 认可劳动合同乙方签字处为其本人签字，但称不知道双方约定的是非全日制劳动关系，自己与 Y 之间的劳动关系不符合国家规定的非全日制用工形式。

③ 关于工资发放情况，X 主张其与 Y 口头约定月基本工资为 200 元 + 出场费（一场 40 元），如果客人点场，则另付每场 60 元的点场费，小费由客人支付，不应被算作工资报酬。Y 主张 X 的收入构成为月基本工资 300 元 + 出场费（一场 40 元）+ 小费（一场至少 100 元）+ 300 元就餐补助（发到就餐卡中），如果客人点场，则另付每场 60 元的点场费。双方均认可工资是按月支付的，每月 10 日左右发放上月工资。X 提交了银行账户交易明细，显示工资发放起始日期为 2008 年 10 月 24 日。Y 认可从工资发放之时起双方存在劳动关系。

④ 关于 X 的工作时间，X 主张每天从上午 10 点至晚上 22 点，除了吃饭时间，其一般都是在场上或在工作室等待通知上场。Y 主张公司对球童实行排班制，一天一般一个班，最多两个班，一个班大概四个半小时，球童根据排班表上班，但因为时间比较长了，找不到 X 的排班表。

⑤ 关于社会保险，Y 主张劳动合同中约定为非全日制用工制度，因此仅需补缴诉讼时效内的工伤保险部分。

⑥ 关于休息日加班费和法定节假日加班费，X 主张其每周六及自入职后全部法定节假日均上班，因此要求 Y 支付休息日及法定节

假日加班费。Y否认X存在休息日及法定节假日加班，且主张劳动合同中约定采用非全日制用工制度，故双休日加班费、法定节假日加班费无法律依据。

⑦ 关于未休年休假，X主张自其入职以来就没有休过年休假，因此要求Y支付未休年休假工资。Y主张因双方订立的是非全日制用工合同，且在年终有3个月的封场放假时间，因此不应当支付未休年休假工资。

⑧ 关于冬季封场期间，双方均认可封场期间是每年12月中旬到次年的3月1日，封场期间未发放基本生活费。

法院裁判要旨（一审）：

① 非全日制用工指以小时计酬为主，劳动者在同一用人单位一般平均每日工作时间不超过4小时，每周工作时间累计不超过24小时的用工形式；非全日制用工劳动报酬结算支付周期最长不得超过15日。本案中，X与Y虽然在劳动合同中约定执行非全日制用工形式，但在实际履行过程中X的工资系按月结算，Y亦不能证明X每天工作时间不超过4小时，因此双方的用工形式不符合法律规定的非全日制用工标准。故对于Y关于双方系非全日制用工关系的主张不予采信。

② 关于工资差额，从X提交的2008年9月至2013年9月的工资发放记录可以看出，Y在部分月份支付给X的基本工资低于北京市最低工资标准，故X主张的与最低工资标准之差额的诉讼请求符合法律规定，予以支持。对于此期间每年封场期的工资，应当按照不低于本市最低工资标准的70%向X支付基本生活费。

③ 关于未休年休假，X主张其工作期间未享受年休假，并据此要求Y支付未休年休假工资。Y对此不予认可，主张在每年冬季集中安排年假。X认可存在封场休假。考虑到Y经营高尔夫球场，在

每年冬季封场符合其行业特点，该公司在此期间集中安排年假属于其经营期间的合理安排，且 X 亦认可存在封场休假，法院对 X 关于其未享受年休假的主张不予采信。

④ 劳动者主张加班费的，应当就加班事实的存在承担举证责任。X 主张其工作期间存在休息日及法定节假日加班的情况，但未能提交证据予以证明，故法院对其要求 Y 支付休息日和法定节假日加班工资的请求不予支持。

⑤ X 为农业户籍，Y 未为 X 缴纳社会保险，应当支付 X 在 2008 年 9 月至 2011 年 6 月 30 日期间未缴纳的养老保险，具体数额依法核算。

⑥ 关于解除劳动合同经济补偿金，因 Y 存在未为 X 缴纳社会保险的情形，故 X 以此为由解除劳动合同符合法律规定，Y 应当支付解除劳动合同经济补偿金 7700 元（1400 元 ×5.5 个月）。

⑦ Y 共计向 X 支付 32000 余元。

Y 上诉至二审法院，二审维持原判。

四　退休人员用工管理

管理退休人员的首要问题是如何界定退休人员。目前存在两个有争议的标准，一个是达到法定退休年龄的人员即为退休人员，另一个是依法享受养老保险待遇的人员为退休人员。《中华人民共和国劳动合同法》第四十四条"劳动合同终止"事项对此的规定是"劳动者开始依法享受基本养老保险待遇的"劳动合同终止。《最高人民法院关于审理劳动争议案件适用法律若干问题的解释（三）》第七条规定，"用人单位与其招用的已经依法享受养老保险待遇或领取退休金的人员发生用工争议，向人民法院提起诉讼的，人民法院应当按劳务关系处理"。从这两个法律文件的规定看，以领取养老保险待遇作为判断劳动者是否退休更为妥当，也更符合现实的合理性，因为这可以使那些超过法定退休年龄而没有养老保险待遇且继续工作的劳动者得到充分的劳动法保护。这一点在《最高人民法院行政审判庭关于超过法定退休年龄的进城务工农民因工伤亡的，应否适用〈工伤保险条例〉请示的答复》〔（2010）行他字第 10 号〕中也有体现，具体为："用人单位聘用的超过法定退休年龄的务工农民，在工作时间内、因工作原因伤亡的，应当适用《工伤保险条例》的有关规定进行工伤认定。"

对于已经享受领取养老保险待遇的退休人员，如果其继续在劳动力市场工作，则依据上述司法解释的规定，确定其与用人单位之间为劳务关系。此处劳务关系的具体含义是劳动者和用人单位之间关于劳动报酬、劳动时间等劳动条件方面的约定可以不受劳动法的约束，双方自主协商确定，出现争议依靠民事法律进行调整。在工伤方面，用人单位如果能够为退休劳动者缴纳工伤保险，则应该尽可能为其缴纳，但是各地的社会保险政策不同，能否缴纳以地方政策为标准。2016 年《人力资源社会保障部关于执行〈工伤保险条例〉若干问题的意见（二）》（人社部发〔2016〕29 号）指出："达到或超过法定退休年龄，但未办理退休手续或者未依法享受城镇职工基本养老保险待遇，继续在原用人单位工作期间受到事故伤害或患职业病的，用人单位依法承担工伤保险责任。用人单位招用已经达到、超过法定退休年龄或已经领取城镇职工基本养老保险待遇的人员，在用工期间因工作原因受到事故伤害或患职业病的，如招用单位已按项目参保等方式为其缴纳工伤保险费的，应适用《工伤保险条例》。"而已经领取养老保险待遇却没有缴纳工伤保险的员工在遇到工伤事故时，可以适用《最高人民法院关于审理人身损害赔偿案件适用法律若干问题的解释》第十一条:"雇员在从事雇佣活动中遭受人身损害,雇主应当承担赔偿责任。雇佣关系以外的第三人造成雇员人身损害的,赔偿权利人可以请求第三人承担赔偿责任,也可以请求雇主承担赔偿责任。雇主承担赔偿责任后,可以向第三人追偿。"下面的判例 8 就属于这一情况。判例 9 属于劳动者在工作中死亡的情况,虽然死亡不是遭受人身损害所致,但法院还是酌情判决用人单位承担相应责任。

判例 8

退休人员工作中受到事故伤害判例之
北京世纪圣科科技发展有限公司损害赔偿责任案①

劳动者:施某,以下简称 X。

用人单位:北京世纪圣科科技发展有限公司,以下简称 Y。

案情简介:

① X 是退休人员,2009 年经同学介绍到 Y 工作,担任销售人员。后因工作需要被提升为销售兼业务人员,负责药店的结账、对账及送货。

② 2012 年 7 月 5 日下午,X 到前门同仁堂药店送柜台费,在步行通过马路时被刘某的残疾专用车撞伤,面额下巴里外缝合共 17 针,牙齿掉了 1 颗并被拔掉 3 颗,牙齿及面部疤痕至今未完全恢复。交通管理部门出具了交通事故认定书,认定 X 承担事故 50% 责任,刘某承担事故 50% 责任。后 X 与刘某达成协议,刘某赔偿 X 看牙及各项补偿费 4500 元,X 不再追究刘某的任何责任。

---

① 北京世纪圣科科技发展有限公司与施淑云提供劳务者受害责任纠纷二审民事判决书,北京市第二中级人民法院 [(2014)二中民终字第 11655 号],裁判时间:2015 年 1 月 13 日。

③由于因工作原因外出而受伤，X诉至法院，要求Y赔偿医药费31554.78元、营养费1598.3元、精神损失抚慰金5000元、后续治疗费8000元，共计46153.08元。

法院裁判要旨（一审）：

雇员在从事雇佣活动中遭受人身损害，雇主应当承担赔偿责任。雇佣关系以外的第三人造成雇员人身损害的，赔偿权利人可以请求第三人承担赔偿责任，也可以请求雇主承担赔偿责任。雇主承担赔偿责任后，可以向第三人追偿。X作为Y雇员因第三方侵权造成身体受伤，其要求Y承担赔偿责任，法院准许。

X在交通事故中承担50%的事故责任，因此对于X支付的急救车及出诊费、挂号费、北京口腔门诊费、北京康美佳口腔诊所治疗费等费用，以及其主张的后续治疗费，Y承担50%的赔偿责任。X另行提交购买药品、化妆品、食品发票若干，由于上述证据没有医疗机构的医嘱，因此对该部分费用的赔偿请求，法院不予支持。X没有证明因此次事故受伤对其精神造成严重损害，对其精神损失费赔偿请求，法院不予支持。

法院裁判要旨（二审）：

本案争议的焦点是Y是否应当赔偿X相关损失的问题。在第三人侵权行为导致雇员损害的情况下，第三人与雇主之间系不真正的连带责任，这意味着受害人既可以基于第三人的侵权行为向其主张权利，也可以基于雇员与雇主之间的雇佣关系向雇主主张权利，这两个请求权是独立的，不存在竞合问题。

因雇主对雇员的职业活动负有安全注意和劳动保护的职责与义务，法律明确规定雇员在从事职业活动中遭受损害的，雇主应当承担赔偿责任。本案中，X在为Y交费途中发生事故，该行为应当被认定为职务行为。交管部门对于此次事故认定X与刘某各承担一半的责任，因此 X 在与刘某就赔偿问题达成协议后无权就刘某应当承担的损失部分再行主张，但是其可就自己承担的部分要求雇主承担赔偿责任，因而原审法院确定 Y 应当对 X 的合理损失承担 50% 的责任并无不当。

判例 9

退休人员工作中死亡赔偿判例之
北京玉禾田环境管理服务有限公司劳务人员赔偿案①

劳动者：杨某，以下简称 X。

用人单位：北京玉禾田环境管理服务有限公司，以下简称 Y。

案情简介：

① X 原为辽宁省抚顺市化工原料批发公司员工，其于 2011 年 12 月办理了退休手续。

② 2013 年 1 月，X 通过应聘来到 Y，通过面试后，X 随即被安排到 Y 的项目合作方北京诺德中心从事保洁工作。当时双方口头约定月薪 1896 元，Y 未与 X 签订劳动合同。

③ 2013 年 4 月 7 日 9 时 5 分，Y 在北京诺德中心工作时突然昏倒，后经抢救无效于当日死亡，经北京丰台医院诊断死亡原因为心源性猝死。经查，Y 未给 X 缴纳工伤保险。

④ X 之子诉至法院，认为雇员在从事雇佣活动中遭受人身损害的，雇主应当承担赔偿责任，要求 Y 赔偿 830023 元。X 之子还认为 Y 存在未为 X 进行相应体检及未及时救治的过错。

⑤ Y 主张：X 是退休职工，入职前 Y 按照公司规定及流程对

---

① 杨旭与北京玉禾田环境管理服务有限公司等提供劳务者受害责任纠纷民事判决书，北京市丰台区人民法院 [（2013）丰民初字第 13113 号]，裁判日期：2014 年 6 月 9 日。

其进行了面试考核，认为其身体、能力均符合保洁工作的任职要求，才派遣其入职工作，Y 对 X 的选任既无过错也无过失；X 入职后，Y 向其配发了工作所需要的口罩、手套、工作服，而其工作场地是高档写字楼，周围配有通风、防火、防汛等设施，X 在工作岗位上时其身体不会因外部环境因素受到伤害；X 在休假期后上岗的第二天仅工作了 1 小时便突发疾病死亡，其死亡系自己身体原因所导致，与 Y 派遣的雇佣工作无关；事故发生后，Y 采取了紧急救助措施，第一时间拨打急救电话，送 X 去医院接受治疗，救助及时，但终因 X 犯病突然而未能抢救成功；X 是退休职工，已享受国家给予退休职工的各项福利待遇，Y 无须再为其缴纳工伤保险费用。Y 认为，自己在本次事件中没有过错，对 X 的雇佣行为与 X 的死亡不存在因果关系，要求驳回 X 之子的诉讼请求。

法院裁判要旨：

① 根据相关司法解释，雇员在从事雇佣活动中遭受人身损害的，雇主应当承担赔偿责任。本案中，X 在受雇于 Y 的工作期间突发疾病死亡，根据医疗机构出具的死亡医学证明，直接导致 X 死亡的疾病或情况为心源性猝死，不属于遭受人身损害的范畴。

② X 之子称 X 昏倒后 Y 没有尽到及时救助的义务，X 之子就此未能提供充分证据。根据医疗机构出具的死亡医学证明，X 发病至死亡时间间隔约 20 分钟，故本院对原告的该项意见难以采信。另考虑到 X 从事的工作性质及工作环境，难以认定 Y 对 X 的死亡存在过错，且该过错与 X 的死亡存在因果关系。

③ 但基于本案的实际情况，X 系在为 Y 工作期间死亡，Y 作为 X 提供的劳务的受益人，应当给予 X 之子一定的经济补偿，具体金额由本院酌情予以确定。最终判决 Y 于判决生效后 10 日内给付原告补偿款 260000 元。

五　借调用工管理

借调用工指劳动者在和用人单位签订劳动合同后，出于各种原因被借调到各种关联公司工作的情况。劳动法以直接用工为基本原则，对借调用工并不鼓励，也没有确定相应规定。然而现实中这种形式依然存在，一旦管理不当，就容易发生劳动关系认定、责任分担方面的法律问题，本节的判例 10 和判例 11 就是其中的典型。

判例 10

借调用工劳动关系认定判例之
北京合力宏通动漫科技有限公司劳动争议案①

劳动者：李某，以下简称 X。

用人单位：北京合力宏通动漫科技有限公司，以下简称 Y。

案情简介：

① X 于 2009 年 4 月入职合力广告公司，从事后期制作工作，双方未签订书面劳动合同。2011 年 8 月 9 日，Y 成立，X 入职 Y。X 未与合力广告公司办理离职手续，其工作地点和工作内容没有发生变化。X 未与 Y 签订劳动合同。Y 提供了自己与合力广告公司签订的协议，该协议显示：合力广告公司将 X 等 6 名人员借调给 Y；借调期间，Y 按照各名员工的原工资标准发放工资；X 的工作由 Y 安排。

② X 月工资为 4000 元，由 Y 以转账形式支付，支付周期为当月支付上个自然月的工资。Y 与合力广告公司均未给 X 缴纳社会

---

① 北京合力宏通动漫科技有限公司与李兴杨劳动争议二审民事判决书，北京市第一中级人民法院 [（2014）一中民终字第 02919 号]，裁判日期：2014 年 5 月 15 日。

保险。

③ Y 认为与 X 不存在劳动关系，X 与本案第三人合力广告公司之间的劳动关系合法有效，一直处于存续状态，且没有终止或者解除；Y 与第三人合力广告公司是两个独立的法人主体，应当各自承担法律责任；Y 和 X 之间是借调关系，不是劳动关系。X 主张，Y 与合力广告公司的法定代表人为同一个人，且两个公司在同一个办公楼内办公，自己不清楚两家公司的股东情况。

④ X 正常工作至 2012 年 8 月 7 日。Y 主张 2012 年 8 月 7 日以后 X 没有请假，也没有到岗上班。Y 支付 X 工资至 2012 年 6 月 30 日。

⑤ X 主张 Y 于 2012 年 8 月 13 日将其口头辞退，但 X 未提供相应的证据证明。X 于 2012 年 8 月 23 日通过邮寄方式向 Y 送达了《解除劳动关系通知书》，解除原因是 Y 拖欠自己 2012 年 7 月工资，无故克扣 2012 年 6 月 1 日至 2012 年 6 月 13 日期间的工资，未给自己缴纳社会保险，未与自己签订书面劳动合同。

⑥ 之后，X 诉至仲裁，要求 Y 经济补偿金、未签书面劳动合同双倍工资等各项，仲裁后双方又诉至法院。

法院裁判要旨（一审）：

① 根据本案查明的情况，X 接受 Y 的管理，为 Y 提供劳动，且其所提供的劳动是 Y 的业务的组成部分，Y 按月向 X 支付劳动报酬，X 与 Y 的关系完全符合劳动关系的构成要件。Y 虽主张 X 是 Y 向合力广告公司借调的，但 Y 仅提供了 Y 与合力广告公司的借调协议，却未能提供证据证明 Y、合力广告公司已将借调一节明确告知 X，现 X 对借调协议亦不予认可。在此情况下，法院确认 X 与 Y 存在劳动关系。

② 鉴于 Y 确实存在未足额支付工资、未依法缴纳社会保险的情形，故 Y 应当按照 X 的工资标准及工作年限支付解除劳动关系

经济补偿金。

③ 鉴于 Y 未依法与 X 签订书面劳动合同，故 Y 应当按照 X 的工资标准支付 2011 年 9 月 9 日至 2012 年 8 月 8 日期间未签订书面劳动合同二倍工资差额。

二审维持原判。

判例 11

借调用工中的责任划分判例之
北京盘酷科技有限公司劳动争议案①

劳动者：张某，以下简称 X。

用人单位：北京盘酷科技有限公司，以下简称 Y。

案情简介：

① 2011 年 3 月 23 日，X 与莘岚公司签订了期限为 2011 年 2 月 28 日至 2014 年 3 月 27 日的劳动合同。

② 2011 年 5 月 23 日，X、Y 和莘岚公司（后变更为蓝鲸公司）签了一份员工借调协议，协议内容为："丙方（即 X）为乙方（即莘岚公司）正式员工。甲方（即 Y）因工作需要，经与乙方、丙方协商并经乙方、丙方同意，借调乙方的员工 X（丙方）到甲方工作；甲方借调丙方的期限从 2011 年 5 月 23 日起至 2014 年 3 月 27 日止；借调期间丙方的劳动关系不转入甲方，丙方仍为乙方员工，在其与乙方签订的劳动合同约定的期限内，其与乙方的劳动关系继续存续；借调期间，丙方工资由甲方负责按月发放；借调期间，乙方仍保留与丙方的劳动关系，并连续计算丙方的工作年限。"

---

① 北京盘酷科技有限公司与张建军劳动争议一审民事判决书，北京市朝阳区人民法院［（2014）朝民初字第 24432 号］，裁判日期：2014 年 12 月 4 日。

③ X 与蓝鲸公司签订了日期为 2011 年 5 月 20 日的离职协议书，协议书显示："双方同意劳动合同于 2011 年 5 月 20 日协商解除。"2011 年 5 月 23 日，Y 与 X 签订了期限为 2011 年 5 月 23 日至 2014 年 6 月 22 日的劳动合同。Y 主张自己之所以与 X 签订劳动合同，是因为方便接受行政部门的检查，X 实际劳动关系仍然在蓝鲸公司。X 主张其工作地点一直没有变更，Y 和蓝鲸公司在同一处办公，人员没有区分，实际负责人都是艾某。

④ Y 主张 X 虽从 2011 年 5 月 20 日至 2013 年 10 月 31 日在公司工作，但根据 Y、X 与蓝鲸公司之间签署的员工借调协议之相关内容，在上述期间，X 与 Y 并不存在劳动关系，X 仍为蓝鲸公司员工并与蓝鲸公司的劳动关系继续存续。

⑤ X 实际工作至 2013 年 10 月 31 日，Y 发放 X 工资至 2013 年 10 月 20 日。Y 主张因 X 未归还电脑，按照公司的规定不发放工资。Y 据此提交了公司电脑管理规定及电脑使用协议，其中公司电脑管理规定显示："如果使用人员离职本公司，请于办理人事关系时归还电脑，如未归还，将不予办理离职手续。"

⑥ 后 X 主张 Y 支付拖欠的工资、违法解除劳动合同经济补偿金等，诉至仲裁、法院。

法院裁判要旨：

Y 的法定代表人艾某为蓝鲸公司的股东，X 与蓝鲸公司签订劳动合同的同时又与 Y 签订劳动合同，故本院认定 Y 与蓝鲸公司系关联企业，对 X 形成混合用工。

X 虽与 Y 和蓝鲸公司签订了员工借调协议，但 Y 认可 X 在公司工作，且与 X 签订了劳动合同，故 Y 应对 X 负给付义务。X 当庭表示要求 Y 与蓝鲸公司对其诉讼请求承担连带责任，本院予以支持。

六　外籍员工和台港澳员工管理

对于雇用外籍员工和台港澳员工，我国有专门的就业法律法规。根据《外国人在中国就业管理规定》，用人单位聘用外国人须为该外国人申请就业许可，获准并取得中华人民共和国外国人就业许可证书后方可聘用。用人单位需要做的具体工作包括填写聘用外国人就业申请表、向与劳动行政主管部门同级的行业主管部门提出申请、提供各种文件等。用人单位与被聘用的外国人应依法订立劳动合同，劳动合同的期限最长不超过5年。劳动合同期限届满后劳动关系即行终止，但按规定履行审批手续后可以续订。

被聘用的外国人与用人单位签订的劳动合同期满时，其就业证即行失效。如需续订，用人单位应在原合同期满前30日内向劳动行政部门提出延长聘用时间的申请，经批准后办理就业证延期手续。被聘用的外国人与用人单位的劳动合同被解除后，该用人单位应及时报告劳动、公安部门，交还该外国人的就业证和居留证件。用人单位支付所聘用外国人的工资不得低于当地最低工资标准。在中国就业的外国人的工作时间、休息、休假、劳动安全卫生标准以及社会保险按国家有关规定执行。如果用人单位没有为此类劳动者申请就业证，用人单位和劳动者都有可能面临罚款的风险，劳动者更可能被限期出境。① 我国对于台湾、香港、澳门居民在内地就业也有相关规定，具体参考《台湾香港澳门居民在内地就业管理规定》。

---

① 《中华人民共和国外国人入境出境管理法实施细则》第四十四条规定，公安机关"对未经中华人民共和国劳动部或者其授权的部门批准私自谋职的外国人，在终止其任职或者就业的同时，可以处1000元以下的罚款；情节严重的，并处限期出境。对私自雇用外国人的单位和个人，在终止其雇用行为的同时，可以处5000元以上、5万元以下的罚款，并责令其承担遣送私自雇用的外国人的全部费用"。

《最高人民法院关于审理劳动争议案件适用法律若干问题的解释
（四）》（法释〔2013〕4号）第十四条规定："外国人、无国籍人未
依法取得就业证件即与中国境内的用人单位签订劳动合同，以及香
港特别行政区、澳门特别行政区和台湾地区居民未依法取得就业证
件即与内地用人单位签订劳动合同，当事人请求确认与用人单位存
在劳动关系的，人民法院不予支持。"也就是说，如果没有就业证，
以上劳动者将很难获得我国劳动法的保护。

判例12

外籍劳动者就业证判例之

发弥工位器具制造（上海）有限公司劳动合同纠纷案①

劳动者：熊某，意大利籍，以下简称X。

用人单位：发弥工位器具制造（上海）有限公司，以下简称Y。

案情简介：

① X系意大利公民，于2009年12月8日被Y任命为总经理。
2009年12月31日，双方签订劳动合同，约定期限为2010年1月1
日至2012年12月31日，其中包括试用期6个月，试用期内任何一
方可随时以书面形式通知对方解除劳动合同。

② 2010年6月11日，X收到Y解除劳动合同、停止支付工资
的书面通知。2010年6月13日，上海市人力资源和社会保障局签
发了X的外国人就业证，有效期至2011年6月11日。

③ 之后，X申请仲裁、诉讼，称因其拒绝Y降低工资标准的决
定，Y单方面解除了劳动合同，并要求Y继续履行劳动合同，补发

---

① 熊某与发弥工位器具制造（上海）有限公司劳动合同纠纷二审民事判决书，上海市第二中
级人民法院〔（2011）沪二中民三（民）终字第384号〕，裁判日期：2011年9月15日。

相应工资。Y辩称，X因工作能力缺陷无法胜任总经理职务，而X作为总经理未及时办理外国人就业证，致双方间的劳动关系不符合法律规定，且根据合同之约定，Y于试用期内可随时解除劳动合同。

④X认为办理就业证是用人单位的当然义务，Y在未及时为X办理就业证一事上存在违法过错，Y不应就此获益，更不能将不利后果转嫁由X承担。

法院裁判要旨（一审）：

X系在2010年6月13日取得外国人就业许可证，故在此之前，X与Y之间的雇佣关系并不受劳动法的保护，应按一般民事法律的规定处理。双方关于试用期内任何一方可随时以书面形式通知对方解除劳动合同的约定并未违反一般民事法律法规的规定，应为合法有效。X现以双方仍存在劳动关系为基础要求Y继续履行劳动合同以及支付工资的诉讼请求，已无相应的法律依据和合同依据。据此，判决驳回X的全部诉讼请求。

法院裁判要旨（二审）：

未取得就业证的涉外劳动者不具有劳动合同主体资格，其所签劳动合同当然无效，X与Y之间系劳务雇佣关系。双方合同中关于试用期内任何一方可随时以书面形式通知对方解除劳动合同的条款系双方真实意思表示，合法有效，Y据此解除劳动合同并无不妥。据此，判决驳回上诉，维持原判。

七　劳务派遣用工管理

（一）劳务派遣的岗位管理

由于劳务派遣本就是应劳动力市场上灵活化的用工需求而生的，因此劳务派遣的岗位应该被限制在灵活用工的岗位。2008年实施的《中华人民共和国劳动合同法》第六十六条规定，劳务派遣一般在临时性、辅助性或者替代性的工作岗位上实施，也就是通常所说的"三性"岗位。但是自劳动合同法实施以来，劳务派遣用工数量快速增长，部分企业突破"三性"岗位的范围，在主营业务岗位和一般性工作岗位长期大量使用被派遣劳动者。为严格限制劳务派遣用工，修改后的2013年《中华人民共和国劳动合同法》规定劳务派遣"只能"在"三性"岗位上实施，并对"三性"岗位进行了进一步的说明，即将第六十六条修改为："劳动合同用工是我国的企业基本用工形式。劳务派遣用工是补充形式，只能在临时性、辅助性或者替代性的工作岗位上实施。前款规定的临时性工作岗位是指存续时间不超过六个月的岗位；辅助性工作岗位是指为主营业务岗位提供服务的非主营业务岗位；替代性工作岗位是指用工单位的劳动者因脱产学习、休假等原因无法工作的一定期间内，可以由其他劳动者替代工作的岗位。"可以说，临时性工作岗位和替代性工作岗位都有明确的界定，但界定辅助性工作岗位仍然不易，因为现代化生产的伴生物是不断细化的分工，而分工细化就会使绝大部分岗位变为整个生产或者服务流程中的一个环节，从而使主营业务岗位和非主营业务岗位不易区分。2014年开始施行的《劳务派遣暂行规定》进一步明确了辅助性工作岗位的程序性要求："用工单位决定使用被派遣劳动者的辅助性岗位，应当经职工代表大会或者全体职工讨论，提出方案和意见，与工会或者职工代表平等协商确定，并在用工单位内公示。"判例13中，劳动者在某公司工作多年，接受该公司的管理，而后该公司将劳动者交与某劳务派遣公司签订劳动合同，转为派遣，后劳动者主张请求确认与该公司的劳动关系。在此案进行审理时，修改后的《中华人民共和国劳动合同法》已经生效，因此判旨将劳务派遣的岗位"三性"认定为强制性规定，根据岗位"三性"原则否定了派遣关系，确认劳动者与用工单位之间为劳动关系。

目前，除了对劳务派遣岗位的临时性、辅助性、替代性要求外，《劳务派遣暂行规定》第二十八条还规定："用工单位在本规定施行前使用被派遣劳动者数量超过其用工总量10%的，应当制定调整用工方案，于本规定施行之日起2年内降至规定比例。"也就是说，截至2016年3月，用工单位应将劳务派遣用工数量降至其用工总量的10%，以促使劳务派遣逐步回归其作为劳动用工补充形式的本位。

判例13

违反"三性"岗位派遣判例之

江苏省矿业工程集团有限公司建井工程处劳务派遣纠纷案①

劳动者：朱某，以下简称 X。

用人单位：江苏省矿业工程集团有限公司建井工程处，以下简称 Y1。

劳务派遣单位：徐州永盛劳务有限公司，以下简称 Y2。

案情简介：

① X 于 2004 年 2 月到 Y1 工作，从事井下采掘工作。2009 年 12 月 1 日，Y2 作为劳务派遣公司与 X 建立了劳动关系，约定将 X 派遣至 Y1 工作。2011 年 12 月 1 日，Y2 与 X 签订了为期两年（2011 年 12 月 1 日至 2013 年 11 月 30 日）的劳动合同，并将 X 派

---

① 朱孝贤与江苏省矿业工程集团有限公司建井工程处、徐州永盛劳务有限公司劳动合同纠纷二审民事判决书，江苏省徐州市中级人民法院［（2015）徐民终字第 755 号］，裁判日期：2015 年 5 月 7 日。

遣至 Y1 继续从事井下采掘工作。Y2 给 X 办理了包括失业保险在内的社会保险。X 工资由 Y1 发放，其离开前的月均工资为 4292 元。

②2013 年 12 月 25 日，Y2 向 X 送达了劳动合同到期终止及办理社会保险关系转移手续的通知。Y2 主张 X 为主动离职。X 主张 Y2 不愿续签劳动合同，强制终止合同，通知是 Y2 事先打印好的，不签就不给 X 养老保险手册且不为其办理失业保险手续。2014 年 1 月 15 日，X 在社会保险关系转移及手册领取明细表上签字办理交接。

③之后，X 向 Y1 要求支付经济补偿金。X 主张 Y1 以 X 年龄过大为由不愿与自己续签劳动合同；提出其自 2004 年 2 月入职以来一直从事井下采掘工作，并没有离开 Y1 的工作岗位；主张自己与 Y1 之间存在劳动关系，其经济补偿金年限应从 2004 年 2 月计算至 2013 年 12 月。

④Y1 主张 X 系主动离职，或合同期满后 X 不愿再续签，因此 X 不应享受经济补偿金。Y1 另主张，Y1 的主业是建筑施工，建井对于 Y1 而言是一个辅助性的业务，X 的工作岗位是临时性、辅助性或替代性的工作岗位，劳务派遣合同有效。

⑤Y2 主张，《中华人民共和国劳动合同法》第六十六条规定劳务派遣一般在临时性、辅助性或替代性的工作岗位上实施，其实施的时间是 2008 年 1 月 1 日，而对此条款的修改进一步对"三性"进行了规定，修改后的劳动合同法生效的时间是 2013 年 7 月 1 日；涉案劳务派遣合同在此修改生效之前已经签订，应该按照 2008 年 1 月 1 日实施的《中华人民共和国劳动合同法》第六十六条的规定执行；劳动合同及劳务派遣协议合法有效，应当受到法律的保护。Y2 另主张，X 系主动离职，符合《中华人民共和国劳动合同法》第四十六条第五项的情况，不应享受经济补偿金。

⑥ X 向徐州某区劳动争议仲裁委员会申请劳动仲裁，请求认定 X 与 Y1 的劳动关系，要求 Y1 支付解除劳动合同的经济补偿金等费用。该仲裁委员会裁决 Y2 向 X 支付劳务派遣期间的经济补偿金。X 不服该裁决，诉至法院。一审判决 Y1 支付 X 自入职以来的经济补偿金，Y2 在劳务派遣期间的范围内负连带赔偿责任。二审维持原判。

法院裁判要旨（一审）：

① 劳务派遣是在临时性、辅助性或者替代性的工作岗位上实施的，否则应认定劳务派遣无效，劳动关系仍存在于原用人单位与劳动者之间。根据查明的事实，在 X 与 Y2 建立劳务派遣合同关系前后，X 一直在 Y1 从事井下采掘工作并由后者管理考核和支付工资。结合 Y1 的经营项目范围，该岗位不具有临时性、辅助性或者替代性，故应认定本案所涉劳务派遣无效，X 与 Y1 之间仍存在劳动关系。

② 2013 年 12 月 25 日后，X 不再到 Y1 上班，双方的劳动合同关系实际解除。Y1 作为用人单位，没有充分有效的证据证实系 X 主动离职。X 在本案中诉请经济补偿金，可视为对解除效力的确认，符合协商一致解除劳动合同的情形。经济补偿金从 2004 年 2 月起计算。

③ Y2 在劳务派遣无效导致劳动者权利受到侵害方面存在过失，在 17168 元（2009 年 12 月以后的经济补偿金）的经济补偿金范围内与 Y1 承担连带赔偿责任。

法院裁判要旨（二审）：

① 关于 Y1 与 Y2 签订的劳务派遣协议是否有效的问题。《中华人民共和国劳动合同法》第六十六条规定："劳动合同用工是我国的企业基本用工形式。劳务派遣用工是补充形式，只能在临时性、

辅助性或者替代性的工作岗位上实施。前款规定的临时性工作岗位是指存续时间不超过六个月的岗位；辅助性工作岗位是指为主营业务提供服务的非主营业务岗位；替代性工作岗位是指用工单位的劳动者因脱产学习、休假等原因无法工作的一定期间内，可以由其他劳动者替代工作的岗位。"在本案庭审中，Y1陈述X的工种是掘进班长，X自认为其从事的是采掘工作。从Y1的经营范围来看，无论是掘进班长还是采掘工作，都不具有临时性、辅助性或者替代性，应当认定为主营业务，故应认定劳务派遣无效，劳动关系仍存在于原用人单位与劳动者之间。

②修订前的《中华人民共和国劳动合同法》第六十六条规定劳务派遣一般在临时性、辅助性或替代性的工作岗位上实施，这里的"一般"就是原则性规定。劳务派遣单位除非有特殊情况，否则应当按照此规定履行劳务派遣行为。Y2不能证明其将X派遣至Y1从事采掘工作是基于特殊的正当理由，且劳动合同法修订后，Y2没有按照劳务派遣的硬性规定纠正自身的违法劳务派遣行为，而是依然继续履行其与Y1之前签订的劳务派遣协议，导致X继续留在Y1从事采掘工作。因此对于Y2诉称法律适用问题，本院不予支持。

③关于Y1应否向X支付经济补偿金，Y2应否承担连带责任的问题。本案中，双方合同期满前，X主张是Y2不愿续签劳动合同，强制终止合同，通知是Y2事先打印好的，不签就不给X养老保险手册且不为其办理失业保险手续。而通过Y2举证的通知来看，形式上其确系事先打印。结合X的年龄和其在Y1工作的实际情况，其不愿续签劳动合同的可能性极低，X的陈述具有合理性，应当认定非劳动者自身原因不愿意续签劳动合同，故应当支付经济补偿金。我国劳动合同法第九十二条规定："劳务派遣单位、用工单位违

反本法有关劳务派遣规定的……用工单位给被派遣劳动者造成损害的，劳务派遣单位与用工单位承担连带赔偿责任。"Y1 基于和 Y2 之间的无效劳务派遣协议应向 X 承担连带责任。

（二）劳务派遣与外包的区别

现实中，由于法律加强了对劳务派遣的规定，很多用工单位将原来的劳务派遣转为外包。劳务派遣和劳务外包很容易出现混淆。判例 14 通过具体的情况分析明确了劳务派遣与劳务外包的核心区别：在劳务派遣中，用工单位享有对劳动者进行管理、指挥、监督的权利；对于劳务外包来说，享受服务的用人单位仅仅享受服务的成果，并不参与对劳动者的指挥、监督和管理，也不承担相应的用工风险。

判例 14

劳务派遣与劳务外包的区别判例之
上海康德莱企业发展集团股份有限公司劳务派遣案①

劳动者：刘某，以下简称 X。

用工单位：上海康德莱企业发展集团股份有限公司，以下简称 Y1。

劳务派遣单位：上海吉优境物业管理有限公司，以下简称 Y2。

受害第三人：程某，以下简称 A。

案情简介：

① 2012 年 5 月 31 日，X 在 Y1 门口担任保安值班期间，A 因

---

① 刘克北与上海康德莱企业发展集团股份有限公司健康权纠纷二审民事判决书，上海市第二中级人民法院 [（2014）沪二中民一（民）终字第 408 号]，裁判日期：2014 年 5 月 15 日。

琐事激惹 X 并与之发生冲突。后 X 手持钢管追打已逃跑的 A，击中其头部，造成 A 因外伤致重型颅脑损伤等。随后，A 被送往医院救治，其间共发生医疗费、辅助器具（轮椅）购置费 20 余万元。经鉴定，A 构成重伤。

② X 系 Y2 员工，Y2 与 Y1 签订有保安服务合同，X 被派遣至 Y1 担任保安工作。

③ A 遂以健康权侵权为由向法院起诉，要求 X、Y1、Y2 三个被告承担赔偿责任。

④ Y1 主张其与 Y2 之间为劳务外包关系，不是劳务派遣关系。

法院裁判要旨（一审）：

① Y2 与 X 之间的劳动合同、Y2 与 Y1 之间的保安服务合同能够证明 X 与 Y2 之间的劳动关系及其与 Y1 之间的劳务派遣关系。在劳务派遣期间，因被派遣劳动者执行工作任务造成他人人身损害的，由接受劳务派遣方即用工单位承担侵权责任；劳务派遣方有过错的，承担相应的补充责任。

② X 是由 Y2 派遣至 Y1，为 Y1 执行保安工作任务，X 是在阻止 A 摆弄路障时与其发生冲突，故 X 的行为仍与执行工作任务有关，属于履职行为的延伸，应由接受劳务派遣方即 Y1 对外承担侵权责任。X 自愿承担连带赔偿责任于法不悖。

③ Y2 在选派 X 的过程中，未能尽到足够的教育、培训和管理职责，对侵权行为的发生具有过错，应承担相应的补充责任。因此一审法院判决 Y1 作为用工单位应当承担80%赔偿责任，X 承担连带赔偿责任；Y2 作为 X 的劳务派遣单位，在派遣过程中存在过错，应当在20%的范围内承担补充责任。

Y1、Y2 不服一审判决，上诉到二审。

法院裁判要旨（二审）：

① 劳务派遣是指由劳务派遣单位与被派遣劳动者签订劳动合同，然后向用人单位派出该员工，使其在用工单位的工作场所内劳动，接受用工单位的指挥、监督，以完成劳动力和生产资料的结合的一种特殊用工方式。而劳务外包是指企业将其部分业务或职能工作发包给相关机构，由该机构自行安排人员按照发包企业的要求完成相应的业务或工作。

② 本案中，根据 Y1 与 Y2 订立的保安服务合同以及 Y2 提供的员工手册、每周会议记录，可以证明 Y1 委托 Y2 对 Y1 的厂区提供保安服务。Y2 享有对劳动者和劳动生产的管理权，掌握对劳动及生产过程的管理控制，直接对厂区保安进行指挥、监督和管理。而 Y1 不直接参与厂区保安的管理，不对厂区保安实施指挥、控制，也不直接向劳动者发放劳动报酬。显然，X、Y1、Y2 三者之间不形成劳务派遣关系。X 与 Y2 构成劳动合同关系，Y1、Y2 之间形成服务合同关系，而 X 与 Y1 不构成任何直接的法律关系。X 在工作时间、工作岗位因工作原因与 A 发生纠纷致 A 受伤，鉴于 X 系在履行职务过程中致人损害，该赔偿责任应由 Y2 承担。对 X 自愿承担连带赔偿责任应予以准许。

第九章
社会保险管理的边界

　　社会保险管理是企业劳动关系管理中较为烦琐的环节，其所依据的法律主要为《中华人民共和国社会保险法》及其相关政策法规。相比于劳动关系的其他领域而言，社会保险的法律体系庞杂繁复，除了2011年实施的《中华人民共和国社会保险法》外，还有众多碎片化、区域化的政策法规，给社会保险管理实务操作带来很大难度。[①] 另外，我国社会保险基数偏高，社会保险利益又具有延期支付的性质，出于对未来不确定性的考虑，很多用人单位和劳动者对于依法足额缴纳社会保险重视不足，现实中出现了各种漏缴、少缴社会保险的情况，为社会保险争议埋下了隐患。本章着眼于社会保险管理以及相关争议，从社会保险法律规定展开论述，着重介绍政府劳动行政部门进行社会保险稽核的情况，以及各类社会保险纠纷的处理方式和处理行情，并总结用人单位依法缴纳社会保险的各种相关管理事项。

---

① 余清泉、张良编《社会保险法实战策略》，中国法制出版社，2011，第3~4页。

一　社会保险缴费管理

(一)　社会保险缴费的核定

在日常的社会保险管理工作中，最常规的就是社会保险缴费管理。用人单位在成立之后 30 日内要向所属地区的社会保险部门进行社会保险申报登记，之后开始依法缴费。社会保险缴费的多少取决于三个要素，即社会保险缴费人数、缴费基数、缴费费率。

1. 缴费人数

缴费人数包括所有与用人单位建立劳动关系的劳动者，即使是短期雇佣的劳动者、在试用期内的劳动者，用人单位也应为他们缴纳社会保险。但如果是非全日制劳动者，用人单位只需缴纳工伤保险。而如果兼职人员与原用人单位存在劳动关系，则原用人单位依然为其办理各项社会保险的参保缴费手续，这时兼职单位应为兼职人员缴纳工伤保险，其余各项无须重复缴纳。关于特殊人员的社会保险可以参考"特殊用工管理的边界"一章中的相关说明。

2. 缴费基数

通常每年 5～7 月间会进行一次缴费基数核定，原则上基数以上年度劳动者本人月平均工资为基础，在上下限的范围内核定。在全国性规定中，2006 年《关于规范社会保险费缴费基数有关问题的通知》(劳社险中心函〔2006〕60 号) 明确规定："参保单位缴纳基本养老保险费的基数可以为职工工资总额，也可以为本单位职工个人缴费工资基数之和，但在全省区市范围内应统一为一种核定办法。单位职工本人缴纳基本养老保险费的基数原则上以上一年度本人月平均工资为基础，在当地职工平均工资的 60%～300% 的范围内进行核定……参保单位缴纳基本医疗保险、失业保险、工伤保险、生育保险费的基数为职工工资总额，基本医疗保险、失业保险职工个人缴费基数为本人工资，为便于征缴可以上一年度个人月平均工资为缴费基数。"《中华人民共和国社会保险法》第十二条对养老保险也明确规定："用人单位应当按照国家规定的本单位职工工资总额的比例缴纳基本养老保险费，记入基本养老保险统筹基金。职工应当按照国家规定的本人工资的比例缴纳基本养老保险费，记入个人账户。"

在此全国性规定的基础上，各地都有具体的操作性标准。以北京市为例，一般在 6～7 月核定缴费基数，通常统计部门的社平工资数据也会在这一时期公布。各项社会保险的缴费基数原则上按照职工本人上一年月平均工资确定，其中有上下限的规定。缴费基数上限按照本市上一年职工月平均工资的 300% 确定。参加职工基本养老保险、失业保险的职工，其缴费基数下限按照本市上一年职工月平均工资的 40% 确定；参加机关事业养老保险、基本医疗保险、工伤保险、生育保险的职工，其缴费基数下限按照本市上一年职工月平均工资的 60% 确定。①

用人单位的相关管理人员根据劳动者上一年度的月平均工资如实申报工资，申报录入时不做上下限的限制，具体申报范围包括上一年度劳动者的所有工资收入。根据国家统计局《关于工资总额组成的规定》及之后相继下发的一系列通知规定，工资包括计时工资、计件工资、奖金、津贴和补贴、加班加点工资、特殊情况下支付的工资，以及按月按标准发放的住房补贴、交通补贴

---

① 参见《关于统一 2016 年度各项社会保险缴费工资基数和缴费金额的通知》（京社保发〔2016〕14 号）。

或车改补贴、通讯补贴等各项。可以说，凡是国家统计局有关文件没有明确规定不作为工资收入统计的项目，均应作为社会保险缴费基数。

3. 缴费费率

缴费费率依险种的不同而不同。城镇职工基本养老保险费由用人单位和职工个人共同缴纳，其中单位缴费率原则上为20%，职工个人为8%；职工基本医疗保险费由用人单位和个人共同缴纳，单位缴费率控制在职工工资总额的6%左右，职工个人缴费率为本人工资的2%；失业保险费由用人单位和职工个人共同缴纳，单位按照本单位职工工资的2%缴纳保险费，职工个人按照1%的费率缴费；工伤保险费由单位缴纳，职工个人不缴费，工伤保险根据行业的不同实行差别费率；生育保险费由用人单位缴纳，职工个人不缴费。当地人民政府可根据不同情况进行调整，但所做调整不超过工资总额的1%。对于个体工商户、灵活就业人员等政策规定范围内以个人身份参保缴费的人员，参加城镇职工基本养老保险的缴费基数为当地上一年度在岗职工平均工资，缴费比例为20%，其中8%计入个人账户。① 但这是原则性规定，各地还根据不同的具体情况在此基础上略有浮动。

我国用人单位和个人缴纳五项社会保险费率之和为40%左右，有研究数据显示这一比例在有统计数据的173个国家中居第13位。② 从宏观政策走向上看，中共十八届三中全会提出了"适时适当降低社会保险费率"的精神，《人力资源和社会保障事业发展

---

① 胡晓义、孟昭喜主编《社会保险经办管理》，中国劳动社会保障出版社，2012。
② 《人社部：我国社保费率在世界173个国家中居第13位》，人民网，2012年9月20日，http://politics.people.com.cn/n/2012/0920/c1001-19065576.html。

"十三五"规划纲要》也明确指出要"适当降低社会保险费率"。①在这一原则下，很多地区已经开始缓慢地调整社会保险费率。例如，2016年北京市人力资源和社会保障局、北京市财政局联合发布了《关于阶段性降低北京市社会保险费率的通知》（京人社保发〔2016〕98号），该文件规定："一、本市企业职工基本养老保险缴费比例，由原来的28%调整为27%，降低费率的期限暂按两年执行。其中，单位缴费比例由原来的20%调整为19%，个人缴费比例不作调整。二、本市失业保险缴费比例，由原来的1.2%调整为1%，降低费率的期限暂按两年执行。其中，单位缴费比例由原来的1%调整为0.8%，个人缴费比例不作调整。"

（二）社会保险缴费中的劳动者意愿

1. 劳动者自愿放弃社保承诺的效力

由于我国目前社会保险缴费占劳动者工资收入的比例较高，所以很多用人单位和劳动者出于更多得到现期收益的考虑而少缴社会保险。有的劳动者主动写保证自愿放弃，有的和用人单位签订协议或者在劳动合同中约定自愿少缴纳社会保险费。无论何种形式的少缴、漏缴都会给用人单位留下管理风险。我国社会保险法对用人单位办理社会保险登记、依法缴纳社会保险有"应当"式的义务性规定。虽然社会保险的受益者是劳动者，但从法律上来说，用人单位履行的是对国家的缴纳义务，不能因为双方约定或者劳动者同意而免除的义务。即使签订了此种协议，一旦劳动者反悔或举报投诉，或者社会保险机构监察稽核前往用人单位，用人单位就应对劳动关

---

① 《人力资源社会保障部关于印发人力资源和社会保障事业发展"十三五"规划纲要的通知》（人社部发〔2016〕63号），中国政府网，2016年7月15日，http://www.gov.cn/xinwen/2016-07/15/content_5091419.htm。

系期间的社会保险费进行补缴，并且要自欠缴之日起按每日万分之五缴纳滞纳金。[①] 如果用人单位没有如期缴纳或补足，社会保险费征收机构可以向银行和其他金融机构查询其存款账户，并可以申请县级以上的有关行政部门做出划拨社会保险费的决定，书面通知用人单位开户银行或者其他金融机构划拨社会保险费。

而且如果公司正准备上市，则更需要对其进行社会保险缴纳的合规审查。曾经就有准备上市的公司因社保问题导致上市受到阻碍，江苏宝利沥青股份有限公司招股说明书中的情况就是一个典例。

江苏宝利沥青股份有限公司招股说明书（申报稿）对于社会保障制度执行情况曾有如下说明："本公司已根据《中华人民共和国劳动法》与公司 161 名员工全部签订了劳动合同……公司为 121 名员工缴纳了养老保险、失业保险、工伤保险、生育保险、医疗保险和大病保险；其余 40 名员工中有 33 名因个人原因公司未为其缴纳相关社保及住房公积金，该 33 名员工均出具了承诺函，承诺如下：'本人主动要求放弃办理各项社会保险（含养老、医疗、失业、工伤、生育等保险）和住房公积金，由此造成的一切责任和后果由本人承担，与江苏宝利沥青股份有限公司无关，特此承诺'；另有 7 名员工自行在户籍所在地办理了各项社会保险，并出具承诺：'本

[①] 1995 年《中华人民共和国劳动法》第一百条规定："用人单位无故不缴纳社会保险费的，由劳动行政部门责令其限期缴纳，逾期不缴的，可以加收滞纳金。"1999 年《社会保险费征缴暂行条例》第十三条规定："缴费单位未按规定缴纳和代扣代缴社会保险费的，由劳动保障行政部门或者税务机关责令限期缴纳；逾期仍不缴纳的，除补缴欠缴数额外，从欠缴之日起，按日加收千分之二的滞纳金。滞纳金并入社会保险基金。"2011 年《中华人民共和国社会保险法》第八十六条规定："用人单位未按时足额缴纳社会保险费的，由社会保险费征收机构责令限期缴纳或者补足，并自欠缴之日起，按日加收万分之五的滞纳金；逾期仍不缴纳的，由有关行政部门处欠缴数额一倍以上三倍以下的罚款。"

人已在户籍所在地办理了各项社会保险（含养老、医疗、失业、工伤、生育等保险）和住房公积金，不需再由江苏宝利沥青股份有限公司办理，由此造成的一切责任和后果由本人承担，与江苏宝利沥青股份有限公司无关，特此承诺。'"这一做法实际上违反了社会保险相关法规的规定，该公司不得不对社会保险费如数进行补缴。该公司在创业板上市的招股说明书中继续说明了相关社会保险的缴纳情况，即"为严格执行国家相关法律法规，公司于2010年9月为未在当地缴纳社会保险的40名员工办理了报告期内的应交金额的补缴手续，共计补充缴纳金额557196.76元，而且今后将对所有员工严格依法参加社会保险，缴纳社会保险费"。当地的人力资源和社会保障局也出具了官方证明："江苏宝利沥青股份有限公司……依法应缴纳的社会保险费已全部缴清，没有因违反有关劳动和社会保障法律、法规而受到处罚的记录。"保荐机构经核查后认为："报告期内发行人未能为部分员工缴纳社会保险和住房公积金，属于不规范行为，但发行人已经对过去的不规范行为进行了纠正，于2010年9月为未缴纳社会保险及住房公积金的员工办理了补缴手续，涉及费用712494.76元（江苏、陕西两公司），对公司利润影响较小，且承诺今后将对公司所有员工严格依法参加社会保险和住房公积金制度，缴纳社会保险费和住房公积金……发行人之前部分员工放弃缴纳社会保险和住房公积金的事宜不构成本次发行上市的障碍。"发行人律师经核查后认为："发行人部门员工放弃缴纳社会保险的行为以及该部分员工有关不追究发行人欠缴社会保险金的承诺不符合国家相关强制性规定，但鉴于该等情形的发生存在一定客观原因……办理了补缴手续……由于所涉金额不大，对发行人生产经营状况及财务状况影响较小……因此，发行人部分员工之前放弃缴纳社会保险和住房公积金的事宜对本次发行上市不构成法律障碍。"① 从上面的案例可以看到，劳动者对于放弃社会保险的承诺在法律上是无效的，并不能真正减轻用人单位的责任。

2. 新型农村社会养老保险、城镇居民养老保险与城镇职工基本养老保险的衔接

现在随着新型农村社会养老保险（以下简称"新农保"）等居民养老保险的普及，很多劳动者在户籍地缴纳居民养老保险。这时，有的劳动者认为其就业状态是短暂而不确定的，不愿意缴纳职工养老保险，而是希望继续在户籍地缴纳居民养老保险。这种做法可行吗？如果不行，新农保和城镇居民养老保险同职工养老保险该如何衔接呢？为了回答这些问题，有必要先介绍我国养老保险的三种类型：一是城镇职工基本养老保险（又简称为城镇职工养老保险），也就是各类就业人群所应缴纳的养老保险。具体来说，城镇各类企业职工、个体工商户和灵活就业人员都要参加城镇职工基本养老保险。② 二是城镇居民养老保险。年满 16 周岁（不含在校学生）的不符合城镇职工基本养老保险参保条件的城镇非从业居民，可以在户籍地自愿参加城镇居民养老保险。③ 三是新农保。年满 16 周岁（不含在校学生）的未参加城镇职工基本养老保险的农村居民，可以在户籍地自愿参加新农保。④ 后二者后又被统一称为城乡居民养老保险。实际上，无论是城镇居民养老保险还是新农保，其保障水平都是低于城镇职工养老保险的，而且劳动者一旦进入劳动

---

① 《江苏宝利沥青股份有限公司首次公开发行股票并在创业板上市招股说明书》，http://quotes. money. 163. com/f10/ggmx_300135_612978. html。
② 参见《国务院关于完善企业职工基本养老保险制度的决定》（国发〔2005〕38 号）。
③ 参见《国务院关于开展城镇居民社会养老保险试点的指导意见》（国发〔2011〕18 号）。
④ 参见《国务院关于开展新型农村社会养老保险试点的指导意见》（国发〔2009〕32 号）。

关系，劳资双方就有义务依法缴纳城镇职工养老保险，同样不能因劳动者自愿而放弃。对于城乡居民养老保险与城镇职工养老保险的衔接问题，《城乡养老保险制度衔接暂行办法》（人社部发〔2014〕17 号）规定："参保人员从城乡居民养老保险转入城镇职工养老保险的，城乡居民养老保险个人账户全部储存额并入城镇职工养老保险个人账户，城乡居民养老保险缴费年限不合并计算或折算为城镇职工养老保险缴费年限。"而如果是工作了一段时间之后再次退出劳动关系，则涉及参保人员从城镇职工养老保险转入城乡居民养老保险，这时城镇职工养老保险个人账户全部储存额并入城乡居民养老保险个人账户，参加城镇职工养老保险的缴费年限合并计算为城乡居民养老保险的缴费年限。在领取退休待遇时，参加城镇职工养老保险和城乡居民养老保险的人员达到城镇职工养老保险法定退休年龄后，城镇职工养老保险缴费年限满 15 年（含延长缴费至 15 年）的，可以申请从城乡居民养老保险转入城镇职工养老保险，按照城镇职工养老保险办法计发相应待遇；城镇职工养老保险缴费年限不足 15 年的，可以申请从城镇职工养老保险转入城乡居民养老保险，待达到城乡居民养老保险规定的领取条件时，按照城乡居民养老保险办法计发相应待遇。

（三）入职、离职日期与社会保险缴纳

按照法律规定，自用工之日起劳动者即与用人单位建立劳动关系，用人单位就应该为劳动者办理相关手续并开始缴纳社会保险。但是，社会保险缴纳在现实生活中有一定的时间差，《中华人民共和国社会保险法》第五十八条规定："用人单位应当自用工之日起三十日内为其职工向社会保险经办机构申请办理社会保险登记。"北京的社保中心多年来是在每月的 5 日至 25 日办理业务，目前正在逐渐调整为全月都可以办理业务。如果有劳动者入职，那么社保

专员需要做增员；如果有劳动者离职，则需要做减员。现在社会保险缴费采取下扣方式，即如果本月 5 日至 25 日中任意一天办理了社保增员、减员业务，那么在本月 25 日后社保中心生成的本月月报中就已经包括了新员工或者已经减去了离职员工，在下个月具体扣费时就会相应地体现出来。

这个原则说来简单，但在操作中经常出现争议。比如 8 月 20 日张某离职并入职新单位，这时如果社保专员赶在 25 日社保业务截止日期之前办理减员，张某就会向原单位主张自己在 8 月工作了 20 天，为什么单位没有为其缴纳社保。有的公司的做法是当月离职的一律下月初减员，但是这样做也会出现问题。比如劳动者当月工作 5 天，那他当月工资可能不够负担社会保险的个人部分，这时工资该如何发放呢？按照法律规定，我国的社会保险是按月扣缴的，但当员工的工作时间不是整月的时候，社会保险该如何缴纳呢？目前形成的行业惯例是，如果劳动者离职后马上入职新单位，同一个月在两个单位都有过工作，则以 15 日为界限。在 15 日之前离职并入职新单位的，新单位及时增员，为其缴纳当月社保；如果是在 15 日以后离职并入职新单位的，则原单位下个月进行减员，为其继续缴纳当月社保，同时新单位下个月进行增员。但是如果员工在原单位离职后没有及时找到新单位，则只要在当月有过工作，原单位就应承担当月的社保缴纳义务。劳动者工资不足以缴纳社会保险个人承担部分的，用人单位可以与劳动者协商由其本人负担差额。目前在很多地区，社会保险缴纳和劳动者购房、购车、子女入学等公共政策相关，一旦断缴将给劳动者的生活带来很大麻烦。这就更需要人力资源管理人员与劳动者及时沟通，在履行法定义务的前提下为劳动者提供便利，预防争议的发生。

二　社会保险争议的处理机构和时效

（一）社会保险争议的处理机构

社会保险争议由于涉及社会保险征缴机构而与其他劳动争议不同。涉及社会保险缴费计算和补缴的争议，主要由政府社会保险管理部门负责处理；涉及社会保险待遇损失，劳动者向用人单位主张赔偿的，其处理程序类似于普通劳动争议的处理程序。

从理论上看，对于社会保险争议是否属于劳动争议这一问题，《中华人民共和国劳动争议调解仲裁法》第二条第四项规定，劳动者与用人单位"因工作时间、休息休假、社会保险、福利、培训以及劳动保护发生的争议"属于劳动争议。但具体的受理情况主要依据下列劳动争议司法解释进行细节性的规定。《最高人民法院关于审理劳动争议案件适用法律若干问题的解释》（法释〔2001〕14号）第一条规定，"劳动者退休后，与尚未参加社会保险统筹的原用人单位因追索养老金、医疗费、工伤保险待遇和其他社会保险费而发生的纠纷"属于劳动争议，当事人不服劳动争议仲裁委员会做出的裁决，依法向人民法院起诉的，人民法院应当受理。《最高人民法院关于审理劳动争议案件适用法律若干问题的解释（二）》（法释〔2006〕6号）第五条规定，"劳动者与用人单位解除或者终止劳动关系后……办理劳动者的人事档案、社会保险关系等移转手续产生的争议，经劳动争议仲裁委员会仲裁后，当事人依法起诉的，人民法院应予受理"；第七条规定，"劳动者请求社会保险经办机构发放社会保险金的纠纷"不属于劳动争议。《最高人民法院关于审理劳动争议案件适用法律若干问题的解释（三）》（法释〔2010〕12号）第一条规定，"劳动者以用人单位未为其办理社会保险手续，且社会保险经办机构不能补办导致其无法享受社会保险待遇为由，要求用人单位赔偿损失而发生争议的，人民法院应予受理"。

在《最高人民法院关于审理劳动争议案件适用法律若干问题的解释（三）》（法释〔2010〕12号）发布时，最高人民法院民一庭庭长在答记者问时曾对第一条做出解释："我们研究认为，用人单位、劳动者和社保机构就欠费等发生争议，是征收与缴纳之间的纠纷，属于行政管理的范畴，带有社会管理的性质，不是单一的劳动者与用人单位之间的社保争议。因此，对于那些已经由用人单位办理了社保手续，但因用人单位欠缴、拒缴社会保险费或者因缴费年限、缴费基数等发生的争议，应由社保管理部门解决处理，不应纳入人民法院受案范围。对于因用人单位没有为劳动者办理社会保险手续，且社会保险经办机构不能补办导致劳动者不能享受社会保险待遇，要求用人单位赔偿损失的，则属于典型的社保争议纠纷，人民法院应依法受理。"① 也就是说，人民法院审理的主要是因不能享受社会保险待遇而主张损失赔偿的纠纷。

劳动者要求补缴社会保险的情况主要通过社会保险经办机构进行处理。2011年，最高人民法院针对《甘肃省高级人民法院关于对王某与某公司劳动争议纠纷申请再审一案的请示》，专门就补缴社会保险问题进行了答复。答复文件《最高人民法院关于王某与某公司劳动争议纠纷申请再审一案适用法律问题的答复》（法研〔2011〕31号）认为，"征缴社会保险费属于社会保险费征缴部门的法定职责，不属于人民法院受理民事案件的范围"。关于征缴社

---

① 《最高人民法院民一庭庭长杜万华就〈关于审理劳动争议案件适用法律若干问题的解释（三）〉答记者问》，法律图书馆，2010年9月15日，http://www.law-lib.com/fzdt/new-shtml/21/20100915085351.htm。

会保险，《中华人民共和国劳动法》第一百条规定，"用人单位无故不缴纳社会保险费的，由劳动行政部门责令其限期缴纳，逾期不缴的，可以加收滞纳金"。《社会保险费征缴暂行条例》第二十六条也规定："缴费单位逾期拒不缴纳社会保险费、滞纳金的，由劳动保障行政部门或者税务机关申请人民法院依法强制征缴。"由此可见，追缴社会保险费是上述行政机关的职权。而如果社会保险行政部门在依法行使上述职权时，劳动者对于上述机关的行政决定不服或者有行政不作为，劳动者或用人单位都可以通过行政复议及行政诉讼的方式寻求救济。答复文件同时建议甘肃省高级人民法院结合案情向社会保险费征缴部门发出司法建议，利用司法建议督促有关部门加强调查研究，妥善处理类似问题。

　　也就是说，如果劳动者认为用人单位在缴纳社会保险方面有欠缴、少缴、错缴等情况，应该向社会保险管理部门提出投诉举报，由社会保险管理机构做出相应的处理和处罚，督促用人单位进行补缴，而不是向劳动争议仲裁委员会以及人民法院提起仲裁、诉讼要求补缴。在这一过程中，一旦劳动者对社会保险管理机构的稽核督促行为不认可，其就可以提起行政复议或者行政诉讼，监督政府社会保险管理部门依法履行职责的情况。

（二）社会保险时效问题的争议

　　社会保险征缴的时效是一个争议性问题。根据《劳动保障监察条例》，社会保险事项的核查属于劳动监察的工作范围。《劳动保障监察条例》第二十条规定："违反劳动保障法律、法规或者规章的行为在2年内未被劳动保障行政部门发现，也未被举报、投诉的，劳动保障行政部门不再查处。前款规定的期限，自违反劳动保障法律、法规或者规章的行为发生之日起计算；违反劳动保障法律、法规或者规章的行为有连续或者继续状态的，自行为终了之日起计算。"由此,有一种主张是社会保险征缴争议超过两年的应该不再受理。但也有观点认为,社会保险的强制属性使其不同于其他劳动标准的执行,社会保险征缴的相对方是国家社会保险基金。用人单位和劳动者欠缴、少缴的社会保险费实际上是对国家社会保险基金的债务,社会保险稽核部门履行职责的目的是确保社会保险费应收尽收,从而维护参保人的合法利益,所以不应受到普通时效的限制。《社会保险稽核办法》等一系列政策文件中也未做出时效限制。

这一争论在 2009 年深圳发展银行股份有限公司退休员工状告社保局的案件中得到了集中体现。2009 年,深圳发展银行股份有限公司的 71 名退休员工主张公司没有为他们足额缴纳社会保险,导致他们退休后领到的退休金大幅缩水、生活困难,他们于是向当地社保局投诉。而社保局做出的处理决定是:投诉时效已超过两年,根据《劳动保障监察条例》第二十条以及《深圳经济特区企业员工社会养老保险条例》第五十条①的规定,社保局依法不再查处。深圳发展银行股份有限公司的 71 名员工不服市社保局做出的处理决定,向深圳市人民政府申请行政复议,深圳市人民政府做出维持市社保局处理决定的复议决定。之后,深圳发展银行股份有限公司的 71 名员工将深圳市社保局告上福田区法院。诉讼过程中,社保局撤销了之前对此事做出的处理决定。一审法院支持劳动者的诉讼请求,确认深圳市社保局之前做出处理决定的具体行政行为违法,判令社保局在四个月内重新做出具体行政行为。② 2012 年 10 月 30

---

① 2006 年修改通过的《深圳经济特区企业员工社会养老保险条例》第五十条规定:"企业违反本条例规定迟交、少交和不交养老保险费的,员工可以在知道或者应当知道权利被侵害之日起两年内向市劳动保障部门或者有关部门投诉、举报,也可以直接向劳动仲裁机构申请仲裁。"

② 吴欣:《深发展退休员工状告社保 44 名员工"赢了也上诉"》,中国劳动争议网,2011 年 9 月 14 日,http://www.btophr.com/v2/b_article/34893.shtml。

日，深圳市人大常委会通过《深圳经济特区社会养老保险条例》，废止了此前的《深圳经济特区企业员工社会养老保险条例》，修改后的条例第五十一条规定，"本条例施行前，用人单位及其职工未按照规定缴纳养老保险费，超过法定强制追缴时效的，可以申请补缴养老保险费，并自应缴之日起按日加收万分之五的滞纳金。滞纳金分别纳入基本养老保险统筹基金和地方补充养老保险基金"。从中可以看出对两年时效的突破。

本章判例1中的裁判要旨也申明了缴纳社保费系法定义务不受时效限制，并且明确了补缴中的个人承担部分应由劳动者负担。如果用人单位之前以现金的形式向劳动者支付过社会保险补偿，则劳动者应该返还。

判例1

补缴社会保险不受时效限制判例之

舟山海苑教育后勤服务有限公司劳动争议案①

劳动者： 吕某，以下简称 X。

用人单位： 舟山海苑教育后勤服务有限公司，以下简称 Y。

案情简介：

① X 主张 1992 年进入 Y 的前身工作，Y 不予认可。后经双方质证，法院确认劳动者 X 在 Y 的工作时间为 2005 年 3 月到 2013 年 1 月。在此时间内，Y 未为 X 缴纳过社会保险，但是 Y 以现金形式向 X 发放了社保补贴。

② 2005 年 3 月到 2013 年 1 月期间，根据双方协议，Y 以现金

---

① 吕先英与舟山海苑教育后勤服务有限公司劳动争议二审民事判决书，浙江省舟山市中级人民法院 [（2013）浙舟民终字第 205 号]，裁判日期：2013 年 8 月 15 日。

形式向 X 发放社保补贴共计 16667 元。

③ X 向舟山市劳动争议仲裁委员会提出仲裁申请，要求 Y 补缴其 2005 年 3 月至 2013 年 1 月的社会保险。Y 认为仅应从 2011 年 9 月起予以补缴，并认为 X 的诉讼请求已经超过仲裁时效。

④ 该仲裁委员会于 2013 年 2 月 4 日做出裁决：Y 应自裁决书生效之日起十五日内为 X 补缴 2011 年 9 月至 2013 年 1 月期间的养老保险及医疗保险，X 个人缴费部分自本裁决书生效之日起七日内交至 Y 处，由 Y 统一代缴，缴费标准由社保机构审核。X 应于裁决书生效之日起七日内退还 Y 每月支付的社保补贴共 4080 元。后双方诉至法院。

法院裁判要旨（一审）：

在劳动关系存续期间，用人单位和劳动者均应履行社会保险的缴纳义务，用人单位不能以双方协议的形式免除该义务。本案中双方劳动关系明确，Y 应为 X 缴纳 2005 年 3 月到 2013 年 1 月期间的社会保险费，但 X 应将之前已获得的社保补贴 16667 元返还给 Y。至于 Y 辩称的时效问题，因缴纳社保费系法定义务，故不受时效限制。判决：一、Y 为 X 补缴 2005 年 3 月至 2013 年 1 月期间的社会保险费；二、X 于判决生效之日起十日内将社会保险费的个人承担部分支付给 Y（上述一、二项的具体金额均以社保经办机构的计算结果为准）；三、X 于判决生效之日起十日内退还 Y 社保补贴共计 16667 元。

二审维持原判。

三　社会保险稽核及相关争议

因为社会保险缴纳是用人单位和劳动者的法定义务，所以其缴纳面临国家行政机关的监督和检查。《劳动保障监察条例》明确规定,用人单位参加各项社会保险和缴纳社会保险费的情况属于劳动行政部门的监察范畴。社会保险领域的劳动监察也被称为社会保险稽核,具体指社会保险经办机构依法对社会保险费缴纳情况和社会保险待遇领取情况进行的核查。县级以上社会保险经办机构负责社会保险稽核工作,社会保险经办机构的稽核部门具体承办相关工作。

社会保险稽核主要是社会保险经办机构有关人员对用人单位办理社会保险登记与变更登记的情况、参加社会保险的职工人数和缴费基数、缴纳社会保险费的情况等方面进行核查。稽核内容包括:(1)缴费单位和缴费个人申报的社会保险缴费人数、缴费基数是否符合国家规定;(2)缴费单位和缴费个人是否按时足额缴纳社会保险费;(3)欠缴社会保险费的单位和个人的补缴情况;(4)国家规定的或者劳动保障行政部门交办的其他稽核事项。社会保险稽核通过日常稽核、重点稽核和举报稽核等方式进行。日常稽核主要指根据工作计划对辖区内单位定期实施的常规稽核。重点稽核指社会保险经办机构对特定的对象和内容进行的稽核。举报稽核指的是由个人或者单位的举报引起的核查行为。

在社会保险管理中,应对社会保险稽核是一项很有挑战性的工作,无论是日常稽核还是举报稽核,都需要用人单位提供各种相关材料。具体而言,社会保险稽核人员有权要求被稽核单位提供用人情况、工资收入情况、财务报表、统计报表、缴费数据和相关账册、会计凭证等与缴纳社会保险费有关的情况和资料;可以记录、录音、录像、照相和复制与缴纳社会保险费有关的资料,对被稽核对象的参保情况和缴纳社会保险费等方面的情况进行调查、询问。

关于稽核流程，根据《社会保险稽核办法》的规定，相关人员按照下列程序实施稽核："（一）提前3日将进行稽核的有关内容、要求、方法和需要准备的资料等事项通知被稽核对象，特殊情况下的稽核也可以不事先通知；（二）应有两名以上稽核人员共同进行，出示执行公务的证件，并向被稽核对象说明身份；（三）对稽核情况应做笔录，笔录应当由稽核人员和被稽核单位法定代表人（或法定代表人委托的代理人）签名或盖章，被稽核单位法定代表人拒不签名或盖章的，应注明拒签原因；（四）对于经稽核未发现违反法规行为的被稽核对象，社会保险经办机构应当在稽核结束后5个工作日内书面告知其稽核结果；（五）发现被稽核对象在缴纳社会保险费或按规定参加社会保险等方面，存在违反法规行为，要据实写出稽核意见书，并在稽核结束后10个工作日内送达被稽核对象。被稽核对象应在限定时间内予以改正。"

社会保险稽核由社会保险经办机构主导，但是由于涉及劳动者的切身利益，有时会因劳动者的不满而发生纠纷。这时由于当事人一方是政府行政机关，纠纷会以行政复议或行政诉讼的形式出现，而不是普通的劳动争议。下面几起判例是劳动者因为社会保险补缴问题而起诉社会保险经办机构的典型判例。其中判例2中行政诉讼的主要争议点是劳动者在主张补缴的同时要求对单位进行罚款，从中可以清楚地看到现实中社会保险稽核工作的流程和劳动者应有的权利。判例3中社会保险部门因为找不到用人单位而终止社会保险稽核，最终被劳动者告上法院，法院判决重新稽核。判例4针对的是十几年前被派遣劳动者工资问题的举证责任，反映了现实中社会保险补缴的实际困难。

判例 2

劳动者要求社保稽核部门对用人单位进行惩处判例之 张某与北京市海淀区人力资源和社会保障局行政争议案①

劳动者：张某，女，以下简称 X。

用人单位：中科方德软件有限公司，以下简称 Y。

劳动行政部门：北京市海淀区人力资源和社会保障局，以下简称海淀人保局。

案情简介：

① X 于 2008 年 2 月底至 2011 年 8 月底在 Y 工作，双方签订了劳动合同。2008 年 3 月至 2009 年 2 月，X 的月工资为 7000 元；2009 年 3 月至 2011 年 8 月，X 的月工资为 7200 元。X 主张 Y 未为其缴纳 2008 年 3 月的社会保险费，未足额缴纳 2008 年 4 月至 2010 年 3 月的社会保险费。

② 2012 年 7 月 23 日，X 通过特快专递向海淀人保局邮寄投诉举报书，要求海淀人保局责令 Y 为自己及全体员工补缴社会保险并依法对 Y 进行处罚。

③ 海淀人保局收到该投诉举报书后，于 2012 年 7 月 31 日将该投诉举报书转交至 X 所属社会保险经办机构北京市海淀区社会保险基金管理中心（以下简称"海淀社保中心"）进行稽核检查。海淀社保中心于同日对该投诉予以立案。

④ 2012 年 8 月 3 日，海淀社保中心向 Y 送达了稽核通知书，要求其接受调查并提交相关材料。海淀社保中心分别于 2012 年 10 月 18 日及 2012 年 10 月 25 日向 X 的委托代理人及 Y 的委托代理人

① 张红霞与北京市海淀区人力资源和社会保障局行政争议判决书，北京市海淀区人民法院〔（2013）海行初字第 28 号〕，裁判日期：2013 年 1 月 7 日。

进行调查询问，并制作了询问笔录，其间收到了 Y 提交的劳动合同、工资表、转账凭证，以及 X 提交的劳动合同复印件、银行转账明细等材料。

⑤ 2012 年 10 月 25 日，海淀社保中心作出稽核整改意见书，责令 Y 为 X 补缴 2008 年 3 月的社会保险费及 2008 年 4 月至 2011 年 8 月的社会保险基数差额。2012 年 10 月 26 日，海淀社保中心经审批将此案延期 30 个工作日。后 Y 为 X 补缴了上述社会保险费。

⑥ 2012 年 11 月 9 日，海淀社保中心作出稽核情况告知书，将调查情况及处理结果告知 X。2012 年 11 月 28 日，海淀社保中心向 X 送达上述告知书。在海淀社保中心送达告知书期间，X 以海淀人保局未对自己举报投诉 Y 未依法缴纳社保一事履行法定职责为由，向海淀区人民法院提起行政诉讼，要求法院判令海淀人保局履行法定职责，并对 Y 施以相应罚款的行政处罚。①

法院裁判要旨：

《社会保险费征缴暂行条例》第五条规定："县级以上地方各级人民政府劳动保障行政部门负责本行政区域内的社会保险费征缴管理和监督检查工作。"据此，海淀人保局作为县级以上地方人民政府劳动保障行政部门，具有对本行政区域内的社会保险费征缴进行管理和监督检查的职责。

《社会保险费征缴监督检查办法》第三条第一款规定："劳动保障行政部门负责社会保险费征缴的监督检查工作，对违反条例和本办法规定的缴费单位及其责任人员，依法做出行政处罚决

---

① 劳动者主张根据 2004 年《劳动保障监察条例》第二十七条对用人单位进行处罚，具体为"用人单位向社会保险经办机构申报应缴纳的社会保险费数额时，瞒报工资总额或者职工人数的，由劳动保障行政部门责令改正，并处瞒报工资数额 1 倍以上 3 倍以下的罚款"。

定，并可以按照条例规定委托社会保险经办机构进行与社会保险费征缴有关的检查、调查工作。"此外，参照《社会保险稽核办法》第二条和第三条的规定，县级以上社会保险经办机构有权依法对社会保险费缴纳情况和社会保险待遇领取情况进行核查。经调查处理后，Y为X补缴了上述社会保险费。海淀社保中心亦将调查情况和处理结果对X进行告知。因此，海淀人保局已履行了相应的法定职责。

关于X提出海淀人保局未按照《劳动保障监察条例》第二十七条的规定对Y予以行政处罚的主张，本院认为，根据《劳动保障监察条例》第三十二条的规定，"属于本条例规定的劳动保障监察事项，法律、其他行政法规对处罚另有规定的，从其规定"；同时，《社会保险稽核办法》第十一条第一款规定："被稽核对象少报、瞒报缴费基数和缴费人数，社会保险经办机构应当责令其改正；拒不改正的，社会保险经办机构应当报请劳动保障行政部门依法处罚。"本案中，经海淀社保中心书面责令Y改正，Y已经整改完毕。因此，海淀人保局未对Y进行处罚并无不当。本院对X的上述主张不予支持。

判例 3

劳动者要求社保稽核判例之

王某与北京市朝阳区社会保险基金管理中心行政争议案①

劳动者：王某，以下简称X。

用人单位：北京聚龙市政工程有限责任公司，以下简称Y。

① 王秉铎与北京市朝阳区社会保险基金管理中心行政争议判决书，北京市朝阳区人民法院〔（2014）朝行初字第154号〕，裁判日期：2014年7月4日。

劳动行政部门：北京市朝阳区社会保险基金管理中心，以下简称朝阳社保中心。

案情简介：

① 2000年11月X入职Y，X在Y正常工作至2009年5月31日。2009年6月1日至2010年6月30日期间双方劳动关系存续，在该期间内Y未为X安排工作，X在公司各期间的工资均有相关民事判决书予以确认。2013年2月1日，劳动者X向朝阳社保中心举报Y不依法为其缴纳社会保险，要求Y为其补缴2005年1~3月、2009年9~12月、2010年1~6月的社会保险。

② 经查询社会保险管理信息系统，X在上述期间无社会保险缴费记录。2013年2月5日，朝阳社保中心向Y出具了社稽通字（2013）第081号稽核通知书，决定于2013年2月22日对Y实施社会保险方面的稽核检查，并载明了Y应当提交的相关资料。

③ 2013年3月6日，朝阳社保中心对Y法定代表人车某进行询问并制作询问笔录，笔录中记载了车某的陈述：其公司注册地为北京市朝阳区楼梓庄乡马各庄村，其收到上述稽核通知书，拒绝提供材料，也不会为原告补缴。

④ 当日，朝阳社保中心向朝阳劳动监察大队提出《提请行政处罚建议书》，建议朝阳劳动监察大队对Y拒绝提供稽核所需材料的行为做出处罚。

⑤ 2013年3月20日，朝阳劳动监察大队回复朝阳社保中心：因X所诉社会保险漏缴年限均在两年之前，已超出劳动监察案件的受理时限，故无法再做进一步处理。

⑥ 2013年3月22日，朝阳社保中心向X作出社举稽告字（2013）第038号告知书，告知X因朝阳劳动监察大队的上述回复，被告终止本次稽核。X不服该告知书，遂起诉至法院。后朝阳社

中心撤销了上述（2013）第 038 号告知书，X 撤回起诉。

⑦ 2013 年 9 月 10 日，朝阳社保中心再次向朝阳劳动监察大队提出《提请行政处罚建议书》，建议对 Y 拒绝提供稽核材料的行为进行处罚。2013 年 10 月 15 日，朝阳劳动监察大队回复朝阳社保中心：Y 未在朝阳区楼梓庄乡马各庄村办公经营，X 填写的投诉登记表显示的经营地址为宣武区廊坊头条 40 号，应由宣武区劳动监察部门调查处理。

⑧ 2013 年 12 月 18 日，朝阳劳动监察大队向朝阳社保中心出具了《关于 Y 的回复意见》，回复朝阳社保中心，该大队在申请指定管辖后，到上述 Y 的经营地址进行了调查。经查，该处已拆迁，Y 已搬离该地址。

⑨ 2013 年 12 月 30 日，朝阳社保中心作出告知书并向 X 进行了送达，告知 X 由于被稽核主体去向不明，终止本案的办理。

⑩ X 向朝阳区法院提起行政诉讼，认为朝阳社保中心终止对 X 举报案件的办理属对法规的错误适用；同时，朝阳社保中心因 Y 不配合向朝阳劳动监察大队提请行政处罚后，又以 Y 主体不存在为由终止稽核，违反了《中华人民共和国社会保险法》第六十三条、第八十二条的规定。综上，X 请求法院依法撤销朝阳社保中心作出的社举稽告字（2013）第 153 号告知书并判令朝阳社保中心继续进行稽核程序。

法院裁判要旨：

参照《社会保险稽核办法》《北京市社会保险稽核实施细则（试行）》的相关规定，县级以上社会保险经办机构负责社会保险稽核工作，社会保险稽核实行地域管辖，各级经办机构负责本行政区域参保缴费单位的稽核。Y 的注册地位于朝阳区，朝阳社保中心作为本行政区域内的社会保险经办机构，对 X 提出的举报具有进行调查、询问并出具稽核意见的法定职责。

《中华人民共和国社会保险法》第六十三条中规定，用人单位未按时足额缴纳社会保险费的，由社会保险费征收机构责令其限期缴纳或者补足。本案中，X 向朝阳社保中心举报，要求 Y 为其补缴社会保险，朝阳社保中心应当对上述期限内 Y 是否应当为原告补缴社会保险及补缴数额进行确认。

在 X 与 Y 之间劳动关系存续又无社会保险缴纳记录的情况下，Y 存在应当为 X 缴纳社会保险而未予以缴纳的行为，朝阳社保中心作为朝阳区社会保险费征收机构，应依据上述规定，责令 Y 为原告补缴社会保险。

故朝阳社保中心根据朝阳劳动监察大队的回复认定被稽核主体去向不明，进而依据《关于贯彻执行〈社会保险稽核办法〉的几个具体问题的补充通知》的规定作出本案被诉告知书，终止原告举报事项的办理，属适用法律错误，依法应予撤销。责令朝阳社保中心于本判决生效之日起三十日内对 X 的举报事项重新稽核并做出相应处理。

判例 4

工资不明情况下的社保稽核争议判例之
何某与北京市朝阳区社会保险基金管理中心行政争议案①

劳动者：何某，以下简称 X。

---

① 何建威与北京市朝阳区社会保险基金管理中心行政争议一审判决书，北京市朝阳区人民法院［（2013）朝行初字第 502 号］，裁判日期：2013 年 12 月 13 日；何建威与北京市朝阳区社会保险基金管理中心行政争议二审判决书，北京市第三中级人民法院［（2014）三中行终字第 374 号］，裁判日期：2014 年 3 月 17 日。

用人单位：中国国际技术智力合作公司，以下简称 Y。

用人单位：宝嘉北京代表处，以下简称 Z。

劳动行政部门：北京市朝阳区社会保险基金管理中心，以下简称朝阳社保中心。

案情简介：

① 1996 年 12 月，X 与 Y 签订劳动合同并被派遣至 Z 工作，工资由 Z 发放，Y 不掌握何建威工资的发放情况。2000 年 4 月 27 日，Z 更名为金普斯北京办事处，该办事处于 2005 年 1 月 25 日办理了工商注销登记。

② 2013 年 4 月 16 日，X 向朝阳社保中心投诉，要求 Y 为其补缴 1996 年 12 月至 1997 年 12 月的社会保险费。

③ 2013 年 8 月 12 日，朝阳社保中心作出稽核情况告知书，告知 X："对你于 2013 年 4 月 16 日投诉 Y 未按时为你缴纳 1996 年 12 月至 1997 年 12 月的社会保险费并要求补缴一事，朝阳社保中心于 2013 年 5 月 2 日至 2013 年 8 月 6 日对 Y 实施了稽核检查。稽核结果为：1. 经社保缴费系统查询，你 1996 年 12 月至 1997 年 12 月无社会保险缴费记录；2. 由于单位与你均无法提供你 1996 年 12 月至 1997 年 12 月的工资收入材料，依据京劳社保发〔2006〕48 号《关于贯彻执行〈社会保险稽核办法〉的几个具体问题的补充通知》（以下简称《补充通知》）第二条第一款第（一）项，我中心终止本案的办理。"

④ X 不服上述具体行政行为，诉至朝阳区人民法院。

法院裁判要旨（一审）：

根据《社会保险稽核办法》《北京市社会保险稽核实施细则（试行）》的相关规定，县级以上社会保险经办机构负责社会保险稽核工作，社会保险稽核实行地域管辖，各级经办机构负责本行政区域参保缴费单位的稽核。Y 的注册地位于朝阳区，社会保险登记证的发证机关为朝阳社保中心，故朝阳社保中心作为本行政区域内的社会保险经办机构，对 X 针对 Y 提出的投诉具有进行调查、询问并出具稽核意见的法定职责。

根据《补充通知》第二条第一款第（一）项的规定，在稽核过程中出现举报人和被举报单位均无法提供必要的证据和资料（包括工资收入等）的，稽核人员应填写终止执行审批表，经部门负责人同意后稽核程序终止并以书面形式告知举报人。

本案中，关于 1996 年 12 月至 1997 年 12 月期间 X 工资的发放情况，X 和 Y 的陈述一致，能够与朝阳社保中心调取的证据相互印证，足以证明上述期间 X 的工资由 Z 发放，Y 不掌握 X 工资的发放情况的事实。且在 Z 已经办理工商注销登记的情况下，Y 亦无法获取 X 工资收入的相关资料。故对于 Y 无法提供证明 X 工资收入的必要证据和资料的事实予以确认。

本案中，X 向法院提交的证据不足以证明其 1996 年 12 月的工资总额，朝阳社保中心也无法为 X 办理 1996 年 12 月至 1997 年 12 月的社会保险补缴手续。在此情况下，朝阳社保中心作出被诉稽核告知，终止 X 举报案件的办理符合《补充通知》的规定，对此予以支持。

二审维持原判。

四　社会保险待遇争议

用人单位在社会保险管理方面如果不能做到严格依法的话，不仅有被社保部门稽核的风险，更有被劳动者主张损失赔偿的风险。

针对社会保险待遇的损失赔偿是属于人民法院受理范围的事项。下面让我们通过判例，了解用人单位未依法为劳动者缴纳社会保险，导致劳动者遭受损失的情况。

（一）养老保险待遇争议

用人单位没有为劳动者缴纳养老保险短期内对劳动者似乎没有影响，但一旦劳动者达到退休年龄，就会因为无法获得应得的养老金而产生争议。所以，养老保险损失赔偿的争议往往具有滞后性，易在劳动者临近退休时爆发出来。而在这时，如果用人单位能够为劳动者进行补缴，且劳动者能够符合领取养老金的年限等要求，那么争议可以通过补缴的方式得到解决，劳动者退休后依然可以按月领到养老金；但是如果由于各种原因，用人单位无法为劳动者补缴，导致劳动者不能领取养老金，那么就涉及劳动者向用人单位主张损失赔偿的问题。损失的计算将涉及劳动者以往的养老保险缴费基数、缴费年限、是否在多家单位工作、未来预期寿命等复杂问题，目前还没有定论。后文选取的判例都是用人单位没有依法为劳动者缴纳养老保险，导致劳动者在享受退休待遇时遇到问题而要求损失赔偿的情况。在判例5中，法院判令用人单位承担劳动者的养老金支付责任，并且明确劳动者日后可以根据北京市养老金调整情况另行起诉。在同样是多年未缴纳养老保险的判例6中，法院判决用人单位应承担赔偿责任，一次性向劳动者支付34万余元，但具体的核算公式在判决书中并没有出现。而在判例7中，用人单位为劳动者缴纳了养老保险，但是就缴费基数劳动者与用人单位存在争议，导致劳动者退休后养老金少于预期，劳动者起诉要求损失赔偿，最终法院不予受理，告知劳动者向相关劳动行政部门反映解决。

判例 5

劳动者向用人单位主张养老金判例之
国家民委机关招待所养老保险待遇纠纷案①

劳动者：朱某，以下简称 X。

用人单位：国家民委机关招待所，以下简称 Y。

案情简介：

① X 于 1992 年初到 Y 工作。1996 年初 Y 被他人承包经营后，X 未再向 Y 提供劳动，Y 向 X 发放生活费。

② 自 2004 年起，X 多次通过劳动仲裁及诉讼要求 Y 支付生活费及医疗费等款项，生效的法律文书多次认定 Y 应支付 X 相应期间的北京市基本生活费及其他款项。

③ 2014 年 1 月 29 日，X 达到退休年龄。因 Y 未给 X 缴纳养老保险，X 未能享受养老保险待遇。X 要求 Y 按照北京市企业退休人员月均养老金标准支付其 2014 年 1 月 30 日至 Y 办理社保退休手续之日的养老金，并按照迟延支付部分 25% 的标准支付经济补偿金。

④ X 向劳动争议仲裁委员会申请仲裁，仲裁委员会做出不予受理的决定。后 X 起诉至法院。

法院裁判要旨（一审）：

Y 作为用人单位负有为 X 缴纳养老保险的法定义务，Y 未给 X 缴纳养老保险致使 X 无法享受养老保险待遇，应赔偿 X 的损失。X 要求 Y 赔偿养老金损失符合法律规定，法院予以支持。

但 X 要求按北京市企业退休人员月平均养老金标准计算损失及要求 25% 的经济补偿金缺乏依据，具体数额由法院酌情确定。鉴于

---

① 朱淑萍与国家民委机关招待所养老保险待遇纠纷二审民事判决书，北京市第二中级人民法院［（2014）二中民终字第 16014 号］，裁判日期：2014 年 11 月 14 日。

北京市基本养老金不断调整，本案养老金赔偿时间暂计算至 2014年 8 月，此后 X 可根据北京市基本养老金调整情况另行起诉。

判决 Y 给付 X 2014 年 2 月至 2014 年 8 月的基本养老金 10241 元。

二审维持原判。

判例 6

劳动者向用人单位主张养老金判例之

中国航空集团资产管理公司养老保险待遇纠纷案①

劳动者：冯某，以下简称 X。

用人单位：中国航空集团资产管理公司，以下简称 Y。

案情简介：

① X 自 1992 年起在 Y 工作，双方未签订劳动合同。1992 年 3月，X 任 Y 某处副处长；1992 年 5 月，Y 任命 X 为其下属单位某公司副总经理；1994 年 3 月，Y 聘任 X 为某公司总经理；1996 年 8月，因 X 有经济责任问题，Y 解聘 X 总经理职务。Y 为 X 支付工资至 1997 年 12 月。X 的档案至今由 Y 保管。

② X 于 2012 年 3 月 10 日达到法定退休年龄，要求 Y 为其办理退休手续。Y 以其与 X 之间不存在劳动关系为由，拒绝为 X 办理退休手续。后 X 诉至仲裁。

③ 2012 年 8 月 27 日，劳动争议仲裁委员会做出裁决，认定 X 的劳动关系应归属于 Y，Y 应按照《北京市工资支付规定》第二十七条之规定向原告支付 1998 年 1 月至 2012 年 2 月期间的生活费；关于X 要求 Y 补缴 1998 年 1 月至 2012 年 2 月期间社会保险的请求，因该

---

① 冯明华与中国航空集团资产管理公司养老保险待遇纠纷民事判决书，北京市西城区人民法院 [（2013）西民初字第 13747 号]，裁判日期：2014 年 12 月 10 日。

请求不属于劳动争议仲裁委员会的处理范围，故不予处理。

④ X 提起诉讼，主张由于 Y 在与 X 劳动关系存续期间未给 X 缴纳社会保险，导致 X 达到法定退休年龄无法领取养老金。其诉讼请求为 Y 赔偿因未给 X 缴纳养老保险导致的养老保险损失 1267200 元。

法院裁判要旨：

因 Y 未就其与 X 解除劳动关系的主张向本院提供相关证据，故 Y 应按《北京市工资支付规定》第二十七条之规定向 X 支付 1998 年 1 月至 2012 年 2 月期间的生活费，双方之间自 1998 年 1 月至 2012 年 2 月期间仍然存在劳动关系。

同时 Y 在与 X 劳动关系存续期间未为 X 缴纳社会保险，导致 X 在 2012 年 3 月达到法定退休年龄时无法领取养老金。鉴于 X 诉讼时已过退休年龄，无法办理养老金补缴，故 Y 应赔偿因未给 X 缴纳养老保险导致的养老保险损失……鉴于 1998 年 1 月至 2012 年 2 月期间 X 未向 Y 提供任何劳动，Y 在此期间向 X 支付的是基本生活费，故养老金按北京市养老金最低标准计算，具体数额由本院核定……判决 Y 一次性赔偿 X 养老金损失 346994 元。

判例 7

缴纳基数问题导致养老金减少判例之
北京世图印刷厂养老保险待遇纠纷案①

劳动者：何某，以下简称 X。

---

① 何孝悌与北京世图印刷厂养老保险待遇纠纷一审民事裁定书，北京市通州区人民法院〔（2015）通民初字第 23735 号〕，裁判日期：2015 年 12 月 16 日；何孝悌与北京世图印刷厂养老保险待遇纠纷二审民事裁定书，北京市第三中级人民法院〔（2016）京 03 民终 1554 号〕，裁判日期：2016 年 2 月 2 日。

用人单位：北京世图印刷厂，以下简称Y。

案情简介：

①X系Y职工。2011年11月3日，X自Y处退休。在工作期间，Y未为X缴纳1992年10月1日至2001年11月期间的社会保险，后其分两次为X补缴了上述期间的社会保险，但Y未按X实际工资收入作为缴纳基数，导致X退休后养老金明显减少。X诉至通州区劳动争议仲裁委员会。

②通州区劳动争议仲裁委员会出具不予受理通知书。X诉至法院，要求Y支付社会保险缴纳基数低于X工资标准导致X退休金减少的损失150000元，并要求Y承担本案的诉讼费。

法院裁判要旨（一审）：

用人单位未按规定的工资基数为劳动者足额缴纳社会保险，劳动者要求赔偿的纠纷，不属于劳动争议案件受案范围。X以Y未按其工资标准足额缴纳1992年10月至2011年11月期间社会保险为由要求Y赔偿，不属于劳动争议案件受案范围，本院不予处理，X可就此向相关劳动行政部分反映解决。

法院裁判要旨（二审）：

社会保险问题专属于社会保险经办机构的法定职权范围，并非人民法院的主管范围。依照相关规定，X在享受社会保险待遇的情况下，以其在职期间Y未足额缴纳社会保险致其养老金数额降低为由要求Y赔偿损失，不属于人民法院受理劳动争议案件的范围，一审法院裁定驳回起诉并无不当，本院予以维持。

（二）失业保险待遇争议

失业保险保障劳动者在因非本人意愿失去工作后，在等待回到劳动力市场的时间段内能够领取一定的失业金，从而缓解没有工资收入所带来的生活压力。但是如果用人单位没有为劳动者缴纳失业保险，劳动者在遭遇失业时将无法领取失业金，这时劳动者可以向用人单位主张损失赔偿。由于领取失业保险金有特定的条件，因此即使事后补缴也可能导致劳动者无法享受失业保险待遇。并且办理失业保险需要用人单位协助办理相应的核定手续，如果用人单位没有按照规定办理，则其也将承担相应的赔偿责任。判例 8 中劳动者的多项请求中就有一项是关于失业保险金的赔偿的。

判例 8

劳动者向用人单位主张失业保险损失判例之
北京市第八十中学管庄分校劳动争议案①

劳动者：马某，以下简称 X。

用人单位：北京市第八十中学管庄分校，以下简称 Y。

案情简介：

① 2008 年 8 月 31 日，Y 与 X 签订了聘用合同，合同期限至 2013 年 7 月 31 日。X 实际工作到 2013 年 8 月底。

② X 系外埠城镇户籍，在江苏省缴纳社会保险至 2008 年 8 月。2013 年 3 月 26 日，江苏省社会保险部门为 X 出具了基本养老保险参保缴费凭证，Y 自 2013 年 4 月起为 X 缴纳社会保险，之前未缴纳。（Y 在诉讼期间为 X 补缴了 2013 年 4 月之前的社会保险。）

③ 后 X 与 Y 发生劳动争议，诉至仲裁、法院，请求违法解除劳动合同赔偿金等多项赔偿，其中包含 Y 未依法缴纳失业保险导致

---

① 北京市第八十中学管庄分校与马美华劳动争议民事判决书，北京市朝阳区人民法院 [（2014）朝民初字第 16464 号]，裁判日期：2015 年 2 月 13 日。

的失业保险待遇损失 17461 元。

法院裁判要旨：

北京市人力资源和社会保障局发布的《北京市关于调整失业保险待遇发放流程的通知》（京人社就发〔2013〕49 号）规定，用人单位在与职工终止、解除劳动关系之日起 15 日内，须持材料到职工、存档人员户籍或常住所在地区县失业保险经办机构办理失业保险待遇核定手续；失业人员在与用人单位终止、解除劳动关系之日起 60 日内，须持材料到户籍或常住所在地的街道（乡镇）社会保障事务所办理失业登记和申领失业保险金手续。

《北京市失业保险规定》第十六条规定，"失业人员应在终止、解除劳动（聘用）或工作关系之日起 60 日内，持用人单位开具的终止、解除劳动（聘用）或工作关系的证明及有关证明材料到户口所在地的社会保险经办机构办理失业登记"。第十七条规定，"失业人员领取失业保险金的期限，根据失业人员失业前累计缴费时间确定：……（四）累计缴费时间 4 年以上不满 5 年的，可以领取 12 个月失业保险金；（五）累计缴费时间 5 年以上的，按每满一年增发一个月失业保险金的办法计算，确定增发的月数。领取失业保险金的期限最长不得超过 24 个月"。第三十一条规定，"用人单位不按规定缴纳失业保险费或不按规定及时为失业人员转移档案关系，致使失业人员不能享受失业保险待遇或影响其再就业的，用人单位应当赔偿由此给失业人员造成的损失"。

在双方劳动关系解除之时，Y 为 X 缴纳失业保险的年限不足一年，且未及时为 X 出具解除劳动关系证明，未到 X 常住所在地区县失业保险经办机构办理失业保险待遇核定手续，导致 X 未能享受失业保险待遇，应当赔偿 X 享受当期失业保险的损失。根据北京市人力资源和社会保障局发布的《关于调整失业保险金发放标准的通知》（京人社就发〔2012〕348 号），累计缴费时间满 5 年不满 10 年的，失业保险金月发放标准为 919 元。因此，Y 应当支付 X 失业保险待遇损失 11028 元（919 元×12 个月）。

（三）医疗保险待遇争议

在医疗保险方面，如果用人单位没有依法为劳动者缴纳，导致劳动者在看病就医时无法享受医疗保险报销待遇，那么劳动者同样可以向用人单位主张损失赔偿，判例 9 与判例 10 就是劳动者向用人单位主张医疗保险损失而得到法院支持的情况。两个判例中劳动者的工作时间都不长，应缴纳的医疗保险数额都不高，但是由于没有依法缴纳，用人单位不得不承担本该由社会保险基金承担的劳动者医疗支出。由于劳动者疾病的不确定性，这种支出进一步增大了用人单位的经营风险。所以，从分担风险的角度出发，用人单位应该依法足额为劳动者缴纳医疗保险。

判例 9

劳动者向单位主张医疗保险报销待遇判例之

赫佰世啤酒餐饮管理（南京）有限公司医疗保险待遇纠纷案①

劳动者：张某，以下简称 X。

用人单位：赫佰世啤酒餐饮管理（南京）有限公司，以下简称 Y。

案情简介：

① X 于 2013 年 12 月 6 日入职 Y，从事管理餐厅音响、灯光、乐队、网络维护，市场推广工作，并负责完成领导布置的其他工

---

① 赫佰世啤酒餐饮管理（南京）有限公司与张兆飞医疗保险待遇纠纷二审民事判决书，南京市中级人民法院［（2016）苏 01 民终 1755 号］，裁判日期：2016 年 5 月 17 日。

作。双方签订的第一份劳动合同的期限为 2013 年 12 月 16 日至 2014 年 12 月 31 日。2015 年 1 月 6 日，双方又签订了期限自 2015 年 1 月 1 日起至 2015 年 12 月 31 日止的劳动合同。

② X 入职后，Y 未依法及时为其缴纳社会保险费，后 Y 于 2015 年 7 月为 X 补缴了 2015 年 4 月至 7 月的社会保险费。虽然 Y 于 2015 年 7 月为 X 补缴了医疗保险，但 X 于 2015 年 6 月住院后无法使用医保卡。后 X 至医保中心了解到，医保卡在 Y 为其办理的参保当月不能使用，次月才能使用，即 8 月缴纳医疗保险费用后，9 月才可以享受医保待遇。

③ 自 2015 年 6 月 10 日开始，X 生病，并于当晚至南京鼓楼医院治疗。2015 年 6 月 24 日，X 至南京市胸科医院门诊治疗，被诊断为左肺结核、支气管结核。X 于 2015 年 6 月 26 日住院，2015 年 8 月 19 日出院，其支出医疗费用共计 44347.98 元。

④ 2015 年 7 月 21 日，X 向南京市劳动人事争议仲裁委员会申请仲裁，该仲裁委员会作出宁劳人仲案（2015）第 1186 号仲裁裁决书：Y 按医疗保险经办机构核定的标准为 X 报销 2015 年 6 月 18 日至 2015 年 8 月 19 日的医疗费，支付 X 医疗费 44347.98 元。

⑤ 该仲裁裁决书作出后，Y 为 X 补缴了 2013 年 12 月至 2015 年 3 月的社会保险费。2015 年 9 月 23 日，Y 诉至原审法院，请求判令 Y 无须支付 X 自 2015 年 6 月 18 日至 8 月 19 日期间发生的医疗费用 44347.98 元。

法院裁判要旨（一审）：

① 根据《中华人民共和国劳动合同法》的规定，劳动者自入职之日起，即与用人单位建立劳动关系。因此用人单位负有及时为劳动者办理各项社会保险的义务。2013 年 11 月 1 日施行的《社会保险费申报缴纳管理规定》第八条规定，用人单位应当自用工之日

起 30 日内为其职工申请办理社会保险登记并申报缴纳社会保险费。本案中，X 于 2013 年 12 月 6 日入职 Y，Y 应当在 X 入职当月即为其申报、缴纳社会保险费，并及时办理相关手续，但 Y 未及时办理。

② 南京市社会保险管理中心《关于进一步规范企业职工社会保险费补缴业务的通知》规定："基本医疗保险费补缴到账后，按规定划转个人账户、享受基本医疗保险待遇，缴费年限连续计算。补缴期间发生的医疗费用统筹基金和大病救助基金不予支付，以下情形除外：1. 用人单位办理职工新增或续保手续时补缴当月社会保险费并于三个月内连续足额缴费的，办理参保手续次月起发生的医疗费用按规定零星报销。"据此，南京市医疗保险中心以 X 在 2014 年 8 月缴纳的医疗保险费应在 9 月使用为由，对其 2015 年 6 月 18 日至 8 月 19 日的医疗费用不同意支付。最后，由于 Y 未及时为 X 办理社会保险参保手续，导致 X 上述治疗期间无法享受医疗保险待遇，Y 应当按照医疗保险经办机构核定的标准为 X 报销医疗费用。

法院裁判要旨（二审）：

《中华人民共和国社会保险法》第二十三条第一款规定，职工应当参加职工基本医疗保险，由用人单位和职工按照国家规定共同缴纳基本医疗保险费。本案中，X 于 2013 年 12 月 6 日入职 Y，Y 于 2015 年 7 月才为 X 补缴了 2015 年 4 月至 7 月期间的社会保险费。因办理参保手续至实际享受医疗保险待遇具有滞后性，导致 X 在 2015 年 6 月 18 日至 8 月 19 日期间，因病不能享受医疗保险待遇，这实质系 Y 未及时为 X 办理医疗保险参保手续及缴纳医疗保险费用所致，故 Y 应当在符合基本医疗保险药品目录、诊疗项目、医疗服务等范围内承担 X 已支出的医疗费用。本院对该项判决依法予以维持。

判例 10

<h2 style="text-align:center">社保断缴劳动者主张住院费用判例之
甲公司医疗保险待遇纠纷案①</h2>

劳动者：乙，以下简称 X。

用人单位：甲公司，以下简称 Y。

案情简介：

① 在双方劳动关系存续期间，Y 于 2011 年 5 月起停止为 X 缴纳社会保险费，后 Y 于 2011 年 12 月为 X 补缴了 2011 年 5 月至同年 11 月期间的社会保险费。

② X 于 2011 年 11 月 22 日至 2011 年 12 月 6 日期间住院分娩，共花费医疗费 12173.33 元，均由 X 自行支付，该医疗费中属于医疗保险报销的部分为 5842.41 元。X 认为因 Y 无故停止为 X 缴纳社会保险费，致使医疗费中属于医疗保险承担的部分无法报销，X 多次要求 Y 予以报销，但均遭拒绝。X 之后提起仲裁。

法院裁判要旨（二审）：

按照法律规定，用人单位应当按时足额为劳动者缴纳社会保险费。本案中，Y 于 2011 年 5 月起停止为 X 缴纳社会保险费。Y 虽于 2011 年 12 月为 X 补缴了 2011 年 5 月至同年 11 月期间的社会保险费，但 Y 未及时缴纳社会保险费的行为仍致使 X 在 2011 年 11 月 22 日至同年 12 月 6 日住院期间花费的医疗费中属于医疗保险报销的部分无法获得报销，Y 对此应承担支付义务。

---

① 甲公司与乙医疗保险待遇纠纷二审民事判决书，上海市第一中级人民法院［（2012）沪一中民三（民）终字第 1536 号］，裁判日期：2012 年 10 月 22 日。

（四）生育保险待遇争议

生育保险保障劳动者在生育时能够享有生育医疗费用和生育津贴的报销待遇。《中华人民共和国社会保险法》与《女职工劳动保护特别规定》对参加生育保险女职工和未参加生育保险女职工的产假期间待遇和生育医疗费支出均有规定。其中，《女职工劳动保护特别规定》第八条规定："女职工产假期间的生育津贴，对已经参加生育保险的，按照用人单位上年度职工月平均工资的标准由生育保险基金支付；对未参加生育保险的，按照女职工产假前工资的标准由用人单位支付。女职工生育或者流产的医疗费用，按照生育保险规定的项目和标准，对已经参加生育保险的，由生育保险基金支付；对未参加生育保险的，由用人单位支付。"也就是说，如果用人单位未为劳动者缴纳生育保险费，那么劳动者的产假工资和生育医疗费则都由用人单位承担。而且根据《中华人民共和国妇女权益保障法》的规定，任何单位不得因怀孕、产假、哺乳等情形而降低女职工的工资。也就是说，劳动者生育期间的工资相比于正常工资不得降低。

判例 11

劳动者主张生育保险待遇判例之
北京玮丰恒业贸易有限公司劳动争议案①

劳动者：范某，以下简称 X。

用人单位：北京玮丰恒业贸易有限公司，以下简称 Y。

---

① 北京玮丰恒业贸易有限公司与范秀红劳动争议二审民事判决书，北京市第二中级人民法院 ［（2016）京 02 民终 2495 号］，裁判日期：2016 年 5 月 30 日。

案情简介：

① X 于 2012 年 12 月 8 日入职 Y，任导购，同日双方签订了劳动合同，合同期限至 2013 年 12 月 31 日。劳动合同约定 Y 每月 25 日前以货币形式支付 X 工资，基本工资为 1300 元/月，根据公司的经营效益及 X 的工作表现和成果等发放绩效工资。但实际上 Y 并未实际按提成计算绩效，亦未实际考核，加班和绩效工资均是固定数额固定发放，加上电话费补助每月 25 元，X 在职期间的应发工资为 2025 元/月。

② 双方签订了《委托代缴社会保险协议书》，约定 Y 每月将应付的社会保险部分金额支付给 X，每月 500 元，随工资一并发放。

③ 后 X 向 Y 提出要求补缴社会保险。2013 年 8 月，Y 向 X 发出书面通知，内容为："X，关于你向公司提出缴纳社会保险一事，公司认为符合相关法律规定，同意为你缴纳 2013 年 8 月的社会保险，同时为你补缴 2013 年 1 月至 7 月的社会保险费。但因你已与公司签订了《委托代缴社会保险协议书》，每月从公司领取 500 元的现金代缴保险金，因此你需要将已领取的现金代缴保险金退还给公司，并承担 2013 年 1 月至 7 月的社会保险费中由个人负担的部分，同时提供社会保险所需的户口本复印件、身份证复印件及照片。请你于 5 日内，将上述材料及费用交到公司办公室。"8 月 2 日，X 返还了 Y 2013 年 1 月至 5 月给其的保险补助金 2500 元。从 8 月开始，Y 为 X 缴纳社会保险至 2013 年 12 月，并补缴了 2013 年 1 月至 7 月的社会保险费。

④ X 于 2013 年 9 月 1 日至 9 月 8 日正常工作；于 2013 年 9 月 9 日至 12 月期间休病假，Y 按病假支付其工资。2013 年 11 月 30 日，Y 以邮寄形式向 X 送达了通知，内容为："X：根据 2012 年 12 月 8 日你与我公司签订的劳动合同书，你与我公司签订的劳动合同

将在 2013 年 12 月 31 日到期。现通知你,我公司在合同到期后将不再与你续订劳动合同,请在收到通知后,于 2013 年 12 月 31 日前将剩余的手续交接完毕。"2014 年 1 月,Y 停止为 X 缴纳社会保险。

⑤ 2014 年 1 月 17 日,X 生育一女。Y 认可 X 产假共计 128 天,时间自 2014 年 1 月 2 日起至 2014 年 5 月 9 日止。2013 年 3 月 23 日至 7 月,X 因产检花费医疗费 1973.82 元;2014 年 1 月,X 因生育花费医药费 1258.14 元、住院费用 1523.55 元。

⑥ X 提起劳动争议仲裁,要求 Y 支付生育医疗费 7423.10 元、生育津贴 13372 元,以及拖欠的工资、违法解除劳动合同的赔偿金等各项。裁决后,Y 不服,诉至法院。经一审后,Y 又诉至二审法院。

法院裁判要旨(二审):

劳动合同期满,但女职工在孕期、产期、哺乳期的,劳动合同应当续延至相应的情形消失。本案中,Y 与 X 签订的劳动合同虽于 2013 年 12 月 31 日到期,但 X 此时尚在孕期,因 X 于 2014 年 1 月 17 日育有一女,故双方的劳动合同应依法履行至 2015 年 1 月 16 日,即 X 哺乳期届满之日。

关于生育津贴,生育津贴为女职工产假期间的工资,用人单位未参加生育保险的,由用人单位按照女职工产假前的工资标准支付生育津贴。本案中,Y 自 2014 年 1 月起停止为 X 缴纳生育保险,故 Y 应按 X 的月工资标准向其支付生育津贴。

关于医疗费,在 X 产前检查及住院期间,Y 未为 X 缴纳 2013 年 3 月至 7 月与 2014 年 1 月的社会保险,此期间 X 的产前检查费用及住院和医药费用应由 Y 支付。

(五)农业户籍劳动者养老保险与失业保险一次性补偿问题

《中华人民共和国社会保险法》实施前,在某些情况下,当用人单位存在未为劳动者依法缴纳社会保险的情况时，劳动者可以主张一次性补偿，如北京市对农业户籍劳动者的养老保险和失业保险补偿就有过此项规定。根据《农民合同制职工参加北京市养老、失业保险暂行办法》（1999 年）第二十二条，"农民合同制职工因用人单位未参加社会保险或未足额缴纳养老、失业保险费，不能享受养老保险待遇和失业保险一次性生活补助费待遇的，用人单位应按照本办法规定的标准予以补偿"。《北京市农民工养老保险暂行办法》也专门就养老保险的补偿制定了相应依据。同时，北京市人力资源和社会保障局发布的《关于调整失业保险金发放标准的通知》（京人社就发〔2010〕299 号）对失业金的赔偿标准进行了明确，据此可以计算出劳动者应得的失业保险一次性生活补助费的数额。而在 2011 年 7 月 1 日《中华人民共和国社会保险法》实施之后，无论劳动者是农业户籍还是城镇户籍，用人单位在欠缴社会保险的情况下都应该为其进行补缴。判例 12 就是这种情况的典型。

判例 12

劳动者养老保险和失业保险一次性补偿判例之

北京诚信达汽车销售有限公司劳动争议案①

劳动者：孙某，以下简称 X。

用人单位：北京诚信达汽车销售有限公司，以下简称 Y。

案情简介：

① X 为农业户口，于 2003 年 11 月 6 日入职 Y，双方于 2003 年 11 月 6 日签订劳动合同，合同期限至 2007 年 12 月 31 日。2012 年 2

---

① 孙小力与北京诚信达汽车销售有限公司劳动争议判决书，北京市丰台区人民法院〔（2014）丰民初字第 14042 号〕，裁判日期：2015 年 3 月 23 日。

月 15 日，双方再次签订劳动合同，合同期限至 2014 年 2 月 14 日。

②在 X 在职期间，Y 未为 X 缴纳 2003 年 11 月至 2009 年 12 月及 2010 年 4 月至 2013 年 6 月的养老保险，亦未为 X 缴纳 2003 年 11 月至 2013 年 7 月的失业保险。

③2010 年 3 月 6 日，X 书写申请，其中载明："我在家已上社会保险及医疗保，特申请公司给停上北京保险。"X 另书写说明，其中载明："自愿放弃 Y 给上的社会保险，由此造成的责任与 Y 无关。"

④从 2013 年 11 月 2 日起 X 不再到 Y 上班。2013 年 11 月 7 日，X 向劳动争议仲裁委员会提出仲裁申请，要求 Y 支付 2003 年 11 月至 2011 年 6 月未缴纳养老保险的补偿金，支付 2003 年 11 月至 2013 年 10 月的一次性失业赔偿金……补缴 2011 年 7 月至 2013 年 10 月因未按工资标准而少缴纳的社会保险。

⑤Y 称：关于未缴纳养老保险的补偿金，X 的主张已超过仲裁与诉讼时效；关于一次性失业补偿金，也已超过仲裁及诉讼时效，且无失业事实的存在；关于补缴保险，由于 X 出具了书面申请，载明其在老家已经缴纳保险，无须单位再缴纳，有其书面申请为证，其在老家没有缴纳保险的损失应该由其自己承担；其要求公司缴纳养老保险金不属于劳动争议受案范围。

法院裁判要旨：

用人单位应自招用农民合同制职工之月起，为其办理参加养老保险和失业保险的手续。农民合同制职工因用人单位未参加社会保险或未足额缴纳养老、失业保险费，不能享受养老保险待遇和失业保险一次性生活补助费待遇的，用人单位应予以补偿。本案中，X 系农业户口，在 X 与 Y 的劳动关系存续期间，Y 未为 X 缴纳 2003 年 11 月至 2009 年 12 月期间及 2010 年 4 月至 2013 年 6 月期间的养老保险，亦未缴纳其 2003 年 11 月至 2013 年 7 月期间的失业保险。

X 虽书写申请要求 Y 不为其缴纳社会保险，但为 X 缴纳社会保险系用人单位的法定义务，故 Y 应支付其未缴纳社会保险的相应补偿。

X 与 Y 均认可 X 于 2013 年 11 月 1 日起未再上班，X 于 2013 年 11 月 7 日向仲裁委员会申请劳动仲裁未超过一年的时效规定。故对 Y 关于 X 之未缴纳养老保险补偿金及一次性失业赔偿金的诉讼请求已超过仲裁及诉讼时效的主张，本院不予支持。

参照《农民合同制职工参加北京市养老、失业保险暂行办法》（京劳险法〔1999〕99 号）第二十二条"农民合同制职工因用人单位未参加社会保险或未足额缴纳养老、失业保险费，不能享受养老保险待遇和失业保险一次性生活补助费待遇的，用人单位应按照本办法规定的标准予以补偿"，《北京市农民工养老保险暂行办法》（京劳社养发〔2001〕125 号）第十五条"因用人单位未参加养老保险或未按规定足额缴纳单位与个人的养老保险费，致使农民工不能按规定享受养老保险待遇的，用人单位应按照本办法的标准予以补偿"，以及北京市人力资源和社会保障局《关于调整失业保险金发放标准的通知》（京人社就发〔2010〕299 号）中"二、农民合同制工人一次性生活补助费由 468 元调整到 588 元。三、调整后的失业保险金发放标准自 2011 年 1 月 1 日起执行……"之规定，Y 应支付 X 2003 年 11 月至 2009 年 12 月期间未缴纳养老保险补偿金 9135 元、2010 年 4 月至 2011 年 6 月期间未缴纳养老保险补偿金 2400 元，以及 2003 年 11 月至 2011 年 6 月期间一次性生活补助费 4116 元。

因《中华人民共和国社会保险法》已于 2011 年 7 月 1 日起施行，故 X 的诉讼请求中关于 2011 年 7 月至 2013 年 7 月期间一次性失业赔偿金的部分，不属于人民法院审理劳动争议案件的受案范围，对此本院不予处理，X 可以向有关部门主张权利。X 要求 Y 补缴 2011 年 7 月至 2013 年 6 月期间未依法缴纳的养老保险不属于人民法院审理劳动争议案件的受案范围，本院不予处理。

（六）工伤保险与工伤认定争议

和其他社会保险一样，如果用人单位没有为劳动者缴纳工伤保险，其将要承担所有应由工伤保险基金承担的赔偿，具体数额的计算主要依据《中华人民共和国工伤保险条例》中的各项规定确定，这里不再就此展开讨论，仅就工伤认定工作中的注意事项做些说明。

在劳动者遭遇突发事故后，工伤认定成为单位劳动关系管理者的一项重要工作。《中华人民共和国工伤保险条例》规定，以下情况可以被认定为工伤："（一）在工作时间和工作场所内，因工作原因受到事故伤害的；（二）工作时间前后在工作场所内，从事与工作有关的预备性或者收尾性工作受到事故伤害的；（三）在工作时间和工作场所内，因履行工作职责受到暴力等意外伤害的；（四）患职业病的；（五）因工外出期间，由于工作原因受到伤害或者发生事故下落不明的；（六）在上下班途中，受到非本人主要责任的交通事故或者城市轨道交通、客运轮渡、火车事故伤害的；（七）法律、行政法规规定应当认定为工伤的其他情形。"工伤保险条例还规定，以下情形可以视同工伤："（一）在工作时间和工作岗位，突发疾病死亡或者在 48 小时之内经抢救无效死亡的；（二）在抢险救灾等维护国家利益、公共利益活动中受到伤害的；（三）职工原在军队服役，因战、因公负伤致残，已取得革命伤残军人证，到用人单位后旧伤复发的。"

现实中，司法实践对工伤认定往往做扩大化解释，重点强调工作原因，也就是工作与伤害之间的因果关系，其他因素比如时间、地点等通常起辅助判断作用。例如，判例 13 中的劳动者在非工作时间、工作地点，为了维护用人单位的利益而遭到伤害，最终二审法院判定应认定为工伤。其判旨详细阐述了工伤认定的法定标准以及扩展标准，突出反映了司法实践中为维护劳动者基本权益对工伤认定进行扩大化解释的倾向。

而对工伤认定中争议较多的"上下班途中"的认定，在司法实践中法官也多从"合理时间"和"合理路线"两个因素做扩大化解释，即如果路线和时间是合理的，符合社会公众普遍认可的标准和社会公序良俗，就可以认定其为法律意义上的"上下班途中"。例如，在劳动者下班时为陪伴配偶而绕路、下班后购物绕路、下班后返回父母家等情况下，发生非劳动者本人主要责任的交通事故，都有被认定为工伤的判例。[①]

判例 13

工伤认定判例之

曾某与龙岩市人力资源和社会保障局工伤认定行政争议案[②]

劳动者：曾某，以下简称 X，在意外事故中去世。本案的起诉者为 X 的父母。

用人单位：上杭县比特网吧，以下简称 Y，本案中的第三人。

工伤认定机构：龙岩市人力资源和社会保障局，本案被告。

案情简介：

① X 系 Y 的收银员。Y 共有两层，一楼为网吧，二楼仅有一

---

① 李亮霞：《我国工伤认定标准研究》，硕士学位论文，中国人民大学，2015。

② 曾文忠、曾龙秀与龙岩市人力资源和社会保障局行政确认二审行政判决书，福建省龙岩市中级人民法院［（2014）岩行终字第 57 号］，裁判日期：2014 年 9 月 10 日。

个房间，平时 X 晚间一个人居住在二楼卧室。

②2012 年某天凌晨 0 时，网吧已经歇业。文某意图在该网吧行窃，待居住在网吧二楼的 X 入睡后，于凌晨 3 时进入网吧二楼厨房。因通往一楼网吧的门被锁上，文某欲从 X 处抢得钥匙，遂从厨房拿了一把菜刀劈砍 X 卧室房门强行闯入，欲行抢劫，遭到 X 反抗。文某遂将 X 杀害。

③X 的父母向龙岩市人力资源和社会保障局申请工伤认定。龙岩市人力资源和社会保障局于 2013 年 11 月 27 日作出龙人社伤认字（2013）第 83-150 号《不予认定工伤决定书》，内容为："经核实：X 原系 Y 的收银员。2012 年 11 月 29 日凌晨 0 时许，网吧已经歇业。凌晨 3 时许，在网吧二楼卧室内被实施抢劫的罪犯杀害致死。X 被杀害致死，不属于《中华人民共和国工伤保险条例》第十四条、第十五条认定工伤或视同工伤的情形，现决定不予认定工伤。"

④X 的父母向法院起诉，请求撤销龙岩市人力资源和社会保障局作出的《不予认定工伤决定书》，并责令其重新做出工伤认定。一审后，当事人上诉到二审法院。

法院裁判要旨（二审）：

在我国认定工伤基本上要求符合广义的"工作原因、工作时间和工作场所"三要素。工作原因是核心要件，是认定工伤的充分条件。也就是说，只要能够认定是工作原因，就足以认定工伤。工伤补偿从本质上就是给予劳动者因工作原因所受伤害的补偿。因此，工作原因是核心。即使不在工作时间、工作场所，但只要是工作原因，同样应当认定为工伤。

这一点在我国是有明确法律依据的。《中华人民共和国社会保险法》第三十六条规定，"职工因工作原因受到事故伤害或者患职业病，且经工伤认定的，享受工伤保险待遇"。新旧工伤保险条例

第一条均规定："为了保障因工作遭受事故伤害或者患职业病的职工获得医疗救治和经济补偿，促进工伤预防和职业康复，分散用人单位的工伤风险，制定本条例。"这些规定均将工伤认定的标准锁定为工作原因。工作场所、工作时间是工伤认定的辅助性判断条件，它们的功能和作用一方面是补强工作原因，另一方面是在工作原因无法查明时用以推定是否属于工作原因。

从《中华人民共和国工伤保险条例》第十四条的规定看，所谓工作原因主要包括"从事与工作有关的预备性或者收尾性工作""因履行工作职责受到暴力等意外伤害""职业病""因工外出""在上下班途中"，这些属于工作原因的法定形式。但是，根据工作原因的本质要求，它应当还包括以下非法定形式：第一，职工因其从事本职工作或者用人单位临时指派工作受伤害的；第二，工作过程中满足吃饭、喝水或工间休息等人体正常生理、生活需要时受伤害的；第三，因用人单位设施或者设备不完善、劳动条件或者劳动环境不良、管理不善等受伤害的；第四，职工在参加单位或者经本单位同意参加其他单位组织的集体活动时受伤害的；第五，职工为了用人单位的（正当或合法）利益，在处理重大、紧急情况的活动中受伤害的。

联系本案而言，网吧的钥匙由 X 保管，X 又居住在网吧，其为了保护网吧的财产不被文某盗窃而拒绝交出网吧的钥匙并与罪犯搏斗，最终被文某杀害，应属前述工作原因中第五种非法定形式，由此所遭受的伤害都可以被认定系工作原因所造成，足以认定工伤。社保局及原审简单以一楼、二楼之分否认 X 居住的房间不属于工作场所的认定，属机械理解《中华人民共和国工伤保险条例》第十四条第三项之规定，故原判适用法律错误，本院依法予以改判，上诉人要求认定工伤理由成立，本院予以采纳。

五　其他相关问题

（一）退休年龄管理

社会保险的缴纳因为劳动者退休而终止，同时，用人单位应该协助办理劳动者退休的相关手续。国家法定的企业职工退休年龄为男性年满 60 周岁、女工人年满 50 周岁、女干部年满 55 周岁。但是，工人、干部这种带有计划经济色彩的身份特征在市场经济劳动合同用工制的条件下该如何判断，成了一个易出现争议之处。本节中的判例 14 发生在湖南。湖南省有具体文件规定通过劳动者是长期从事管理岗位工作还是长期在生产岗位工作来判断退休年龄。依据此文件以及用人单位的多项规章制度，判例 14 的判旨将对劳动者岗位性质认定的权利更多地分配给了用人单位。如果所在地区并没有此方面的规定，则一般根据企业和劳动者协商一致的劳动合同中的岗位确定岗位性质和劳动者的退休年龄。如果企业有内部规章制度对管理岗位和生产岗位进行了划分，那么这也将成为重要的参考依据。

判例 14

退休年龄争议判例之
长沙市望城区对外经济贸易有限公司劳动争议案①

劳动者：易某，以下简称 X。

用人单位：长沙市望城区对外经济贸易有限公司，以下简称 Y。

---

① 易石健与长沙市望城区对外经济贸易有限公司劳动争议二审民事判决书，长沙市中级人民法院［（2015）长中民四终字第 03133 号］，裁判日期：2015 年 11 月 12 日。

案情简介：

① X 于 1980 年 11 月进入 Y 工作，历任学徒、业务员、收购员、开票员、统计员、业务核算员。1994 年至 2003 年 6 月，X 担任财务会计、出纳。

② X 与改制后的 Y 建立了劳动关系，并先后担任公司检测站的收银员、检测员直至 2010 年 7 月 31 日，兼任公司监事直至 2010 年 3 月。

③ 2010 年 7 月 7 日，X 将满 50 周岁，Y 书面通知 X 已经到法定退休年龄，请其从即日起办理好工作交接手续，积极配合公司办理退休手续，公司工资发至 2010 年 7 月 30 日。但 X 一直拒绝办理，认为其应当 55 岁退休。双方协商未果，Y 停发工资终止了与 X 的劳动关系。

④ 双方就本案事实部分并无争议，争议的主要焦点在于双方对 X 退休年龄的认识不一致。X 认定其属 55 岁退休的依据主要有《湖南省关于完善企业职工基本养老保险制度若干政策问题的意见》（湘劳社政字〔2006〕13 号）第十条的规定："凡在本单位担任一定行政管理职务或未直接从事本单位生产产品活动或不直接从事本行业一线生产、服务、工勤岗位工作的，都按从事管理岗位确定。职工在管理岗位的累计工作时间大于在生产岗位的累计工作时间即为长期在管理岗位工作，退休年龄应为 55 周岁；反之，即为长期在生产岗位工作，退休年龄为 50 周岁。"X 认为其从事会计、出纳、监事岗位共计近 18 年，即使改制后同时担任公司检测站的收银员、检测员，也是公司为了加强对检测站工作的监督、管理，因此其在管理岗位的累计工作时间大于在生产岗位的累计工作时间，其退休年龄应为 55 周岁。

⑤ Y 认为其解除与 X 的劳动关系的依据在于其已经达到"女

工人年满 50 周岁"的法定退休年龄，且 Y 于 2010 年 7 月 5 日作出《关于我司岗位设置的决定》，对公司管理岗位做出认定："改制后公司任命的副总经理以上人员，及公司支部书记、工会主席算管理岗位，副总经理以下人员（部门经理、副经理）一概不算管理岗位。改制后公司董事、监事会成员，因公司并未单独设置董事、监事岗位，而是在工作岗位上兼任，故不算管理岗位。" Y 主张 X 所在的岗位并未包括在应被计算为管理岗位的范围中，其自工作以来历任岗位均为一线服务或工勤岗位，X 虽在 2003～2009 年兼任监事一职，但其主要工作仍是车辆检测，故其退休年龄应当界定为50 岁。

法院裁判要旨（二审）：

① 《湖南省关于完善企业职工基本养老保险制度若干政策问题的意见》（湘劳社政字〔2006〕13 号）进一步明确了女职工的退休年龄及具体区分标准："经人事行政主管部门审批录用为干部的女职工，退休年龄为 55 周岁。《劳动法》实施前参加工作的女工人和《劳动法》实施后参加工作的女职工，以其长期所在岗位确定退休年龄。长期在管理岗位上工作的，退休年龄为 55 周岁；长期在生产岗位上工作的，退休年龄为 50 周岁。凡在本单位担任一定行政管理职务或未直接从事本单位生产产品活动或不直接从事本行业一线生产、服务、工勤岗位工作的，都按从事管理岗位确定。职工在管理岗位的累计工作时间大于在生产岗位的累计工作时间即为长期在管理岗位工作，退休年龄应为 55 周岁；反之，即为长期在生产岗位工作，退休年龄为 50 周岁。"

② 根据上述规定，在 X 为外贸总公司以及改制后的 Y 工作的期间，历任学徒、业务员、收购员、开票员、统计员、业务核算员、财务会计、出纳、监事，上述岗位均未被包含在管理岗位的范围内。

③ 另望城区人力资源和社会保障局于 2011 年 8 月 18 日向 X 作出《关于"维护女职工合法劳动权益致市长一封信"的答复》：就职工从事工作岗位性质的问题，市人社局明确指出企业岗位认定属于企业内部行为，应由用人单位提出意见并报行业主管部门确定。

（二）住房公积金管理

住房公积金管理在缴费管理、争议处理等各方面与社会保险有相似之处。用人单位有为劳动者缴纳住房公积金的法定义务，根据国务院制定的《住房公积金管理条例》，用人单位应当自设立之日起 30 日内到住房公积金管理中心办理住房公积金缴存登记，并办理相应账户设立手续；单位录用职工的，应当自录用之日起 30 日内到住房公积金管理中心办理缴存登记，并持住房公积金管理中心的审核文件，到受委托银行办理职工住房公积金账户的设立或者转移手续。职工住房公积金的月缴存额为职工本人上一年度月平均工资乘以职工住房公积金缴存比例；单位为职工缴存的住房公积金的月缴存额为职工本人上一年度月平均工资乘以单位住房公积金缴存比例。

《住房公积金管理条例》第三条规定，"职工个人缴存的住房公积金和职工所在单位为职工缴存的住房公积金，属于职工个人所有"。也就是说，虽然在其提取上有各种限制，但是住房公积金本质上属于劳动者的个人财产。曾有争议起诉到法院，要求将已去世职工的住房公积金账户余额作为遗产偿还债务，最终得到了法院的支持。①

在公积金缴存中也同样存在追缴的时效问题。下面的判例 15

---

① 张钢成、李盛荣、马千里编《劳动争议纠纷诉讼指引与实务解答》，法律出版社，2014。

是用人单位状告住房公积金管理中心的行政诉讼。劳动者向住房公积金管理中心举报用人单位欠缴多年前的住房公积金，最终住房公积金管理中心要求用人单位补缴。用人单位认为超过了诉讼时效而将住房公积金管理中心告上了法庭，最终法院没有支持用人单位的诉求。

判例 15

住房公积金补缴时效问题判例之北京民航通力客运有限公司与北京住房公积金管理中心行政争议案①

劳动者：赵某，以下简称 X。

用人单位：北京民航通力客运有限公司，以下简称 Y，为本案原告。

住房公积金管理部门：北京住房公积金管理中心，以下简称公积金中心，为本案被告。

案情简介：

① 2004 年 8 月 26 日，X 与 Y 签订了劳动合同。X 在 Y 从事运输服务工作。后双方又多次续签劳动合同书。2007 年 7 月 25 日，Y 与 X 签订《终止、解除劳动合同关系证明书》，终止了双方的劳动关系。

② 2012 年 6 月 5 日，X 向公积金中心提出投诉，称在上述劳动合同期间，Y 欠缴其 2004 年 8 月至 2007 年 7 月的住房公积金。

③ 公积金中心于 2013 年 4 月 17 日正式立案。后公积金中心于 2014 年 7 月 9 日向 Y 发出举证通知书，要求 Y 在收到举证通知书之日起十五日内提供 X 在职期间的劳动关系证明和工资台账，若明

---

① 北京民航通力客运有限公司与北京住房公积金管理中心行政争议判决书，北京市东城区人民法院［（2015）东行初字第 356 号］，裁判日期：2015 年 6 月 18 日。

确不提供或者逾期提供的，将视为没有提供证据。但 Y 在举证期间
没有向公积金中心提交证据。由于 X 也无法提交工资明细，公积金
中心即根据 X 的社会保险人员转移情况表反映的情况推算出，2004
年 9 月至 2007 年 7 月 X 在 Y 工作期间，Y 应为 X 缴纳的住房公积
金为 2898 元。2014 年 8 月 15 日，公积金中心作出（2014）第 86
号通知书，责令 Y 于收到通知书之日起 7 日内为 X 补缴住房公积金
2898 元。通知书于 2014 年 12 月 30 日向 Y 送达。

④ Y 认为 X 系 2012 年 6 月 5 日向公积金中心进行的投诉，其
要求 Y 补缴的是 2004 年 9 月至 2007 年 7 月的住房公积金，其向公
积金中心投诉时已超出《中华人民共和国民法通则》规定的两年诉
讼时效，公积金中心对超过法律保护期限的投诉做出行政决定明显
违反了法律规定。Y 于 2015 年 2 月 25 日针对公积金中心的行政行
为，向北京市人民政府提起行政复议。复议机关于 2015 年 4 月 8
日做出维持（2014）第 86 号通知书的复议决定。2015 年 4 月 22
日，Y 向法院提起诉讼。

法院裁判要旨：

①《北京市实施〈住房公积金管理条例〉若干规定》第十条第
一款规定，"单位应当按时、足额缴存住房公积金，不得少缴、多
缴或者逾期缴存"。《住房公积金管理条例》第三十八条规定，"违
反本条例的规定，单位逾期不缴或者少缴住房公积金的，由住房公
积金管理中心责令限期缴存"。由此可以看出，在单位违反《住房
公积金管理条例》不缴或少缴住房公积金的情况下，被告作为本市
住房公积金管理单位，有权依法对被举报的违法行为做出责令限期
缴存的行政行为。

② Y 认为 X 的投诉超过了《中华人民共和国民法通则》规定
的两年诉讼时效而不应受到支持。本院认为，Y 欠缴 X 住房公积金

的行为系侵害 X 的违法行为，该违法行为一直处于延续状态，X 提出投诉要求公积金中心履行查处并责令 Y 缴存的行为不受相关诉讼期限的约束。故对 Y 的该抗辩意见，本院不予采纳。公积金中心于 2014 年 8 月 15 日做出的（2014）第 86 号通知书的具体行政行为事实清楚，证据确实充分，适用法律正确，程序合法。Y 要求撤销该具体行政行为的诉讼请求缺乏事实和法律依据，本院不予支持。

（三）管理人员缴纳社保不当遭解雇

由于社会保险管理涉及的法律法规众多而复杂，且每年缴费基数也会随着工资收入的变化而重新核定，社会保险稽核力度也在逐年加大，这对社会保险管理人员的工作提出了更大挑战。判例 16 就是社会保险经办人员由于核定基数出现问题，被用人单位认为给自己造成了损失，因此将之解雇的争议。从其判旨可以看出，社保缴纳工作属于职务行为，应由用人单位承担相应的决策责任。

判例 16

人力资源管理者缴纳社保不当的责任判例之

仪诺万（天津）连接技术有限公司劳动争议案①

劳动者：王某，以下简称 X。

用人单位：仪诺万（天津）连接技术有限公司，以下简称 Y。

案情简介：

①X 于 2012 年 2 月 21 日到 Y 工作，入职时岗位为前台文员。之后经公司调整，X 开始从事人事岗位的工作，负责为员工办理

---

① 仪诺万（天津）连接技术有限公司与王馨珠劳动争议二审民事判决书，天津市第二中级人民法院［（2015）二中保民终字第 41 号］，裁判日期：2015 年 1 月 28 日。

2014 年度社会保险以及公积金的缴纳。

② 2014 年 2 月 24 日，Y 向 X 发出解除劳动关系通知书，内容大致为：X 违反《中华人民共和国劳动法》的规定，未按 2013 年度平均工资给 Y 所有员工调整保险基数，却私自为个别员工以年度最高工资额为基数上缴保险和公积金，每月给公司造成 10000 元的经济损失，造成公司管理混乱，违反了公司的规章制度，因此依据《中华人民共和国劳动合同法》第三十九条之规定终止与 X 的劳动关系，不给任何经济赔偿。

③ 庭审中，Y 提交了《公司社会保险及公积金缴纳统计表》作为证据，X 认为该表是 Y 自行制作的统计表，证据不充分，不予确认。

法院裁判要旨（二审）：

① 用人单位以劳动者严重违反用人单位规章制度为由与劳动者解除劳动合同的，应当对引用的规章制度加以明确，并对劳动者存在严重违纪事实负有举证责任。Y 未能提交其据以适用的公司规章制度，致使不能认定被上诉人 X 的行为究竟严重违反了公司哪项具体的规章制度。

② 社会保险基数可以上一年度职工本人月平均工资为基础，在当地职工平均工资的 60%～300% 的范围内进行核定。Y 提供的缴纳数据显示，X 为单位职工缴纳的社会保险基数并未超出上述范围。且 X 只是公司人事岗位的工作人员，并非公司决策人，其为职工办理社会保险缴纳工作应属职务行为，即便存在失职，也不必然构成严重违反规章制度。据此，Y 应当向 X 支付违法解除劳动合同赔偿金。

图书在版编目（CIP）数据

劳动关系中的管理权边界：以司法判例为视角／刘晓倩著. -- 北京：社会科学文献出版社，2017.8

（中国劳动关系学院青年学者文库）

ISBN 978 - 7 - 5201 - 1163 - 8

Ⅰ.①劳…　Ⅱ.①刘…　Ⅲ.①劳动关系 - 管理 - 研究　Ⅳ.①F246

中国版本图书馆 CIP 数据核字（2017）第 183052 号

中国劳动关系学院青年学者文库
劳动关系中的管理权边界：以司法判例为视角

著　　者／刘晓倩

出 版 人／谢寿光
项目统筹／高明秀　王晓卿
责任编辑／王晓卿　廖涵缤

出　　版／社会科学文献出版社·当代世界出版分社（010）59367004
　　　　　地址：北京市北三环中路甲29号院华龙大厦　邮编：100029
　　　　　网址：www. ssap. com. cn
发　　行／市场营销中心（010）59367081　59367018
印　　装／北京季蜂印刷有限公司

规　　格／开 本：787mm×1092mm　1/16
　　　　　印 张：24　字 数：301千字
版　　次／2017年8月第1版　2017年8月第1次印刷
书　　号／ISBN 978 - 7 - 5201 - 1163 - 8
定　　价／98.00元

本书如有印装质量问题，请与读者服务中心（010 - 59367028）联系